# 상속

INHERITANCE

## 한정승인과
## 상속포기의 모든 것

# 상속

## 한정승인과 상속포기의 모든 것

고윤기·김대호 지음

아템포

## 추천의 글

변호사를 자타 공히 법률전문가라고 하지만 진정한 전문가라면 지식과 경험을 나눌 줄 알아야 한다. 변호사가 지식과 경험을 공유하는 방법 중 가장 어려운 일은 전문 분야에 대한 책을 저술하는 것이다. 수많은 법률 자문과 소송수행을 하는 변호사라면 자신의 경험담만 풀어놓아도 책 한 권 정도는 거뜬히 만들 것 같지만 결코 그렇지 않다.

"구슬이 서 말이라도 꿰어야 보배"라는 말처럼 한 권의 책, 그것도 복잡다단한 법률 분야의 저서를 출간한다는 것은 진정 어려운 작업이다. 이러한 점에서 상속포기와 한정승인 분야를 법률전문가뿐 아니라 일반인의 시각에서 보더라도 쉽게 이해할 수 있도록 한 권의 책으로 엮은 고윤기, 김대호 두 변호사는 진정한 전문가다.

상속포기와 한정승인은 일상에서 자주 접하는 법률문제가 아니다. 그래서 언뜻 아는 것 같지만 막상 닥치면 어떻게 해야 할지 당황하는 경우가 적지 않은 부문이다. 이처럼 준비되지 않은 상황에 처할 일반인과 동료 법조인을 위해 다양한 경험과 연구 성과를 바탕으로 축적된 상속포기와 한정승인에 관한 이론과 실무를 효과적으로 엮어낸 두 변호사의 열정과 노고에 진심으로 존경과 감사의 마음을 이 추천의 글에 담아본다.

개인적으로도 저자인 고윤기 · 김대호 변호사를 오래전부터 알고 있다. 대한변호사협회장과 서울지방변호사회장을 역임하면서 수많은 변호사를 만났지만, 열정과 능력이 탁월한 두 사람은 매번 감탄과 존경을 하게 만드는 후배들이다. 앞으로 대한민국 법조계의 주역이 될 두 사람과 '로펌 고우' 법률사무소의 앞날을 기대하며 모든 분에게 이 책의 일독을 권한다.

2022년 7월

이찬희(제50대 대한변호사협회장, 삼성준법감시위원회 위원장)

일러두기

- 판례, 민법 조문 등의 한글 맞춤법 띄어쓰기는 국가법령정보센터, 종합법률정보(대법원)에 따랐다.
- 청구서, 신청서 등 각종 서류의 한글 맞춤법 띄어쓰기는 실무 작성 문서에 따랐다.

어느 날 갑자기 아버지가 돌아가셨다고 상상해봅시다. 물론 장례를 치르고 고인을 애도하는 것이 우선이겠지요. 하지만 동시에 우리는 법에 따라 자동으로 진행되는 상속에 대비해야만 합니다. 아버지의 빚이 상속재산보다 많은 경우 상속포기나 한정승인 절차를 통해 빚 상속의 굴레에서 벗어나야 합니다.

필자들은 4년 전에 전자책 『아버지가 갑자기 돌아가셨어요-상속(한정승인)편』을 출간했습니다. 이후 필자들이 운영하는 사무실에는 한정승인, 상속포기와 관련하여 매우 난이도 높고 선례가 없는 사건들이 집중되었습니다. 덕분에 많은 사례가 축적되었고 이 책에는 그 경험을 바탕으로 한정승인 · 상속포기를 신고하려는 분들이 궁금해할 만한 것을 최대한 정리해서 담으려고 했습니다.

이 책은 다음과 같이 만들어졌습니다.

- 실무에서 겪었던 필자들의 경험을 담으려고 했습니다.
- 가급적 판례는 원문을 싣고, 필요한 조문과 서식도 최대한 삽입했습니다.
- 한정승인, 상속포기, 특별한정승인은 법률, 판례, 실무 등이 겹치는 부분이 많습니다. 필요한 부분만 찾아보는 분들의 편의를 위해 중복되더라도 해당 부분을 다시 한번 실었습니다.
- 금융기관, 보험사 등의 담당자와 직접 소통하여 관련 실무를 반영했습니다.
- 최근에 활성화되고 있는 상속재산 파산에 대한 내용을 반영했습니다.

이 책은 기본적으로 실무서지만 이론적인 지식을 최대한 담으려고 했습니다. 1장에는 상속에 관한 기본 지식을 실었습니다. 1장부터 정독한다면 한정승인과 상속포기를 이해하는 데 큰 도움이 될 것입니다.

이 책을 보면서 궁금한 점이 있다면 '이메일(info@kowoo.com)'을 통해 언제든지 문의해주시기 바랍니다.

2022년 8월

변호사 고윤기·김대호

# 차례

1장

# 상속의 이해

# 상속이란 무엇인가?

## 죽음으로서 생은 끝나지만 상속은 시작된다

누군가의 재산이나 지위를 넘겨받을 때 흔히 '이전받았다', '승계받았다'라고 합니다. 그런데 돌아가신 분의 재산이나 지위를 넘겨받을 때는 '상속받았다'라고 합니다. 이처럼 표현을 구분해서 사용하는 것은 '상속'만의 특색 때문입니다. 한정승인과 상속포기에 관해 이야기하기 전에 먼저 상속에 대해 살펴보겠습니다.

민법 상속편은 다음과 같은 조문으로 시작합니다.

**제997조(상속개시의 원인)**

상속은 사망으로 인하여 개시된다.

이 짧은 조문에 상속의 가장 큰 특색이 잘 표현되어 있는데, 여기서 사망한 분[망인亡人]을 '피상속인'이라고 합니다. 먼저 살펴볼 특색은 상속개시입니다. 조문 표현 그대로 상속은 피상속인의 사망으로 시작(개시)됩니다. 즉 넘겨줄 의사가 있었는지를 확인하지 않고, 받을 의사가 있는지도 확인하지 않습니다. 단지 '사망'이라는 사실만으로 상속이 시작됩니다. 또한 사망 외에 다른 절차가 필요하지도 않습니다. 시청이나 구청에 사망신고를 하지 않더라도 상속이 시작됩니다. 다음으로 살펴볼 특색은 포괄적 승계입니다. 쉽게 말해 재산뿐 아니라 빚도 승계해야 하고 갖고 싶은 것만 선택해서 승계받을 수 없습니다.

이 두 가지가 상속의 가장 큰 특색입니다. 상속을 정의하는 법규정은 없지만 대체로 상속(相續)을 '사람의 사망에 의한 재산 및 신분상의 지위의 포괄적인 승계'라고 정의하는 것은 이러한 이유 때문입니다.

그런데 피상속인이 (적극)재산보다 빚을 더 많이 남긴 경우 상속의 특색은 상속인에게 너무나도 불리하게 작용합니다. 상속인의 의사와 상관없이 빚의 상속이 시작되기 때문입니다. 하지만 다행히 상속이 시작되었어도 너무 늦지만 않았다면 빚의 상속에서 벗어날 수 있는 방법이 있습니다. 그 방법이 바로 이 책의 주제인 상속포기와 한정승인입니다.

**인정사망과 실종선고**

우리 법에는 어떤 사람의 '죽음'을 직접 확인하지 못해도 사망한 것과 같이 상속을 시작하는 제도가 있습니다. 바로 인정사망과 실종선고입니다. 인정사망은 가족관계의 등록 등에 관한 법률에, 실종선고는 민법에 규정되어 있습니다.

먼저 인정사망은 쓰나미, 화재, 사변 등으로 사망한 것이 확실한 경우 사체가 발견되지 않아도 관공서가 이를 사망이라고 인정하는 제도를 말합니다. 그리고 실종선고는 생사 불명의 상태가 일정 기간 계속된 자에 대해 가정법원이 실종선고를 하면 사망한 것과 같이 보는 제도입니다.

### 상속인은 법이 정하고 수증자는 피상속인이 정한다

상속인이란 피상속인의 사망으로 상속을 받게 되는 자를 뜻합니다. 상속인을 누구로 정할 것인지에 대해서는 크게 두 가지로 나눌 수 있습니다. 하나는 누가 상속인이 될 것인지를 법이 정해 놓는 제도(법정상속주의)고, 다른 하나는 피상속인이 상속인을 자유롭게 정할 수 있는 제도(자유상속주의)입니다.

그중 우리나라는 법정상속주의를 채택하고 있습니다. 그래서 아무리 권력이 높거나 재산이 많더라도 본인이 상속인을 지정할 수 없고 법[1]이 정하는 자가 상속인이 됩니다. 다만 양자 · 친양자 제도를 통해 상속인을 추가하는 것은 가능합니다.

민법은 법정상속주의 중에서도 '최선순위 상속인주의'를 따르고 있습니다. 즉 1순위에서 4순위까지의 상속순위를 법률에서 정하고 있으며 1순위 상속인이 한 명이라도 있으면 2순위 이하는 상속인이 될 수 없습니다. 이 규정에 따라 구체적으로 누가 상속인이 되고, 어떻게 상속비율을 정하는지는 다음 장에서 자세히 살펴보겠습니다.

그렇다면 우리나라에서는 법에서 정한 상속인이 아니면 상속재산을 받을 수 없는 것일까요? 아닙니다. '유증(遺贈)'이라는 제도가 있습니다. 이해를 돕기 위해 드라마를 예로 들어 설명하겠습니다. 이미 여러 명의 자녀가 있는데도 유언장에 가족이 아닌 전혀 다른 사람을 상속인으로 지정해서 자신의 재산을 모두 상속하게 하는 내용의 드라마를 본 적이 있을 것입니다. 이 드라마에서 유언을 통해 이루어진 것은 '상속'이 아니라 '유증'입니다. 유증은 유언을 통해 자신의 재산을 다른 사람에게 주는 행위를 말합니다. 드라마에서는 이러한 유증을 상속이라고 잘못 표현하는 경우가 많습니다. 이렇게 유증을 받은 사람은 법적인 의미에서의 상속인은 아니기 때문에 상속인과 구별하여 '수증자(受贈者, 또는

1) 여기서 법은 '민법'을 뜻합니다. 상속은 '민법' 제5편 상속편에서 주로 규정하고 있습니다. 이 책에서 '우리 법'이 가리키는 것은 우리나라 민법을 말합니다.

수유자)'[2]라고 부릅니다.

유증과 관련하여 많이 제기되는 문제는 '유류분(遺留分)'입니다. 가령 피상속인이 제3자에게 재산을 유증한 경우 상속인은 수증자에게 자신이 상속받아야 할 재산을 빼앗긴 것으로 여길 수 있습니다. 또한 공동상속인 중 한 명에게만 유증한 경우 다른 공동상속인은 자신의 상속분이 침해되었다고 생각할 수도 있습니다. 대부분의 나라에서는 그러한 상황이 발생하더라도 피상속인의 유언을 우선하여 유언대로 상속재산을 나눕니다.

그런데 우리나라 법은 독특하게도 상속인이 유증으로 일정 정도 이상의 피해를 보게 되면 수증자에게 유증받은 재산의 일부를 달라고 할 수 있는 특별한 권리를 규정하고 있습니다. 그것이 바로 '유류분'입니다. 유류분만으로도 책 한 권을 쓸 만큼 할 이야기가 많지만 이 책에서는 주제를 벗어나므로 자세한 이야기는 생략하겠습니다.

정리하면 우리나라에서 상속인은 법정주의에 따라 법에서 정하고 있고, 피상속인은 유증을 할 수는 있으나, 상속인의 상속분이 일정 비율 이상 침해되면 상속인이 수증자에게 유류분 반환청구를 할 수 있습니다.

---

2) 유증이 아닌 일반 증여에서도 증여를 받는 사람을 '수증자'라고 부릅니다. 따라서 단순히 '수증자'라고만 부르면 증여를 받은 자인지, 유증을 받은 자인지 구분되지 않습니다. 그러므로 실무에서는 이를 구분하기 위해 유증을 받은 자를 '수유자(受遺者)'라고 부르기도 합니다. 이 책에서는 '수증자'로 통일하여 사용하겠습니다.

## 상속은 특정적 승계가 아니라 포괄적 승계다!

상속인이 되면 피상속인(망인)의 신분 및 재산상 지위를 승계합니다. 여기서 신분상 지위는 예전의 호주(戶主)의 지위를 말하는데, 현행 민법에서는 호주제가 폐지되었기 때문에 신분상 지위는 딱히 승계할 것이 없습니다. 그래서 지금의 상속은 재산상 지위를 승계하는 것에 중점을 두고 있습니다. 재산상 지위의 승계란 상속인이 피상속인의 재산뿐 아니라 빚까지 모두 물려받는 것을 말합니다. 상속인이 한 명이면 혼자서 피상속인의 모든 재산과 빚을 승계하면 됩니다.

하지만 상속인이 여러 명이면 어떻게 될까요? 예를 들어 공동상속인 갑, 을, 병 세 명이 있고 피상속인의 재산으로 금액이 동일한 건물인 A, B, C 세 채가 있다고 가정해봅시다. 이때 갑, 을, 병이 재산을 상속하는 방식은 갑이 A 건물, 을이 B 건물, 병이 C 건물을 받는 방법과 갑, 을, 병 각각 A, B, C 건물의 3분의 1 지분을 갖는 방법이 있습니다.

첫번째 방법처럼 개별 재산을 특정하여 승계하는 것을 특정승계라 하고, 두번째 방법처럼 개별 재산을 특정하지 않고 모든 재산상의 지위를 상속비율에 따라 일괄하여 승계하는 것을 포괄승계라 합니다. 여기서 승계하는 재산상의 지위에는 빚도 포함되므로 갑, 을, 병은 피상속인의 빚도 3분의 1씩 승계합니다.

그런데 우리 법은 상속을 포괄승계로 규정하고 있습니다. 이에 따르면 앞의 사례에서 갑, 을, 병은 각각 A, B, C 건물의 각 3분의 1씩 승계합니다.

참고로 유증은 어떨까요? 법은 "A 건물을 정에게 준다"와 같은 특정승계에 해당하는 유증뿐 아니라 "내 재산의 4분의 1을 정에게 준다"와 같은 포괄승계에 해당하는 유증도 가능하도록 규정하고 있습니다. 이렇게 재산의 비율을 정해 유증을 한다면 상속인인 갑, 을, 병과 상속인이 아닌 정이 각각 4분의 1씩 상속재산을 나누게 되어 마치 피상속인이 정을 상속인으로 추가로 지정한 것과 같은 결과가 됩니다.

**민법**

**제1078조(포괄적 수증자의 권리의무)**

포괄적 유증을 받은 자는 상속인과 동일한 권리의무가 있다.

### 포괄승계를 특정승계처럼 바꾸는 절차-상속재산분할 협의

상속인이 한 명이라면 상속재산을 어떻게 나눌까 하는 문제는 발생하지 않습니다. 그러나 앞의 사례처럼 공동상속인이 세 명이라면 상속재산을 구체적으로 어떻게 나눌 것인지의 문제가 생깁니다. 언제까지나 A, B, C 건물을 갑, 을, 병이 각각 3분의 1씩 지분으로 갖고 있을 수는 없기 때문입니다.

상속재산을 나누는 방법에 대해 법은 상속인들끼리 먼저 협의하도록 하고 협의가 성립되지 않을 때 법원을 찾아오라고 합니다. 상속인들끼리 협의로 나누는 것을 협의분할이라 하고, 법원에 분할을 청구하는 것을 상속재산분할청구 심판이라 합니다.

협의는 상속인들이 자유로운 방식으로 할 수 있습니다. 갑이 4분의 2, 을과 병이 각각 4분의 1을 갖도록 상속비율을 변경할 수도 있고, 갑이 A 건물, 을이 B 건물, 병이 C 건물을 갖도록 협의하는 것도 가능하며, 갑이 A, B, C 건물을 모두 갖고 을과 병은 아무것도 안 갖는 것으로 협의할 수도 있습니다.

다만 자식들이 재산분할을 하는 과정에서 다투고 의가 상할 것이 염려된다면 피상속인은 상속재산을 분할하지 못하도록 유언할 수는 있습니다. 그렇다고 영원히 분할하지 못하도록 할 수 있는 것은 아니고 피상속인이 사망한 날로부터 5년 이내의 기간 동안은 분할하지 못하도록 유언할 수 있습니다.

어찌 되었건 상속재산분할 협의나 상속재산분할청구 심판으로 상속재산을 나누어 갖게 되면 각 재산을 특정승계하는 것과 같은 결과가 됩니다.

### (재산〈 빚) ≠ (재산 〉빚)

피상속인이 남긴 재산이 빚보다 많은 경우와 빚이 재산보다 많은 경우 상속인들이 처한 상황은 완전히 다릅니다. 상속재산이 많으면 공동상속인끼리 상속재산분할 협의를 하고 유류분을 침해하는 수증자나 상속인이 있다면 유류분 반환청구를 하는 절차가 진행됩니다. 이때는 상속재산인 A 빌딩의 가치가 얼마인지, B 토지의 가치가 얼마인지 가치 평가의 문제가 주로 발생합니다. 재산이 얼마나 늘어날지에 대한 행복한 고민이라고 할 수도 있습니다. 하지만 재산보다 빚이 많다면 어떻게 해야 할까요? 빚에서 벗어나는 일은 재산을 나누는 것보다 훨씬 절박한 문제입니다.

이제부터 이 책의 주제인 한정승인과 상속포기에 관한 이야기를 본격적으로 시작해보겠습니다.

# 누가 상속인이 되는가?

상속은 피상속인이 사망했을 때 자동으로 시작됩니다. 하고 싶으면 하고, 하고 싶지 않으면 안 해도 되는 선택의 문제가 아닙니다. 그리고 앞서 이야기했듯이 상속인은 피상속인이 정하는 것이 아니라 법에서 정하고 있습니다(법정상속주의). 따라서 상속 문제가 발생하면 누가 먼저 상속인이 되는지 정확히 알아야 합니다.

상속순위와 상속비율은 민법의 상속편에서 정하고 있는데, 올바른 이해를 위해서는 직계, 방계, 존속, 비속, 최근친 등의 용어를 먼저 알아볼 필요가 있습니다. 그리고 나서 민법 규정에 대해 살펴보겠습니다.

- 직계와 방계 : 직계존속과 직계비속이라는 말을 처음 들어보는 분도 있을 것입니다. 민법에서 직계(直系)는 '혈연이 친자 관계에 의해 직접적으로 이어져 있는 계통'을 말합니다. 나

와 수직적인 관계를 이루고 있는 모든 가족, 즉 나를 낳아주신 분과 내가 낳은 아이들이라고 생각하면 이해하기 쉽습니다. 나를 기준으로 부모, 할아버지, 내 자식들이 직계가 됩니다. 그 밖의 사람들, 예를 들어 삼촌, 고모, 형제 등은 '방계(傍系)'입니다.

- 존속과 비속 : 존속에서 존(尊)은 높다는 뜻이고 비속에서 비(卑)는 낮다는 의미입니다. 즉 존은 나보다 지위가 높은 사람을, 비는 나보다 지위가 낮은 사람을 가리킵니다. 직계존속은 직계 중에서 나보다 높은 아버지, 어머니, 할아버지, 할머니, 증조할아버지, 증조할머니 등이고, 직계비속은 내 자식, 손자, 증손자 등입니다.
- 최근친 : 직계존속이나 직계비속 중에서도 나를 중심으로 가장 가까운 관계에 있는 사람을 가리킵니다. 이를테면 아버지와 할아버지가 모두 살아 계시면 아버지가 나의 최근친인 직계존속이며, 아들과 손자가 있는 경우에는 아들이 나의 최근친인 직계비속입니다. 아들이 세 명이면 세 명 모두 같은 순위인 최근친 직계비속입니다.

상속에서 많이 쓰이는 용어에 대해 알아보았으니 이제 민법 상속편의 조문을 살펴볼 준비가 되었습니다. 민법에서 상속인, 상속순위, 상속비율을 규정하고 있는 대표적인 조문은 다음과 같습니다. 상속편의 전체 조문이 궁금한 분은 부록을 참고하기 바랍니다.

**민법**

**제1000조(상속의 순위)**

① 상속에 있어서는 다음 순위로 상속인이 된다.

1. 피상속인의 직계비속
2. 피상속인의 직계존속
3. 피상속인의 형제자매
4. 피상속인의 4촌 이내의 방계혈족

② 전항의 경우에 동순위의 상속인이 수인인 때에는 최근친을 선순위로 하고 동친등의 상속인이 수인인 때에는 공동상속인이 된다.

③ 태아는 상속순위에 관하여는 이미 출생한 것으로 본다.

**제1001조(대습상속)**

전조 제1항 제1호와 제3호의 규정에 의하여 상속인이 될 직계비속 또는 형제자매가 상속개시전에 사망하거나 결격자가 된 경우에 그 직계비속이 있는 때에는 그 직계비속이 사망하거나 결격된 자의 순위에 갈음하여 상속인이 된다.

**제1003조(배우자의 상속순위)**

① 피상속인의 배우자는 제1000조 제1항 제1호와 제2호의 규정에 의한 상속인이 있는 경우에는 그 상속인과 동순위로 공동상속인이 되고 그 상속인이 없는 때에는 단독상속인이 된다.

② 제1001조의 경우에 상속개시전에 사망 또는 결격된 자의

배우자는 동조의 규정에 의한 상속인과 동순위로 공동상속인이 되고 그 상속인이 없는 때에는 단독상속인이 된다.

**제1004조(상속인의 결격사유)**

다음 각 호의 어느 하나에 해당한 자는 상속인이 되지 못한다.

1. 고의로 직계존속, 피상속인, 그 배우자 또는 상속의 선순위나 동순위에 있는 자를 살해하거나 살해하려한 자
2. 고의로 직계존속, 피상속인과 그 배우자에게 상해를 가하여 사망에 이르게 한 자
3. 사기 또는 강박으로 피상속인의 상속에 관한 유언 또는 유언의 철회를 방해한 자
4. 사기 또는 강박으로 피상속인의 상속에 관한 유언을 하게 한 자
5. 피상속인의 상속에 관한 유언서를 위조 · 변조 · 파기 또는 은닉한 자

**제1009조(법정상속분)**

① 동순위의 상속인이 수인인 때에는 그 상속분은 균분으로 한다.

② 피상속인의 배우자의 상속분은 직계비속과 공동으로 상속하는 때에는 직계비속의 상속분의 5할을 가산하고, 직계존속과 공동으로 상속하는 때에는 직계존속의 상속분의 5할을 가산한다.

### 다음 순위로 상속인이 된다-최선순위원칙

민법 제1000조에서 "다음 순위로 상속인이 된다"라고 규정한 것을 '최선순위원칙'이라고 합니다. 즉 상속순위에서 가장 앞선 자가 상속인이 되는 것입니다. 1순위자가 한 명이라도 있다면 그 사람이 상속인이 되며 2순위 이하의 사람들은 상속인이 아니게 됩니다. 1순위자가 여러 명이라면 그들끼리는 순위가 같으므로 공동상속인이 됩니다.

상속순위자를 부를 때 흔히 1순위 상속인, 2순위 상속인이라고 하는데, 1순위가 상속인이 되면 2순위는 애초에 상속인이 아니므로 정확한 표현은 아닙니다. 하지만 실무에서 많이 쓰는 표현입니다.

같은 순위자가 여러 명이어서 공동상속인이 되면 그들끼리 어떠한 비율로 상속을 할 것인가의 문제가 발생합니다. 이때 상속을 받는 비율을 '상속분'이라고 합니다. 이처럼 상속분이라는 말에는 공동상속인이 있다는 뜻이 포함되어 있습니다.

상속분은 기본적으로 동일한 비율, 즉 공동상속인이 두 명이라면 2분의 1씩, 세 명이라면 3분의 1씩 나누는 것이 원칙입니다. 그러나 여기에는 배우자 5할 가산이라는 중대한 예외가 있습니다. 피상속인의 배우자는 직계비속과 같이 1순위로서 최선순위 공동상속인이 됩니다. 1순위인 직계비속이 아무도 없으면 직계존속과 같이 2순위로서 역시 최선순위 공동상속인이 됩니다. 직

▶ **상속분**(상속재산이 7억 원일 경우)

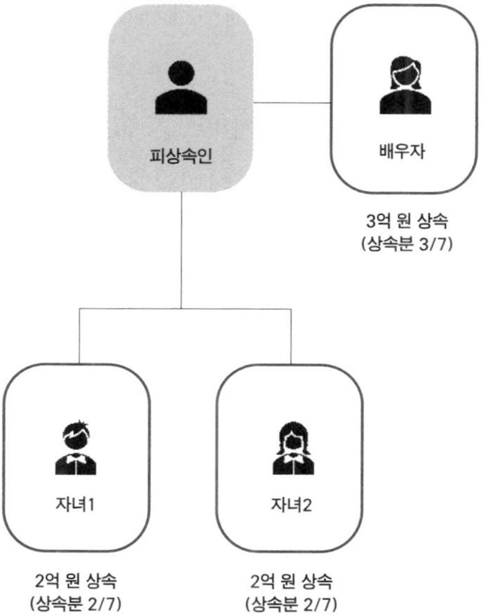


**1순위 상속인으로 자녀 두 명과 배우자 한 명이 있고 상속재산이 7억 원이라면 자녀 두 명은 각각 2억 원, 배우자는 3억 원을 상속받게 됩니다.**

계존속이나 직계비속이 아무도 없으면 단독으로 1순위 상속인이 됩니다. 이러한 배우자가 공동상속인이 될 때는 다른 공동상속인보다 상속분에 50퍼센트를 가산해줍니다.

예를 들어 1순위로 배우자 없이 자녀 두 명만 있고 상속재산이 10억 원이라면 두 자녀가 1 : 1의 비율로 균등하게 나누어 상속분은 각각 5억 원이 됩니다. 하지만 1순위로 자녀 한 명과 배우자가 있다면 자녀 : 배우자가 1 : 1의 같은 비율로 상속받는 것이 아니라 배우자 5할 가산원칙에 따라 1 : 1.5의 비율로 배우자에게 상속분이 가산되어 자녀가 4억 원, 배우자가 6억 원을 상속받게 됩니다.

이와 같은 원리로 1순위인 직계비속은 없고 피상속인의 어머니가 살아 있는 경우 직계존속인 어머니와 배우자가 2순위로서 공동상속인이 됩니다. 이 경우에는 배우자 5할 가산원칙에 따라 어머니와 배우자가 1 : 1.5의 비율로 어머니가 4억 원, 배우자가 6억 원을 상속받게 됩니다.

직계비속도, 직계존속도 없고 배우자만 있으면 배우자가 단독 1순위로 10억 원을 모두 상속받습니다.

### 빚도 재산이다?-빚의 상속

상속은 포괄승계로서 재산은 물론 빚도 승계됩니다. 따라서 빚 역시 1순위 상속인 전원이 상속포기를 하면 2순위 상속인에게, 다시 2순위 상속인 전원이 상속포기를 하면 3순위 상속인에게, 3순위 상속인 전원이 상속포기를 하면 4순위 상속인이 빚을 상속받게 됩니다. 4순위 상속인까지 전원이 상속포기를 하면 상속인이 없으므로 빚은 상속되지 않습니다. 그래서 상속포기를 할 때 4순위 상속자인 4촌 이내의 방계혈족까지 모두 상속포기를 해야 피상속인의 빚 때문에 피해를 보는 사람이 없게 됩니다.

**▶상속포기순위**

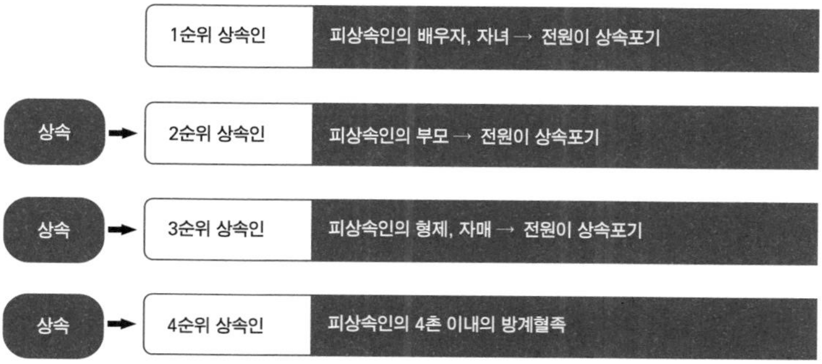


**선순위의 모든 상속인이 상속포기를 해야 다음 순위가 상속받습니다.**

그렇다면 1순위에서 4순위까지 상속인이 아무도 없거나 4순위까지 해당하는 사람이 모두 상속포기를 했다면 상속재산은 누가 받는 것일까요? 민법 제1000조는 4순위까지의 상속인만 정하고 있고 5순위 상속인은 규정하고 있지 않습니다. 이때는 법정상속인이 존재하지 않으므로 이를 '상속인이 부존재한다'라고 합니다.

상속인이 부존재할 경우 민법은 상속재산 관리인을 선임해서 상속인 수색 공고 등의 절차를 거친 후 특별연고자에게 남아 있는 상속재산을 나누어줍니다. 빚이 있다면 상속재산 한도 내에서 갚아주고, 그래도 남는 것이 있다면 최종적으로 국가에 귀속하도록 하는 일종의 청산 절차를 규정하고 있습니다.

**법률상 배우자** vs **사실혼 배우자**

민법에서 상속인이 될 수 있는 '배우자'는 혼인신고를 마친 법률상 배우자만을 뜻합니다. 따라서 결혼식은 올렸지만 혼인신고를 하지 않은 '사실혼 배우자'는 상속인이 될 수 없습니다. 또한 혼인신고를 했으나 이혼을 한 경우에도 상속인이 될 수 없습니다.

다만 사실혼 배우자는 상속권은 없더라도 국민연금 등 각종 유족연금에 대한 권리는 별도로 가지며, 만약 피상속인에게 상속인이 전혀 없다면(상속인 부존재) 특별연고자로서 상속재산을 나누어 달라고 청구할 수 있습니다. 이를 법률 용어로 분여(分與)라고 하는데, 법원의 상속재산분여 심판을 통해 받을 수 있습니다.

**친자** vs **양자** vs **친양자**

일반적으로 자신의 아들딸을 '자식'이라고 부르는데, 직접 낳은 아이를 '친자', '입양' 절차를 통해 부모와 자식 관계를 맺은 아이를 '양자'라고 합니다. 친자를 자연혈족, 양자를 법정혈족이라 부르기도 하는데, 법정혈족이라는 말은 '법에 의해 혈족으로 본다'라는 뜻입니다. 민법은 상속에서 이런 양자를 친자와 차별하지 않습니다.

그런데 양자에게 친부모가 생존해 있는 경우에는 친부모에 대해 양자는 자연혈족인 친자가 되고, 양부모에게는 법정혈족인 양자가 됩니다. 즉 동시에 양쪽에 혈족관계가 성립합니다. 우리나라 양자제도는 입양되더라도 친부모와의 관계가 소멸하지 않도록 규정되어 있기 때문입니다. 따라서 양자는 친부모가 사망했을 때는 자연혈족인 친자로서 직계비속이 되고, 양부모가 사망했을 때는 법정혈족인 양자로서 직계비속이 되어서 양쪽 모두로부터 상속을 받을 수 있습니다. 이 제도를 뒤에서 설명할 친양자제도와 구별하기 위해 '일반' 양자제도라고도 합니다.

**민법**

**제882조의2(입양의 효력)**

① 양자는 입양된 때부터 양부모의 친생자와 같은 지위를 가진다.

② 양자의 입양 전의 친족관계는 존속한다.

입양된 후에도 친부모와 양부모 모두의 자식으로 인정받는 일반 양자제도는 새로 입양된 가정을 중심으로 한 가족관계가 정착되는 데 장애가 될 수 있습니다. 그래서 민법은 2008년 1월 1일부터 '완전 양자제도'라고 불리는 '친양자제도'를 시행하고 있습니다. 친양자제도는 일반 양자와 달리 친부모와의 관계를 완전히 끊어버리는 입양 형태입니다. 그 결과 친양자는 친생부모 및 그 친족과의 관계가 단절되어 친생부모로부터 상속받지 않으며 오로지 양부모에 대해서만 상속인이 됩니다.

**민법**

**제908조의3(친양자 입양의 효력)**

① 친양자는 부부의 혼인중 출생자로 본다.

② 친양자의 입양 전의 친족관계는 제908조의2 제1항의 청구에 의한 친양자 입양이 확정된 때에 종료한다. 다만, 부부의 일방이 그 배우자의 친생자를 단독으로 입양한 경우에 있어서의 배우자 및 그 친족과 친생자간의 친족관계는 그러하지 아니하다.

**태아**

민법 제1000조 제3항에서는 "태아는 상속순위에 관하여는 이미 출생한 것으로 본다"라고 규정하고 있습니다. 즉 아버지가 사망할 당시에 아이가 태어나지 않았더라도 일단 태어나면 상속인으로 인정됩니다. 따라서 이 경우에도 필요한 경우 한정승인이나 상속포기를 신고해야 합니다. 물론 막 태어난 아이가 스스로 그러한 신고를 할 수는 없으므로 법정대리인에 의한 신고가 가능하도록 규정하고 있습니다.

**상속결격**

민법 제1004조는 도의상 상속자격을 인정할 수 없는 존속 살해범이나 사기 또는 강박으로 유언을 하게 하거나 방해한 자, 유언서를 위조하려고 한 자 등에 대해 상속인이 될 수 없다고 규정하고 있습니다. 이러한 자들을 상속결격자라고 하며, 민법 제1004조 제1호에서 제5호까지 나열하고 있습니다.

그런데 민법 제1004조에는 자식을 학대하거나 부모에게 부양의무를 다하지 않은 자는 포함되어 있지 않습니다. 따라서 현행 법상으로는 부모를 학대한 자식이나 아이를 버리고 집을 나가서 부양의무를 다하지 않은 부모도 상속인이 될 수 있습니다. 최근 이와 관련하여 사회적 이슈가 된 적이 있습니다. 연예인 '구하라'씨가 사망한 후에 어릴 적 아이를 버리고 집을 나가 소식도 없던 어머니가 갑자기 나타나 상속권을 주장한 사건입니다. 이후 부양의무를 다하지 못한 자도 상속결격자에 포함시키자는 논의가 활발히 이루어졌습니다. 구체적인 법 개정 논의도 진행되고 있으므로 이 책이 출간된 이후에는 상속결격자의 범위가 부양의무를 다하지 않은 자로 확대될 가능성도 큽니다.

### 대습상속

사례를 들어보겠습니다. A는 100억 재산의 자산가인데, 그에게는 B와 C 두 자녀가 있고 B에게는 배우자 D와 어린 아들 a가 있습니다. A가 사망하면 B와 C 각각 50억씩 상속받게 될 것입니다. 그런데 A가 사망한 다음 1초 후에 B가 사망했다고 가정해 봅시다. 어쨌든 A가 사망할 당시에는 B가 살아 있었기 때문에 상속인이 되어 일단 50억을 상속받습니다. 그리고 그 50억은 다시 B의 상속인인 D와 a가 상속하게 될 것입니다(차례대로 상속).

반대로 A가 사망하기 1초 전에 B가 먼저 사망했다고 가정해 봅시다. B는 이미 사망했으므로 1순위자인 직계존속으로는 손자인 a와 자식인 C가 있게 됩니다. 자식과 손자 중에는 자식인 C가 최선순위 직계비속이 되므로 C가 단독상속을 합니다. 즉 사망시간 1초 차이로 C가 100억을 모두 단독상속을 받는다는 결론에 이르게 됩니다. B의 상속인인 a와 D에게는 너무나도 가혹한 결과가 생겼습니다.

민법은 이러한 불합리를 해결하기 위해 대습상속이라는 제도를 두고 있습니다. 대습상속은 앞의 사례와 같이 상속인이 될 직계비속이나 형제자매가 피상속인보다 먼저 사망하고 그에게 직계비속이나 배우자가 있는 경우에는 그들이 사망한 자를 대신

▶ **대습상속**(차례대로 상속할 경우)

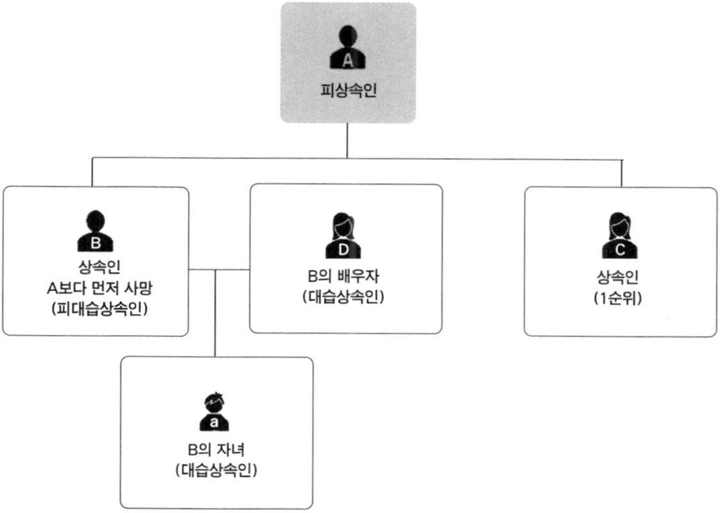


하여 상속인이 되는 제도입니다. 이에 따르면 D와 a는 대습상속으로 B 대신 상속인이 되고 이들의 상속분은 B의 몫인 50억을 받습니다. 이처럼 대습상속은 D와 a 같은 자들을 보호하기 위한 제도입니다.

그런데 우리 민법은 대습상속의 인정에 매우 온정적인 태도를 취하고 있습니다. 앞의 사례에서처럼 B가 사망한 경우뿐 아니라 B가 패륜으로 상속결격이 된 경우에도 D와 a에게 대습상속을 인정하고 있습니다. 이럴 경우에도 D와 a를 보호하는 것이 합당한가라는 의문이 들 수도 있지만 자식이 아무리 인륜을 저

▶ **대습상속**(친족관계가 종료되었을 경우)

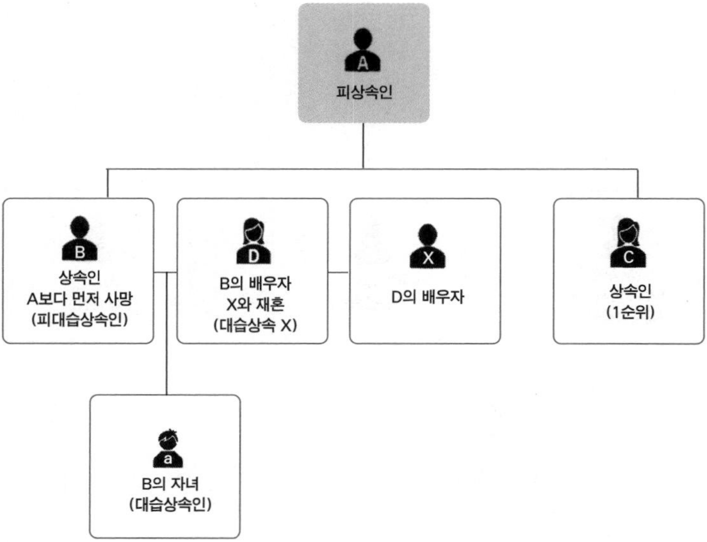


상속인인 아들(B)이 먼저 사망하고 며느리(D)가 재혼했다면 친족관계가 종료되어 며느리(D)는 대습상속을 받을 수 없습니다. B의 자녀 a만 대습상속을 받습니다.

버렸어도 손자까지 버릴 수는 없는 부모들의 심정을 반영한 규정으로 이해할 수 있습니다.

한편, 대습상속은 어디까지나 친족에 대한 온정입니다. 친족관계의 유지를 전제로 하므로 아들이 먼저 죽고 며느리가 재혼하지 않았다면 대습상속을 받게 되지만, 재혼했다면 이미 기존 집안과의 친족관계가 종료된 것이므로 대습상속을 받을 수 없습니다(자식들은 대습상속 가능).

지금까지 누가 상속인이 되고, 공동상속인이 있을 때 상속분은 어떻게 분할하는지에 관해 자세히 살펴보았습니다. 생소한 개념들 때문에 조금 어렵게 느껴졌겠지만 다음 〈표 1〉을 보며 다시 한번 정리하겠습니다.

**<표 1> 상속순위 및 상속분**

| 상속순위 | 상속분 |
| --- | --- |
| 1순위 | 최근친 직계비속 + 배우자<br>(배우자는 직계비속의 상속분에 50퍼센트 가산) |
| 2순위 | 최근친 직계존속 + 배우자<br>(배우자는 직계존속의 상속분에 50퍼센트 가산) |
| 3순위 | 형제자매(1 · 2순위 상속인의 상속분 귀속) |
| 4순위 | 4촌 이내의 방계혈족(1 · 2 · 3순위 상속인의 상속분 귀속) |

· 상속결격자 제외
· 배우자는 오직 혼인신고를 마치고 이혼하지 않은 법률상 배우자만
· 양자, 친양자 포함. 양자는 친부모, 양부모 모두로부터, 친양자는 양부모로부터만
· 태아는 태어난 것으로 간주
· 직계비속, 형제자매에게는 대습상속 적용

**Q. 남편이 사망하면 아내가 남편 재산의 50퍼센트를 무조건 상속하나요?**

A. 상담을 진행하다보면 "배우자의 상속분이 전체 재산의 50퍼

센트라던데, 맞나요?"라고 묻는 분이 많습니다. 보통 인터넷에서 상속분과 관련된 글을 찾다가 '배우자의 상속분 5할 가산'이라는 문구를 보고 문의합니다.

일단 배우자가 무조건 50퍼센트를 상속하는 것은 아닙니다. 남편이 사망하고 다른 상속인이 없는 경우 아내가 남편의 재산을 100퍼센트 상속합니다. 하지만 남편에게 자식이 있는 경우 직계비속의 상속분에 곱하기 1.5를 하는 것입니다. 자식이 한 명 있는 경우 자식 40퍼센트, 배우자 60퍼센트의 비율로 상속합니다. 자식이 세 명 있다면 자식들은 각각 9분의 2의 상속분을, 배우자는 9분의 3의 상속분을 상속합니다. 쉽게 말하면 자식이 많을수록 배우자가 실제 상속받을 수 있는 비율은 작아집니다.

**Q. 5촌 당숙 아저씨가 돌아가셨는데, 상속인이 없습니다. 혹시 5촌 조카인 제가 상속을 받을 수 있을까요?**

A. 5촌 조카는 상속을 받을 수 없습니다. 5촌 당숙 아저씨가 따로 유언장을 통해 본인에게 유증을 해주었다면 가능합니다. 하지만 이러한 특별한 경우가 아니라면 상속은 4촌 이내의 방계혈족까지만 이루어집니다. 만약 생전에 당숙 아저씨가 5촌 조카를 많이 아껴서 상속재산을 남겨주고 싶다면 두 가지 방법이 있습니다. 유증하는 방법과 5촌 조카를 양자나 친양자로 입양하여 법정상속인이 되게 하는 것입니다.

# 상속인의 선택지

상속인이 되었을 때 선택할 수 있는 선택지는 세 가지, 즉 상속의 단순승인, 상속포기, 한정승인입니다.

### 단순승인

단순승인이란 말 그대로 상속을 조건 없이 승인하는 것입니다. 단순승인을 하게 되면 상속인은 (앞서 살펴본 상속의 효력에 따라) 피상속인의 권리와 의무를 포괄적으로 승계합니다. 즉 피상속인의 재산도 물려받지만 빚도 함께 물려받습니다. 단순승인은 나머지 두 가지 선택지인 상속포기와 한정승인과 달리 법원에 신고할 필요가 없습니다. 상속인이 상속포기나 한정승인을 신고할 수 있는 기간까지 법원에 아무런 신고도 하지 않으면 단순승인을 한 것으로 보기 때문입니다.

## 상속포기

상속포기는 상속인이 되는 지위를 포기하겠다고 법원에 신고하는 제도입니다. 단순히 가족들에게 "나는 상속을 포기한다"라고 말하는 것은 민법에 규정된 상속포기가 아닙니다. 뒤에서 설명하는 바와 같이 반드시 상속포기 기간 내에 법원에 서면으로 신고하고 법원이 이를 수리한다는 심판을 받아야 민법에 규정된 상속포기의 효과가 생깁니다.

상속포기는 상속인의 지위를 포기하는 것이기 때문에 최선순위자라 하더라도 더이상 상속인이 아니게 됩니다. 따라서 재산은 물론 빚도 전혀 상속받지 않게 되므로 가장 깔끔하게 상속관계에서 벗어날 수 있습니다.

상속인이 상속포기를 하면 다음 순위의 상속인이 정해집니다. 예를 들어 공동상속인이 두 명이 있을 때 그중 한 명이 상속포기를 하면 나머지 한 명이 단독상속인이 되고, 1순위자가 한 명이 있고 2순위자가 두 명이 있을 때 1순위자가 상속포기를 하면 다음 순위자인 2순위자 두 명이 공동상속인이 됩니다.

상속포기는 피상속인이 빚보다 재산을 많이 남긴 경우에도 할 수 있습니다. 그러나 대부분은 재산보다 빚을 많이 남긴 경우에 빚에서 벗어나기 위해 이루어집니다. 이때 상속포기는 포기하는 사람만 상속에서 빠지는 것이므로 새로 상속인이 되는 사람에게 빚이 상속된다는 문제점이 발생합니다. 1순위 상속인인 나만 상

▶ **상속포기**

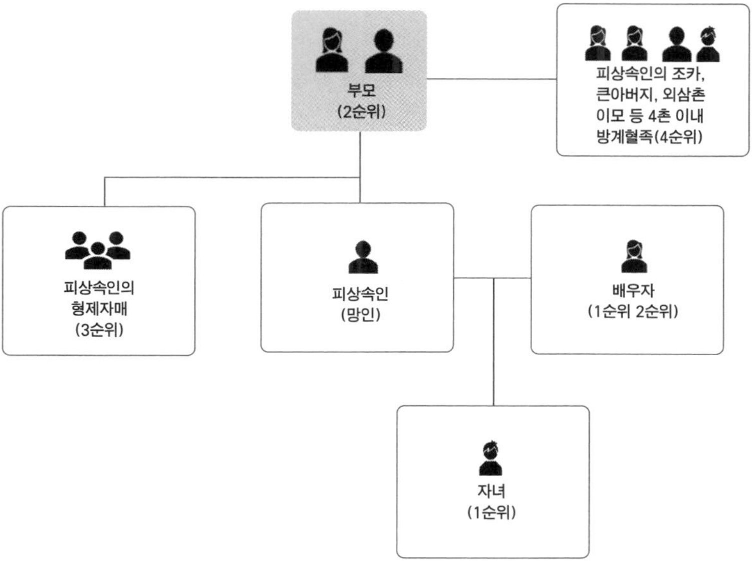


속포기를 한다고 해서 모든 문제가 해결되는 것이 아닙니다. 잘못하면 후순위 상속인이 피상속인의 빚을 떠안게 되어 나를 원망하는 상황이 생길 수도 있습니다.

따라서 상속포기만으로 피상속인이 남긴 빚을 해결하려면 1순위부터 4순위 상속인까지 모두 상속포기를 해야 합니다. 하지만 그들이 모두 상속포기를 하기란 현실적으로 곤란한 경우가 많습니다. 이때 필요한 것이 바로 한정승인입니다.

### 한정승인

한정승인은 상속인이 조건부로 상속을 하는 것입니다. 한정승인은 무조건 상속을 승인하는 단순승인과 무조건 상속을 포기하는 상속포기의 중간쯤에 해당하는 제도라고 할 수 있습니다. 한정승인 역시 상속포기와 마찬가지로 법원에 한정승인 신고를 하면 법원이 이를 수리한다는 심판을 하는 방식으로 이루어집니다.

한정승인은 조건부지만 어쨌든 상속인이 되는 것이기 때문에 선순위자 중에서 한 명이라도 한정승인을 하게 되면 후순위자는 상속인이 되지 않습니다. 따라서 후순위자는 빚을 물려받을 염려를 하지 않아도 되고 별도로 상속포기를 해야 할 필요도 없습니다.

그렇다면 상속인이 한정승인을 신고하면서 조건을 마음대로 정할 수 있을까요? 그렇지 않습니다. 한정승인의 조건은 "상속인이 상속으로 인하여 취득할 재산의 한도에서 피상속인의 채무와 유증을 변제할 것"이라고 법으로 정해져 있습니다. 예를 들어 피상속인이 남긴 재산이 1억 원이고 빚이 10억 원이라면 재산의 한도인 1억 원 내에서만 빚을 갚는 것을 조건으로 상속하는 것이 바로 한정승인입니다. 법이 정한 조건보다 유리한 조건, 이를테면 5000만 원만 갚겠다고 마음대로 조건을 정할 수 없습니다.

한정승인은 물려받은 재산의 범위에서만 빚을 갚고 후순위 상

▶ **한정승인**

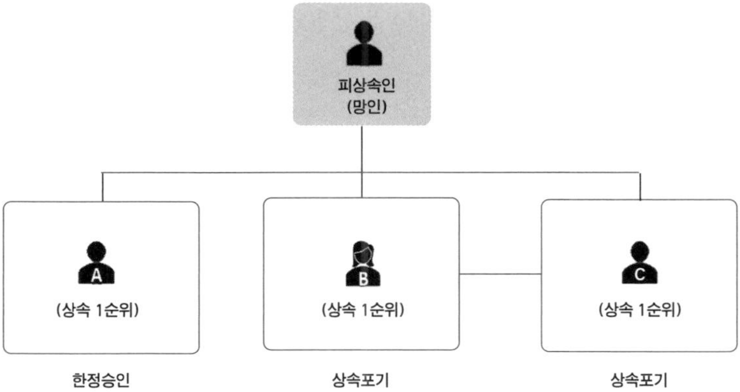


**민법**

**제1028조(한정승인의 효과)**

상속인은 상속으로 인하여 취득할 재산의 한도에서 피상속인의 채무와 유증을 변제할 것을 조건으로 상속을 승인할 수 있다.

속인에게 빚이 승계되지 않는다는 장점이 있습니다. 하지만 재산 목록을 작성하고 신문 공고를 해야 하는 등 신고 절차가 상속포기보다 복잡하고 한정승인을 신고한 후에는 상속재산의 한도 내에서 공평하게 상속채무를 갚는 청산 절차를 이행해야 한다는 단점이 있습니다. 그래서 실무에서는 편의를 위해 1순위자가 한 명이면 그가 한정승인을 하고 1순위자가 여러 명이면 그중 한 명만 한정승인을 하고 나머지 공동상속인은 상속포기를 하고 있습니다.

**민법**

**제1030조(한정승인의 방식)**

① 상속인이 한정승인을 함에는 제1019조 제1항 또는 제3항의 기간 내에 상속재산의 목록을 첨부하여 법원에 한정승인의 신고를 하여야 한다.

② 제1019조 제3항의 규정에 의하여 한정승인을 한 경우 상속재산 중 이미 처분한 재산이 있는 때에는 그 목록과 가액을 함께 제출하여야 한다.

하지만 필요에 따라서는 모든 상속순위자가 상속포기를 하거나 공동상속인 모두 한정승인을 하는 경우도 있습니다. 어떨 때 한정승인을 선택하는 것이 유리하고, 언제 상속포기를 선택하는 것이 유리한지에 대해 알아보기에 앞서 주의해야 할 점부터 먼저 살펴보도록 하겠습니다. 바로 법정단순승인제도입니다.

# 상속인이 절대로 하지 말아야 할 행위 -법정단순승인

**사례 1** 아버지가 돌아가시기 전 아버지가 제게 A씨가 아버지에게 써준 차용증을 주시면서 "이 돈은 꼭 받아야 한다"라고 하셨습니다. 아버지가 돌아가신 후 A씨에게 돈을 받아 일부를 썼습니다. 그런데 얼마 후 아버지가 많은 빚을 지고 있었다는 사실을 알게 되었습니다. 주변에 알아보니 아버지의 재산을 이미 썼기 때문에 상속포기를 할 수 없다는 이야기를 들었습니다. 방법이 없을까요?

**사례 2** 에어컨 대리점을 운영하시던 아버지가 갑자기 돌아가시고 정신이 없었습니다. 그래도 겨우 정신을 추스르고 한정승인을 신고했습니다. 그런데 얼마 전 아버지에게 받을 돈이 있다는 사람으로부터 빚을 갚으라는 소송을 당했습니다. 한정승인을 신고했으므로 별문제 없겠지 하고 재판에 나갔습니다. 판사님께서 아버지가 못 받은 외상 대금이 있는 사실을 알았냐고 물어보셔서 안다고 대답했습니다. 그랬더니 외상 대금도 재산인데 왜 재산목록에 기재하지 않았냐며 한정승인의 효력이 의심된다는 말을 하셨습니다. 제가 한 한정승인의 효력이 없어질 수도 있는 것인가요? 저는 어떻게 해야 하나요?

상속포기나 한정승인은 상속인에게는 피상속인의 빚에서 벗어날 수 있는 좋은 방법입니다. 하지만 받아야 할 빚을 못 받게 되는 채권자 입장에서는 억울함을 느낄 수 있습니다. 그리고 채권자들은 채무자의 자녀가 부모의 빚을 대신 갚는 것이 당연하다고 생각할 수도 있습니다.

법은 한쪽 편만 들 수 없습니다. 상속인도 지금은 상속인 입장이지만 채권자의 입장이 될 수도 있습니다. 그래서 법은 상속인과 채권자의 입장을 모두 고려하고 있습니다. 그러한 제도가 바로 민법 제1026조에 있는 '법정단순승인'제도입니다. 흔히 '단순승인간주'제도라고도 합니다.

법정단순승인제도는 법에 규정된 특정한 행동을 하는 상속인을 보호해줄 필요가 없는 상속인으로 판단하고 단순승인한 것으로 보는 제도입니다. 법정단순승인을 한 것으로 인정되면 한정승인이나 상속포기를 할 수 없고 이미 상속포기나 한정승인을 신고했다고 하더라도 그 효력을 주장할 수 없습니다. 따라서 빚까지 모두 상속을 받을 수밖에 없습니다.

**민법**

**제1026조(법정단순승인)**

다음 각호의 사유가 있는 경우에는 상속인이 단순승인을 한 것으로 본다.

1. 상속인이 상속재산에 대한 처분행위를 한 때
2. 상속인이 제1019조 제1항의 기간 내에 한정승인 또는 포기를 하지 아니한 때
3. 상속인이 한정승인 또는 포기를 한 후에 상속재산을 은닉하거나 부정소비하거나 고의로 재산목록에 기입하지 아니한 때

**제1019조(승인, 포기의 기간)**

① 상속인은 상속개시있음을 안 날로부터 3월내에 단순승인이나 한정승인 또는 포기를 할 수 있다. 그러나 그 기간은 이해관계인 또는 검사의 청구에 의하여 가정법원이 이를 연장할 수 있다.

민법 제1026조 제2호의 "상속인이 제1019조 제1항의 기간(상속개시를 안 날로부터 3개월) 내에 한정승인 또는 포기를 하지 아니한 때"는 채권자 보호와는 별로 관련이 없는 규정입니다. 상속인의 세 가지 선택지 중에서 한정승인이나 상속포기를 하지 않으면 나

머지 선택지인 단순승인을 선택한 것으로 보겠다는 규정일 뿐입니다. 나머지 두 가지 조항(제1026조 제1, 3호)이 상속인이 절대적으로 주의해야 할 법정단순승인 사유입니다. 상속인이 되면 앞으로 어떻게 진행할지 확실히 결정하기 전까지 일단 다음 세 가지 행위를 절대로 해서는 안 된다는 사실을 꼭 기억해야 합니다.

- 한정승인 또는 상속포기를 하기 전에 상속재산을 처분하는 행위
- 한정승인 또는 상속포기를 한 이후에 상속재산을 숨기거나(은닉) 부정 소비하는 행위
- 한정승인을 신고할 때 고의로 상속재산을 재산목록에 기입하지 않는 행위

먼저 '한정승인 또는 상속포기를 한 때'의 의미를 명확히 할 필요가 있습니다. 한정승인 및 상속포기 모두 법원에 신고해야 하고 신고를 받은 법원이 이를 수리하는 심판을 하는 절차로 이루어집니다. 그런데 법원의 심판 효력은 신청인에게 고지되어야 발생합니다. 법원은 '한정승인 또는 상속포기를 한 때'의 의미를 최종 단계인 법원이 심판하고 이를 고지한 때로 보고 있습니다. 따라서 단순히 신고만 한 단계는 아직 '한정승인 또는 상속포기를 하기 이전'에 해당하며 심판을 받은 후가 '한정승인 또는 상속포기를 한 이후'에 해당됩니다.

민법은 '한정승인 또는 상속포기를 한 때'를 기준으로 하여 법정단순승인의 사유를 다르게 정하고 있습니다. 이를 정리하면 1) 한정승인 또는 상속포기 심판을 받기 전에는 어떠한 처분행위를 하지 말고 그대로 있을 것, 2) 한정승인 또는 상속포기 심판을 받은 이후에도 재산을 은닉하거나 부정 소비를 해서는 안 되고, 3) 재산목록은 감추지 말고 솔직하게 작성해야 한다는 것입니다. 다음에서는 이 내용을 좀더 자세히 살펴보겠습니다.

### 상속재산에 대한 처분행위

먼저 '상속인의 상속재산에 대한 처분행위'를 살펴보겠습니다. 상속포기나 한정승인 '결정 전'에 이미 상속인이 피상속인의 재산 일부를 처분한 경우에는 단순승인으로 간주되어 상속포기를 할 수 없습니다. 예를 들어 **사례 1**처럼 상속인이 피상속인의 채무자에 대한 채권을 추심하여 변제받은 행위(아버지가 A에게 빌려준 돈을 자식이 돌려받은 행위)는 민법 제1026조 제1호 상속재산의 처분행위에 해당하고 그것이 단순승인을 한 것으로 간주되어 그 이후에 한 상속포기는 효력이 없습니다(대법원 2010. 4. 29. 선고 2009다84936 판결).

**대법원 2010. 4. 29. 선고 2009다84936 판결**

[1] 상속인이 상속재산에 대한 처분행위를 한 때에는 단순승인을 한 것으로 보는바(민법 제1026조 제1호), 상속인이 피

상속인의 채권을 추심하여 변제받는 것도 상속재산에 대한 처분행위에 해당한다.

[2] 피고 1이 소외 2에게서 1,000만 원을 받은 것은 위 망인의 소외 2에 대한 손해배상 채권을 추심하여 변제받은 것으로서 상속재산의 처분행위에 해당하고, 그것으로써 피고 1은 단순승인을 한 것으로 간주되었다고 할 것이므로 그 이후에 피고 1이 한 상속포기는 그 효력이 없다고 할 것이다.

오랫동안 실무를 하면서 느꼈던 것은 법률에 규정된 '처분행위'라는 개념과 보통 사람들이 생각하는 '처분'의 의미에 큰 차이가 있다는 점입니다. 법에서 처분행위라고 하는 것은 써버리거나 없애버리는 행위만 뜻하는 것이 아닙니다. 아버지의 채권을 받아내는 것도 처분행위에 해당할 수 있습니다. 채권을 추심함으로써 아버지가 그 사람에 대해 갖고 있던 채권이 없어지기 때문입니다. 이를테면 돌아가신 분의 통장에서 현금을 찾거나 신용카드, 현금카드를 사용하는 것은 물론 채무를 변제받는 것 모두 처분행위에 해당할 수 있습니다.

하지만 실제 상담을 하다보면 이런 행위가 왜 문제가 되는지 잘 모르겠다며 반문하는 분들이 많습니다. 아버지가 남긴 재산에 대해 어떤 행위를 해야 문제가 되지 않는지 알고 싶다면 전문가의 도움을 받기 바랍니다. 자칫 본인이 스스로 판단해서 괜찮다고 한 행위 때문에 아버지의 빚을 떠안아야 할 수도 있습니다.

### 상속재산을 은닉하거나 부정 소비하는 행위

한정승인 또는 상속포기 심판을 받은 이후 '상속재산을 은닉하거나 부정 소비하는 행위'에 대해 살펴보겠습니다. 한정승인 또는 상속포기 심판을 받았다고 해서 이후 영원히 상속재산에 대해 처분행위를 하지 않을 수는 없습니다. 한정승인을 한 상속인은 상속채권자(피상속인의 채권자)에게 청산을 해주어야만 하기 때문에 언젠가는 상속재산을 처분해야 하고 상속포기를 한 상속인은 자기가 보관하던 상속재산을 다른 상속인이나 채권자에게 넘겨야 하기 때문입니다. 그래서 한정승인이나 상속포기 심판 이후에는 모든 처분행위가 아니라 '은닉'하거나 '부정 소비'하는 경우만 법정단순승인 사유로 봅니다. 법원은 은닉과 부정 소비의 구체적 의미에 대해 다음과 같이 보고 있습니다.

> **대법원 2010. 4. 29. 선고 2009다84936 판결**
>
> 법정단순승인에 관한 민법 제1026조 제3호의 '상속재산의 은닉'이라 함은 상속재산의 존재를 쉽게 알 수 없게 만드는 것을 뜻하고, '상속재산의 부정소비'라 함은 정당한 사유 없이 상속재산을 써서 없앰으로써 그 재산적 가치를 상실시키는 것을 의미한다.

한정승인이나 상속포기 이후에는 상속재산을 숨겨서는 안 됩니다. 한정승인을 신고할 당시 몰라서 상속재산목록에 기재하지 않은 재산이 뒤늦게 발견되면 상속재산목록 정정신청을 해서 추가로 기재해야 합니다. 그래야 은닉이나 부정 소비로 간주되지 않을 수 있습니다. 상속포기를 한 자는 아예 상속재산에서 손을 떼고 쳐다보지도 말아야 한다고 생각하면 좋습니다.

또한 부정소비로 몰릴 경우에 대비하여 상속재산을 처분하는 경우에는 어디에 어떻게 사용했는지에 대한 근거 서류를 보관해 두는 것이 좋습니다. 예를 들어 상속채무를 갚는 데 사용하는 것은 정당한 사유에 해당하지만 개인적 목적으로 사용하는 것은 정당한 사유가 인정되기 어렵습니다.

**고의로 재산목록에 기입하지 않는 행위**

'고의로 재산목록에 기입하지 아니한 때'는 주로 한정승인을 한 상속인에게 해당되는 경우입니다. 뒤에서 자세히 설명하겠지만 한정승인을 신고할 때는 피상속인의 재산을 조회하여 자세한 재산목록을 제출하여야 합니다. 이때 알고 있는 재산 중에서 재산목록에 기재하는 것을 빠뜨리는 일이 있어서는 절대 안 됩니다. 대리인에게 맡겼다고 해서 방치하면 안 되고 재산목록을 받아보고 빠진 것이 있는지 꼼꼼히 확인해야 합니다. 그렇지 않으면 법정단순승인이 되어 자칫 크게 낭패를 볼 수도 있습니다. 다만 조문은 '고의'로 기입하지 않은 경우로 한정하고 있으므로 몰랐거나 실수였다고 항변할 수는 있습니다. 그러나 채무를 인정하는 내용이 담긴 녹취록, 각서, 확인서 같은 명백한 증거가 있다면 항변은 받아들여지기 어려울 수 있습니다.

**사례 2**가 바로 그러한 경우입니다. 채무자가 사망하면 채권자는 '내 돈을 어떻게 받지?' 하는 생각이 먼저 떠오릅니다. 필자들이 진행했던 사건 중에 '피상속의 채권자가 장례식장에 방문하여 자녀들에게 슬쩍 아버지가 받을 채권이 있는지 물어보며 이를 알고 있다는 대답을 녹음해놓은 사례'가 있었습니다. 이 사안에서 피상속인의 상속인(자녀)은 그러한 줄도 모르고 해당 채권을 재산목록에서 빼놓고 한정승인을 신고했다가 채권자로부터 소송을 당했고 녹취록이 증거로 제출되었습니다. 해당 부분에서도 강조하겠지만 한정승인의 핵심은 재산목록입니다. '이건 기재하지 않아도 되겠지' 하고 스스로 판단하지 말고 의문이 있으면 반드시 전문가에게 문의해야 합니다.

**Q "변호사님! 장례비가 필요해서 돌아가신 아버지의 예금을 사용한 경우는 어떻게 하나요? 재산목록에 기재하지 않았는데, 저의 한정승인은 효력이 없어지는 건가요?"**

A 실무에서 가장 많이 받는 질문 중 하나입니다. 실제로 상담해보면 이미 예금을 인출하여 장례비로 사용한 경우가 꽤 많습니다. 이러한 경우를 모두 '상속재산의 부정 소비나 고의로 재산목록에 기입하지 아니한 때'로 보게 된다면 한정승인

이나 상속포기를 신청할 수 있는 사람은 거의 없지 않을까 할 정도입니다.

하지만 다행히 장례비에 사용한 경우에는 구제받을 수 있는 근거 조항이 있습니다. 바로 민법 제998조의 2 조문입니다. 해당 조문은 "상속에 관한 비용은 상속재산 중에서 지급한다"라고 규정하고 있습니다.

**민법**

**제998조의2(상속비용)**

상속에 관한 비용은 상속재산 중에서 지급한다.

상속에 관한 비용이란 상속재산을 관리하고 청산하는 데 드는 비용을 뜻합니다. 예를 들어 상속재산에 대해 누군가가 소송을 걸어오면 이에 대응하는 데 필요한 법률비용 같은 것입니다. 대법원은 장례비를 상속비용으로 보고 있으며 법정단순승인 요건인 "고의로 재산목록에 기입하지 아니한 때"라는 것은 채권자를 사해(詐害, 속여서 손해를 입힘)할 의사를 갖고 기입하지 않은 경우를 뜻하는데, 상속비용으로 지급된 것을 누락한 것은 사해 의사가 있는 것으로 보기 어렵다고 보아 법정단순승인에 해당하지 않는다고 보았습니다.

결국 이러한 판례 취지에 따라 피상속인의 예금을 인출하는 처분행위를 한 경우에도 이를 상속비용으로 사용하고 상속재산목록에도 상속비용으로 사용한 내역을 기재하면 큰 문제는 없습니다. 다만 주의할 것은 판례는 분명히 "피상속인이나 상속인의 사회적 지위와 그 지역의 풍속 등에 비추어 합리적인 금액 범위 내라면"이라는 단서를 붙이고 있다는 점입니다. 초호화 장례식을 위해 거액을 인출했다면 이는 합리적 범위로 보기 어려우므로 법정단순승인이 될 가능성이 큽니다. 장례비와 관련한 자세한 내용은 뒤에서 설명하겠습니다.

**대법원 1997. 4. 25. 선고 97다3996 판결**

장례비용, 상속재산 관리를 위한 소송비용이 민법 제998조의2 소정의 상속에 관한 비용에 해당하는지 여부(적극)

[1] 상속에 관한 비용은 상속재산 중에서 지급하는 것이고, 상속에 관한 비용이라 함은 상속재산의 관리 및 청산에 필요한 비용을 의미한다고 할 것인바, 장례비용은 피상속인이나 상속인의 사회적 지위와 그 지역의 풍속 등에 비추어 합리적인 금액 범위 내라면 이를 상속비용으로 보는 것이 옳고, 묘지구입비는 장례비용의 일부라고 볼 것이며, 상속재산의 관리·보존을 위한 소송비용도 상속에 관한 비용에 포함된다.

[2] 법정단순승인 사유인 민법 제1026조 제3호 소정의 '고의

로 재산목록에 기입하지 아니한 때'라는 것은 한정승인을 함에 있어 상속재산을 은닉하여 상속채권자를 사해할 의사로써 상속재산을 재산목록에 기입하지 않는 것을 의미한다.

# 상속포기가 유리한 경우

**사례 1** 돌아가신 아버지에게는 상속인으로 저와 동생이 있습니다. 동생은 미국으로 이민을 가서 거의 연락이 되지 않는 상태입니다. 동생은 아버지가 돌아가신 사실도 모르고 있습니다. 아버지가 돌아가신 후에 채권자들이 돈을 갚으라고 독촉을 해옵니다. 아버지 명의의 재산은 조그만 땅뿐인데, 이걸 팔아도 빚을 모두 갚을 수는 없을 것 같습니다. 한정승인을 하고 싶은데, 동생과 연락되지 않습니다. 어떻게 해야 할까요?

### 일부 상속인과 연락되지 않을 때

한정승인이나 상속포기는 모든 상속인이 합의하여 진행하는 것이 가장 좋습니다. 그런데 (같은 순위의) 일부 상속인이 연락되지 않으면 그들을 제외한 채 한정승인을 신고하기 부담스럽습니다. 일부 상속인만 한정승인을 진행할 경우 한정승인 뒤 분배 절차가 까다로워질뿐더러 자동차나 부동산 등을 처리하기 쉽지 않기 때문입니다. 이러한 불편함을 감수하고서라도 특별히 지켜야 할 재산이 있다면 한정승인 절차를 그대로 진행하면 됩니다. 그러나 빚이 상속재산보다 명백히 많다면 상속포기를 하는 것이 좋습니다.

채권자들은 일부 상속인이 상속포기를 한 사실을 알게 되면 나머지 상속인에게 상속채무를 이행하라고 통지할 테고 통지를 받은 후순위 상속인들은(그때 사망 사실을 알고 본인이 상속인이라는 사실을 알았으므로) 통지받은 날로부터 3개월 이내에 각자 상속포기나 한정승인을 하면 됩니다. 이 경우 상속포기를 한 사람이 다른 상속인들에게 법적으로 책임질 일은 전혀 없습니다. 물론 나중에 연락을 받게 된 다른 상속인들에게 원망을 들을 수는 있습니다. 이러한 문제가 생기지 않게 하려면 모든 상속인이 합의하여 진행하는 것이 가장 좋고, 그럴 수 없는 상황이라면 일부 상속인만이라도 상속포기를 하면 됩니다.

### 친척이 거의 없어서 4순위자까지 상속포기를 할 사람이 몇 명 안 될 때

이러한 경우에는 굳이 복잡한 한정승인을 신청할 필요가 없으므로 다 같이 상속포기를 신청하여 빚에서 벗어나는 것이 가장 간편하고 깔끔한 해결방법입니다. 하지만 그 전에 가족관계등록부를 꼼꼼히 검토해서 4순위자 중에 빠진 사람이 있는지 다시 한 번 확인해야 합니다. 대습상속인이 있는지도 확인해야 합니다.

### 한정승인을 하면 상속인이 내야 할 세금이 너무 많을 때

피상속인의 재산 중에 부동산이 있으면 한정승인 상속인은 이를 경매 등의 방법으로 매각하여 채권자들에게 분배해야 합니다. 그 과정에서 취득세나 등록세 등 세금이 발생합니다. 한정승인을 한 상속인은 상속개시로 인해 자동으로 피상속인의 상속재산인 부동산을 취득했기 때문입니다.

부동산 소유자가 한정승인을 한 상속인이라도 양도소득의 귀속자로 보아야 하고(대법원 2012. 9. 13. 선고 2010두13630 판결) 한정승인에 따라 부동산을 상속받은 자에게 취득세 납부의무가 있다는 것이 판례입니다(대법원 2007. 4. 12. 선고 2005두9491 판결).

**대법원 2012. 9. 13. 선고 2010두13630 판결**

그 소유자가 한정승인을 한 상속인이라도 그 역시 상속이 개시된 때로부터 피상속인의 재산에 관한 권리의무를 포괄적으로 승계하여 해당 부동산의 소유자가 된다는 점에서는 단순승인을 한 상속인과 다르지 않으므로 위 양도소득의 귀속자로 보아야 함은 마찬가지이다.

**대법원 2007. 4. 12. 선고 2005두9491 판결**

원고는 그 한정승인의 효과로서 위 부동산을 상속에 의하여 취득하였고 위 부동산이 취득세 비과세대상을 한정적으로 규정한 지방세법 제110조 제3호 소정의 비과세대상으로서 '1가구 1주택' 또는 '자경농지'에 해당하지 아니함이 분명하므로 원고에게 위 부동산에 관한 취득세 납부의무가 있다고 본 원심의 판단은 정당하다.

대법원 판결과 같이 상속재산에 부동산이 포함되어 있을 때 경매비용, 취득세, 양도소득세 등을 모두 따져본 뒤 한정승인의 신청 여부를 결정해야 합니다. 세금 액수가 크면 번잡스럽더라도 한정승인보다 1순위자부터 4순위자 모두 상속포기를 하는 편이 유리할 수 있습니다. 한정승인과 세금에 관한 내용은 뒤에서 살펴보겠습니다.

### 상속재산 중 불법 자동차가 있을 때

피상속인의 명의로 등록된 차량이 어디에 있는지 모르고 누가 운행하는지 알 수 없을 때가 있습니다. 이 경우 흔히 '대포차'라고 합니다. 차량을 빨리 찾아 다른 사람에게 명의를 넘기든지 차량을 회수해야 합니다. 그렇지 않으면 한정승인을 한 상속인이라 하더라도 차량이 폐차될 때까지 책임보험료와 자동차세, 각종 과태료까지 떠안아야 할 수도 있습니다. 특히 그 차량을 운행중인 운전자가 사고라도 내면 한정승인 상속인이 억울하게 소송에 휘말리는 등 여러 가지 문제가 발생할 수 있습니다.

한정승인을 신고한 후 대포차 문제가 원만히 해결될 때까지 드는 비용과 수고, 그리고 해결되지 않았을 때 발생할 수 있는 위험을 고려하면 친척들의 협조를 받아 관련 상속인 모두가 상속포기를 신고하는 것이 효율적일 수도 있습니다. 대포차에 대해서는 뒤에서 자세히 알아보겠습니다.

# 한정승인이 유리한 경우

**사례 1** 돌아가신 아버지가 빚이 너무 많아 상속포기를 하려고 합니다. 변호사에게 문의해보니 4순위의 친척들까지 모두 상속포기를 하는 것이 좋다고 합니다. 고모, 숙부님들께 상속포기에 필요한 인감증명서를 달라고 했더니 자초지종은 들어보시지도 않고 버럭 화부터 내십니다. 같이 상속포기를 해야 하는 집안 어르신들을 설득하는 데 시간이 너무 걸려 상속포기 기간인 3개월이 지날 지경입니다. 어떻게 해야 할까요?

### 다 같이 상속포기가 어려울 때

상속포기를 하면 후순위 상속인들에게 빚이 승계되기 때문에 최종적으로 빚을 책임질 사람이 없게 하려면 4순위 상속인까지 모두 한꺼번에 상속포기를 해야 합니다. 그런데 4순위 상속인들까지 상속포기를 하려면 각자의 위임장과 인감증명서 등 복잡한 서류가 필요합니다. 상속인 중 일부가 이미 사망한 경우 그 사망자의 상속인까지 상속포기를 해야 합니다. 이러한 번잡함을 피하고 싶을 때 한정승인 절차를 이용합니다.

이러한 이유로 실무에서는 앞서 설명한 바와 같이 1순위자가 한 명이면 그가 한정승인을 하고, 1순위자가 여러 명일 경우에는 그중 한 명만 한정승인을 하고 다른 공동상속인은 상속포기를 하는 경우가 대부분입니다.

### 친척들에게 피상속인의 빚을 알리기 싫을 때

친척이 얼마 되지 않아 다 같이 상속포기를 하는 것이 가능해도 1순위자가 한정승인을 하는 경우도 있습니다. 친척들에게 피상속인의 빚을 알리기 싫은 경우가 대표적입니다. 만약 다 같이 상속포기 절차를 진행하게 되면 필연적으로 후순위 상속인들, 즉 친척들에게 돌아가신 분의 재산 상황을 설명해야 합니다. 그런데 친척들에게 아버지가 빚을 많이 남겨 상속포기를 신청해야 한다는 이야기를 차마 하지 못할 수도 있습니다. 돌아가신 아버지의 명예를 생각하여 아무도 모르게 아버지의 빚을 정리하고자 한다면 한정승인 절차를 이용하면 됩니다.

### 아버지의 경제적 상황을 잘 알지 못할 때

돌아가신 아버지가 남긴 재산이 많은지, 빚이 많은지 알기 어려울 때가 있습니다. 이러한 경우 상속포기를 하게 되면 아예 재산도 상속할 수 없게 되기 때문에 먼저 재산을 상속받으면서 예방 차원에서 한정승인을 하기도 합니다.

### 이미 피상속인의 재산 일부를 처분했을 때

이미 상속재산에 대해 처분행위를 한 경우라면 앞서 살펴보았듯이 단순승인으로 간주되므로 원칙적으로 한정승인도 할 수 없고, 한정승인을 했다고 하더라도 효력이 없습니다. 다만 상속비용으로 사용했다면 그것을 소명해서 한정승인을 신청하거나 특별한정승인을 신청하는 것은 가능합니다. 하지만 그에 대한 소명을 하기란 쉽지 않습니다. 이러한 경우에는 신청 단계에서부터 전문가와 상의하는 것이 좋습니다.

참고로 한정승인과 특별한정승인은 신청할 때 첨부 서류도 똑같고 법원에서 처리하는 절차도 동일합니다. 이처럼 양자가 비슷하기 때문에 최근 대법원은 한정승인으로 신고했어도 특별한정승인 요건을 갖추고 있다면 특별한정승인의 효력을 인정해야 한다고 판시한 바 있습니다. 자세한 내용은 특별한정승인에서 설명하겠습니다.

# 공동상속인 중 상속포기자와 한정승인자 결정하기

통상적으로 최선순위 상속인이 여러 명이면 그중 한 명이 한정승인을 하고 나머지 상속인은 상속포기를 하는 것이 일반적입니다. 앞서 이야기했듯이 최선순위자 모두가 상속포기를 하면 다음 순위자들이 상속인이 되기 때문에 최선순위에서 모든 것을 매듭지으려고 최선순위 상속인 중 한 명이 상속포기 대신 한정승인을 하는 것입니다.

### 1순위 직계비속인 자녀만 여러 명일 때

피상속인이 배우자는 없고 자녀가 여러 명이라면 자녀 중 한 명이 한정승인을 하고 나머지 자녀는 상속포기를 하면 됩니다. 누가 한정승인을 할 것인지는 서로 논의하여 결정할 문제입니다.

### 1순위 직계비속과 배우자가 있을 때

피상속인에게 1순위로 배우자와 직계비속이 있는 경우 누가 한정승인을 할 것인지는 각각 장단점이 있습니다. 직계비속으로서 자녀와 손자가 모두 있다면 자녀가 최선순위 직계비속이 됩니다. 그런데 자녀들이 모두 상속포기를 하면 차순위 직계비속인 손자들이 1순위자가 됩니다. 따라서 자녀 중 한 명이라도 한정승인을 하면 차순위인 손자들은 상속인이 될 수 없습니다. 이처럼 자녀 중 한 명이 한정승인을 하고 나머지 자녀와 피상속인의 배우자가 상속포기를 하면 손자들과 손녀들은 별도로 상속포기를 하지 않아도 된다는 장점이 있습니다.

그런데 실무에서는 의외로 배우자가 한정승인을 하는 경우가 많습니다. 며느리를 볼 면목이 없다며 배우자인 어머니나 아버지가 한정승인을 하는 사례가 꽤 많습니다. 결론적으로 이러한 형태의 한정승인-상속포기 조합은 피해야 합니다. 이렇게 배우자가 한정승인을 하고 자녀들이 상속포기를 한 경우에는 피상속인의 손자녀와 배우자가 공동상속인이 됩니다. 최악의 경우 어린 손자녀들이 피상속인의 채무를 떠안게 될 수도 있습니다(대법원 2015. 5. 14. 선고 2013다48852 판결). 이러한 상황을 방지하려면 손자들과 손녀들이 있는 경우 그들 모두 상속포기를 신고해야 합니다.

그래서 가능하면 자녀 중 한 명이 한정승인 절차를 진행하는 것이 좋습니다. 한정승인 실무에서 굉장히 중요한 부분입니다.

### 1순위로 이미 사망한 직계비속의 대습상속인이 있을 때

특히 대습상속은 주의해야 합니다. 대습상속이란 앞서 이야기한 바와 같이 이미 사망한 자녀가 있고 그 자녀에게 생존해 있는 배우자와 자식이 있을 때 그들이 대신하여 상속인의 지위를 갖게 되는 제도입니다. 대습상속인 역시 상속인에 해당하기 때문에 상속포기나 한정승인을 해야 합니다.

앞서 사례에서 자녀들 모두 상속포기를 하는 바람에 손자들과 손녀들이 차순위 직계비속 지위에서 상속인이 되는 것은 상속순위에 의한 것으로서 자녀들 모두 상속포기를 해야지만 발생하는 문제입니다. 반면 대습상속의 손자들과 손녀들은 피상속인보다 먼저 사망한 자녀의 순위를 대신하여 상속인이 되는 것으로서 자녀들이 모두 상속포기를 하지 않더라도 상속인이 된다는 차이가 있습니다.

즉 대습상속을 하는 손자들과 손녀들은 아버지의 다른 형제들이 모두 상속포기를 해야 상속인이 되는 것이 아니라, 살아 있을 아버지를 대신하여 바로 상속인이 되는 것이므로 반드시 한정승인이나 상속포기를 해야 합니다. 다만 며느리나 사위가 이미 재혼하여 다른 사람과 혼인신고를 한 경우에는 대습상속 자격을 상실하므로 상속포기를 하지 않아도 됩니다(이 경우에도 손자. 손녀는 상속포기 필요).

사례를 한번 살펴봅시다. A씨는 2000년 11월에 사망했는데, 유족으로는 아내 B와 자녀 C가 있었습니다. 아내 B와 자녀 C는 상속을 포기함으로써 A씨의 어머니 D(B의 시어머니)가 A씨의 재산을 단독상속하게 되었습니다. 이후 D씨도 사망했는데, A씨에 대해 구상금채권을 갖고 있던 보증보험회사가 C와 그의 자녀들에게 "A씨의 재산을 단독상속한 D의 재산을 대습상속했기 때문에 구상금을 변제할 의무가 있다"라는 소송을 제기했습니다.

몇 년간의 공방 끝에 이 사건은 보증보험회사의 승소로 결론이 났습니다. 사망한 남편의 재산을 상속포기했는데도 후순위 상속인인 시어머니를 거쳐 다시 남편의 상속분을 대습상속하게 된 것입니다. 만약 C와 그의 자녀들이 상속의 효력을 배제하려 했다면 남편 A씨에 대한 상속포기와 별도로 D가 사망했을 때 다시 민법이 정한 기간 내에 상속포기를 해야 했습니다.

**대법원 2017. 1. 12. 선고 2014다39824 판결**

**[판시사항]**

상속포기의 효력이 피상속인을 피대습자로 하여 개시된 대습상속에 미치는지 여부(소극) 및 이는 상속인의 상속포기로 피대습자의 직계존속이 피대습자를 상속한 경우에도 마찬가지인지 여부(적극) / 이때 피대습자의 직계존속이 사망할 당시 피대습자로부터 상속받은 재산 외에 고유재산을 소유하고 있었는지에 따라 달리 보아야 하는지 여부(소극) / 상속인인 배우자와 자녀들이 상속포기를 한 후 피상속인의 직계존속이 사망하여 대습

### ▶ 할머니가 한정승인한 사례

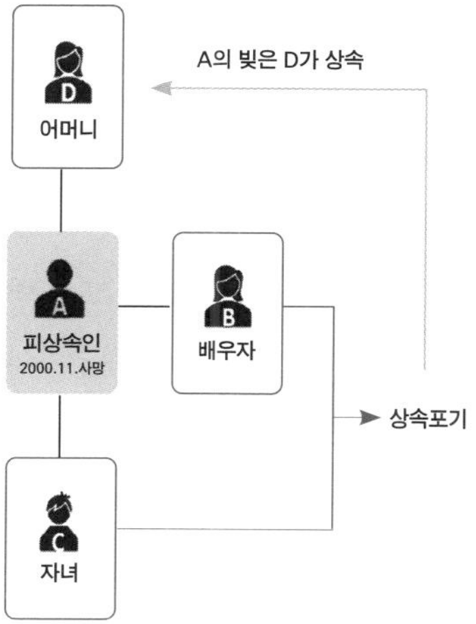


A가 사망했을 때 배우자 B와 자녀 C가 상속포기를 했고 A의 빚은 어머니 D가 상속했다.

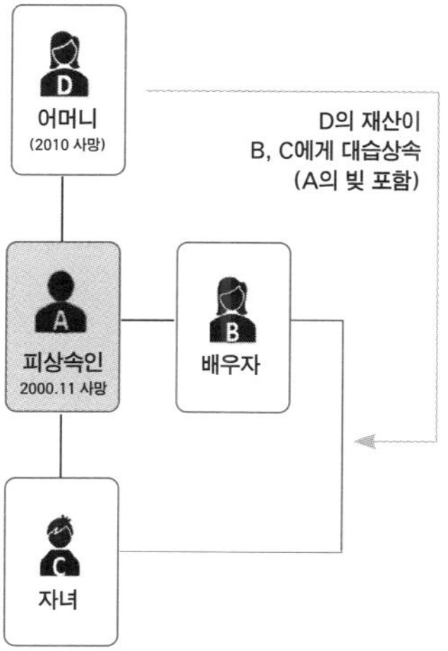


후에 어머니 D가 사망하자 D의 재산(A의 빚 포함)이 B, C에게 대습상속되었다.

상속이 개시되었으나 대습상속인이 한정승인이나 상속포기를 하지 않은 경우, 단순승인을 한 것으로 간주되는지 여부(적극)

**[판결요지]**

피상속인의 사망으로 상속이 개시된 후 상속인이 상속을 포기하면 상속이 개시된 때에 소급하여 그 효력이 생긴다(민법 제1042조). 따라서 제1순위 상속권자인 배우자와 자녀들이 상속을 포기하면 제2순위에 있는 사람이 상속인이 된다. 상속포기의 효력은 피상속인의 사망으로 개시된 상속에만 미치고, 그 후 피상속인을 피대습자로 하여 개시된 대습상속에까지 미치지는 않는다. 대습상속은 상속과는 별개의 원인으로 발생하는 것인 데다가 대습상속이 개시되기 전에는 이를 포기하는 것이 허용되지 않기 때문이다. 이는 종전에 상속인의 상속포기로 피대습자의 직계존속이 피대습자를 상속한 경우에도 마찬가지이다. 또한 피대습자의 직계존속이 사망할 당시 피대습자로부터 상속받은 재산 외에 적극재산이든 소극재산이든 고유재산을 소유하고 있었는지에 따라 달리 볼 이유도 없다.

따라서 피상속인의 사망 후 상속채무가 상속재산을 초과하여 상속인인 배우자와 자녀들이 상속포기를 하였는데, 그 후 피상속인의 직계존속이 사망하여 민법 제1001조, 제1003조 제2항에 따라 대습상속이 개시된 경우에 대습상속인이 민법이 정한 절차와 방식에 따라 한정승인이나 상속포기를 하지 않으면 단순승인을 한 것으로 간주된다. 위와 같은 경우에 이미 사망한 피상속인의 배우자와 자녀들에게 피상속인의 직계존속의 사망으로 인한 대습상속도 포기하려는 의사가 있다고 볼 수 있지만, 그들이 상속포기의 절차와 방식에 따라 피상속인의 직계존속에 대한 상속포기를 하지 않으면 효력이 생기지 않는다. 이와 달리 피상속인에 대한 상속포기를 이유로 대습상속 포기의 효력까지 인정한다면 상속포기의 의사를 명확히 하고 법률관계를 획일적으로 처리함으로써 법적 안정성을 꾀하고자 하는 상속포기제도가 잠탈될 우려가 있다.

# 한정승인과 상속포기 신고는 어떻게 해야 하는가?

한정승인과 상속포기의 신고 절차는 다음과 같은 방법으로 동일하게 이루어집니다.

**언제까지?**

한정승인과 상속포기 모두 상속개시 있음을 안 날로부터 3개월 이내에 신고해야 합니다. '상속개시 있음을 안 날'이라 함은 피상속인이 사망한 사실뿐 아니라 본인이 상속인이 되었다는 사실을 안 날을 의미합니다. 따라서 1, 2순위자 모두 상속포기를 하여 3순위자가 상속인이 된 경우 피상속인이 사망한 사실과 1, 2순위자가 상속포기를 했다는 사실을 안 날로부터 3개월 이내에 신고해야 합니다. 이 기간은 신고 기간일 뿐 처리 완료 기간이 아닙니다. 3개월 이내에 접수만 하고 부족한 서류는 추후 정정 또는 보정하면 됩니다.

다만 상속인이 제한능력자(미성년자, 피성년후견인, 피한정후견인, 피특정후견인 같은 제한능력자)일 때는 법정대리인이 상속개시 있음을 안 날, 즉 피상속인이 사망하여 제한능력자가 상속인이 된 사실을 법정대리인이 안 날로부터 3개월 이내에 한정승인을 신고해야 합니다(민법 제1020조).

**민법**

**제1019조(승인, 포기의 기간)**

① 상속인은 상속개시있음을 안 날로부터 3월내에 단순승인이나 한정승인 또는 포기를 할 수 있다. 그러나 그 기간은 이해관계인 또는 검사의 청구에 의하여 가정법원이 이를 연장할 수 있다.

② 상속인은 제1항의 승인 또는 포기를 하기 전에 상속재산을 조사할 수 있다.

③ 제1항의 규정에 불구하고 상속인은 상속채무가 상속재산을 초과하는 사실을 중대한 과실없이 제1항의 기간내에 알지 못하고 단순승인(제1026조 제1호 및 제2호의 규정에 의하여 단순승인한 것으로 보는 경우를 포함한다)을 한 경우에는 그 사실을 안 날부터 3월내에 한정승인을 할 수 있다.

**제1020조(제한능력자의 승인·포기의 기간)**

상속인이 제한능력자인 경우에는 제1019조 제1항의 기간은 그의 친권자 또는 후견인이 상속이 개시된 것을 안 날부터 기산(起算)한다.

**제1021조(승인, 포기기간의 계산에 관한 특칙)**

상속인이 승인이나 포기를 하지 아니하고 제1019조 제1항의 기간내에 사망한 때에는 그의 상속인이 그 자기의 상속개시있음을 안 날로부터 제1019조 제1항의 기간을 기산한다.

### 어디에서?

한정승인과 상속포기 신고 모두 피상속인의 주민등록상 마지막 주소지 가정법원이 관할 법원이 됩니다(가사소송법 제44조 제6호). 따라서 법원은 관할을 확인하기 위해 한정승인과 상속포기 신고를 받을 때 피상속인의 마지막 주민등록지를 확인할 수 있는 주민등록등본(초본)을 요구합니다.

**민법**

**제998조(상속개시의 장소)**

상속은 피상속인의 주소지에서 개시한다.

**가사소송법**

**제44조(관할 등)**

① 라류 가사비송사건은 다음 각 호의 가정법원이 관할한다.

6. 상속에 관한 사건은 상속 개시지(開始地)의 가정법원

가정법원은 전국에 서울가정법원, 대구가정법원, 대전가정법원, 부산가정법원, 광주가정법원, 인천가정법원, 울산가정법원, 수원가정법원 정도가 있습니다. 가정법원이 없는 지역은 해당 관할의 지방법원, 지원이 가능합니다. 피상속인의 마지막 주소지가 외국인 경우 서울가정법원을 관할로 합니다(가사소송법 제35조 제2항, 제13조 제2항).

### 어떤 방법으로?

IT 강국인 우리나라는 대부분의 소송과 신청사건 절차가 거의 전자화되어 있습니다. 따라서 한정승인신고나 상속포기신고도 전자소송시스템을 통해 진행할 수 있습니다. 전자소송이 가능해졌다고 해서 기존에 종이 서류로 접수하는 것이 불가능해진 것은 아닙니다. 따라서 전자소송이든 서면 접수든 어떤 방법으로도 할 수 있으며 한정승인과 상속포기의 효력에는 차이가 없습니다. 다만 내용을 정확히 입력하는 것이 중요합니다.

**▶ 전자소송 홈페이지**

전자소송의 방법과 관련해서는 법원 전자소송 홈페이지(https://ecfs.scourt.go.kr)를 참조하기 바랍니다.

2장

# 상속포기

# 상속포기의 절차

상속포기를 하는 이유는 무엇일까요? 가장 깔끔하게 상속관계에서 벗어나고 싶거나 피상속인이 재산보다 빚을 많이 남겼을 때 대부분 상속포기를 합니다.

상속포기는 다음의 두 가지, 즉 상속재산분할 협의에서 자신의 상속분을 포기한다는 의미와 상속포기신고 절차를 진행한다는 의미로 사용됩니다.

그런데 민법에서 규정한 상속포기의 효과를 얻기 위해서는 상속인이 법원에 상속포기신고를 하고 수리가 되어야 합니다. 그렇지 않고 상속재산분할 협의과정에서 단순히 상속분을 포기한 것만으로는 상속포기의 효력이 발생하지 않아 피상속인의 빚을 물려받게 됩니다.

**▶ 상속포기 절차**

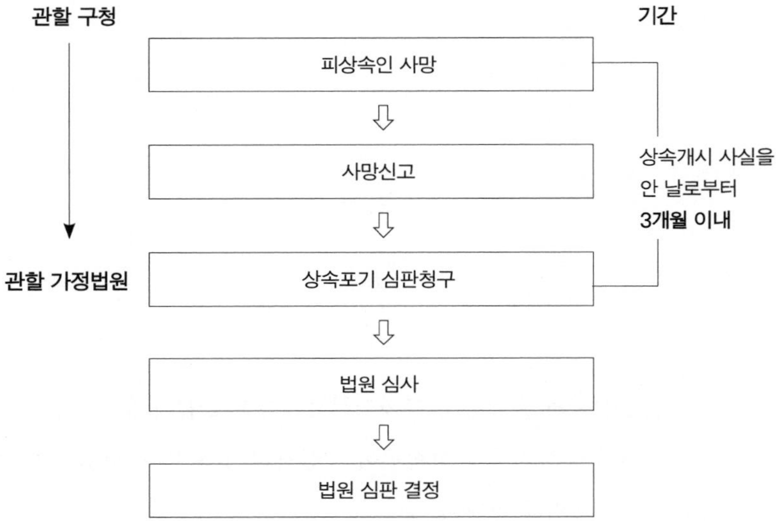
관할 구청
기간
피상속인 사망
사망신고
상속개시 사실을
안 날로부터
3개월 이내
관할 가정법원
상속포기 심판청구
법원 심사
법원 심판 결정

**대법원 2011. 6. 9. 선고 2011다29307 판결**

상속의 포기는 상속이 개시된 때에 소급하여 그 효력이 있고(민법 제1042조), 포기자는 처음부터 상속인이 아니었던 것이 된다. 따라서 상속포기의 신고가 아직 행하여지지 아니하거나 법원에 의하여 아직 수리되지 아니하고 있는 동안에 포기자를 제외한 나머지 공동상속인들 사이에 이루어진 상속재산분할협의는 후에 상속포기의 신고가 적법하게 수리되어 상속포기의 효력이 발생하게 됨으로써 공동상속인의 자격을 가지는 사람들 전원이 행한 것이 되어 소급적으로 유효하게 된다. 이는 설사 포기자가 상속재산분할협의에 참여하여 그 당사자가 되었다고 하더라도 그 협의가 그의 상속포기를 전제로 하여서 포기자에게 상속재산에 대한 권리를 인정하지 아니하는 내용인 경우에는 마찬가지이다.

▶ **상속재산포기 심판청구서**

# 상속재산포기 심판청구서

**청 구 인(상속인)**

1. 성　　명 :　　　　　　　주민등록번호 :　　　-
   주　　소 :
   송달장소 :　　　　　　　　　　　　(전화번호:　　　　　)
2. 성　　명 :　　　　　　　주민등록번호 :　　　-
   주　　소 :
   송달장소 :　　　　　　　　　　　　(전화번호:　　　　　)

청구인　　　　은(는) 미성년자이므로 법정대리인　부 ○ ○ ○
모 ○ ○ ○
(전화번호:　　　　　)

**사건본인(피상속인)**

성　　명 :　　　　　　　주민등록번호 :　　　-
사 망 일 자 :
최 후 주 소 :

**청 구 취 지**

청구인들이 피상속인 망　　　의 재산상속을 포기하는 신고는 이를 수리한다라는 심판을 구합니다.

## 청 구 원 인

**[1순위 상속인인 경우]**

청구인들은 피상속인 망 의 재산상속인으로서 20 . . . 상속개시가 있음을 알았는바, 민법 제1019조에 따라 재산상속을 포기하고자 이 심판청구에 이른 것입니다.

**[차순위 상속인인 경우]**

청구인들은 피상속인 망 의 차순위 재산상속인으로서 선순위 상속인들이 모두 상속을 포기함으로써 20 . . . 상속개시가 있음을 알았는바, 민법 제1019조에 따라 재산상속을 포기하고자 이 심판청구에 이른 것입니다.

## 첨 부 서 류

1. **청구인**들의 가족관계증명서(상세), 주민등록등본 각 1통
2. **청구인**들의 인감증명서(또는 본인서명사실확인서) 각 1통
   ※ 청구인이 미성년자인 경우 법정대리인(부모)의 인감증명서를 첨부함
3. **피상속인**의 폐쇄가족관계등록부에 따른 기본증명서(상세), 가족관계증명서(상세) 각 1통
4. **피상속인**의 말소된 주민등록등본 1통
5. 가계도(직계비속이 아닌 경우) 1부

20 . . .

위 청구인 1. ㊞ (인감 날인)
2. ㊞ (인감 날인)
청구인 은(는) 미성년자이므로
법정대리인 부 ㊞ (인감 날인)
모 ㊞ (인감 날인)

**서울가정법원 귀중**

# 상속포기 필요 서류

상속포기를 신고할 때 필요한 서류는 다음의 기본 서류와 경우에 따라 추가 서류가 필요합니다. 기본 서류 중 가족관계증명서를 발급받을 때 단독으로 상속을 포기하는 경우에는 상관없지만 4순위 상속인까지 상속포기를 하려면 빠진 상속인이 없는지 확인하기 위해 피상속인의 제적등본을 꼭 발급받아서 확인해야 합니다. 가족관계증명서는 2008년 1월 1일 이전의 가족관계에 대해서는 기재가 되지 않은 경우가 있기 때문입니다.

**기본 서류**

- 상속인 필요 서류(상속인 각자 1부씩) : 가족관계증명서, 주민등록등본, 주민등록초본,[3] 인감증명서(또는 본인서명사실확인서), 인감도장(본인서명확인서로 진행할 경우 불필요, 심판청구서에 날인)

• 피상속인 서류 : 폐쇄가족관계등록부에 따른 기본증명서(사망신고가 표시된 것), 가족관계증명서, 제적등본, 주민등록말소자등본, 주민등록말소자초본

• 가계도(직계비속이 아닌 경우)

---

**가족관계의 등록 등에 관한 법률 부칙(법률 제8435호, 2007. 5. 17.)**

**제3조 (등록부의 작성 등)**

① 이 법 제9조에 따른 등록부는 종전의 「호적법」 제124조의3에 따라 편제된 전산호적부를 대상으로, 이 법 시행 당시 기록된 사항을 기준으로 하여 그 호적전산자료를 개인별로 구분 · 작성하는 방법에 따른다.

---

### 추가 서류

#### 상속인 중 미성년자가 있는 경우

• 미성년자의 주민등록등본, 주민등록초본, 가족관계증명서

• 미성년자의 친권자(아버지, 어머니 모두)의 가족관계증명서(상

3) 상속인과 피상속인의 주민등록초본은 원칙적으로 법원에 제출할 서류는 아닙니다. 하지만 서류 작성 편의상 함께 발급받는 것이 좋습니다.

세), 인감증명서(또는 본인서명사실확인서), 인감도장(본인서명사실확인서로 진행할 경우 불필요, 심판청구서에 날인)

**상속인이 피후견인인 경우**

- 후견임을 증명할 수 있는 서류 : 후견등기사항증명서
- 후견감독인이 있는 경우 감독인의 동의서

**재외국민인 경우**

- 주민등록등본 대신 재외국민등록부등본 또는 거주사실확인서(영사관)
- 인감증명서 대신 위임장에 대한민국 영사의 인증이나 서명공증서(처분위임장에 한 서명을 본인이 직접 했다는 취지의 본국 관공서의 증명이나 공증)

**외국인인 경우**

- 주민등록등본 대신 본국 관공서의 주소증명서 또는 주소를 공증한 서면
- 인감증명서 대신 서명공증서(처분위임장에 한 서명을 본인이 직접 했다는 취지의 본국 관공서의 증명이나 공증)
- 대리로 진행할 경우 : 외국 시민권자로부터 받은 처분위임장(상속한정승인 심판청구 관련 처분 권한 일체를 수여)

# 상속포기신고인

**사례 1** 큰아버지가 돌아가셨습니다. 1순위의 상속인인 큰어머니와 자녀들은 모두 상속포기를 할 것이라는 이야기를 들었습니다. 제 아버지는 큰아버지의 3순위 상속인이고 저는 4순위 상속인입니다. 아직 1순위 상속인들이 상속포기를 하기 전인데, 저와 아버지가 지금 바로 상속포기를 할 수 있을까요?

한정승인과 달리 상속포기는 후순위의 상속인이라도 선순위 상속인이 상속포기 절차를 완료하기 전에 상속포기신고가 가능합니다. 이것이 현재의 실무와 하급심 법원의 태도이며, 미리 신고한 후순위 상속인의 상속포기는 '선순위 상속인의 상속포기신고가 적법한 것으로 수리되어 상속이 개시된 때에 소급하여 효력'이 발생합니다(인천지방법원 2003. 4. 29. 자 2003브1 결정). 그러므로 〈표 2〉의 1순위부터 4순위까지의 상속인들이 동시에 상속

**<표 2> 상속순위**

| 상속순위 | 상속인 |
|---|---|
| 1순위 | 직계비속 + 배우자 |
| 2순위 | 직계존속 + 배우자 |
| 3순위 | 형제자매 |
| 4순위 | 4촌 이내의 방계혈족 |

포기신고서를 법원에 접수하는 방식으로 상속포기 절차를 진행할 수 있습니다.

선순위 상속인이 '전부' 상속포기를 하면 다음 상속순위에 있는 사람에게 상속인의 지위가 승계됩니다. 상속인의 지위를 승계받은 같은 순위의 상속인 모두가 다시 상속포기를 하면 다음 순위의 상속인에게 상속인의 지위가 승계됩니다. 즉 1순위 상속인 전원이 상속포기를 하면 2순위 상속인에게, 2순위 상속인 전원이 상속포기를 하면 3순위 상속인에게, 3순위 상속인 전원이 상속포기를 하면 4순위 상속인에게 승계됩니다. 이러한 식으로 4순위 상속인까지 피상속인의 재산이 승계됩니다. 따라서 상속포기를 할 때 4순위 상속자인 4촌 이내의 방계혈족까지 모두 상속포기를 해야 피상속인의 빚이 승계되지 않습니다.

하지만 문제는 4순위까지의 상속인을 전부 찾아내기가 굉장히 번거롭다는 점입니다. 가족관계등록부뿐 아니라 피상속인의 제적등본까지 모두 확인하고 가계도를 그려서 확인해야 합니다. 4순위까지의 상속인이 확인되었다 하더라도 그들에게 일일이 연락하여 사정을 설명하고 인감도장의 날인을 받고 인감증명서를 받아야 합니다. 이러한 번거로운 절차로 인해 앞서 이야기한 것처럼 대부분 한정승인 절차를 진행합니다.

### 상속인 중 미성년자가 있을 때

이처럼 어렵게 찾은 4순위까지의 상속인 중 미성년자가 있다면 다음과 같이 경우를 나누어 살펴보아야 합니다. 다만 만 19세가 넘었다면 아직 학생이더라도 성년이므로 부모 · 법정대리인 · 후견인의 의사에 관계없이 상속포기를 독자적으로 신고해야 합니다.

#### 부모가 이혼하지 않은 경우

부모가 이혼하지 않았다면 부모 모두 친권자이자 법정대리인이므로 두 사람의 인감증명서와 인감도장을 첨부하여 상속포기를 신고하면 됩니다. 또한 상속포기를 신고할 때는 미성년자 법정대리인의 자격으로 상속포기를 신고한다는 표시를 명확히 해야 합니다. 청구인란에 다음과 같이 기재합니다.

| |
|---|
| 청구인 3. 김민주(OOOOOO-4OOOOOO)<br>서울특별시 서초구 사평대로 XXX<br>등록기준지 : 서울특별시 도봉구 도봉동 XXX<br>청구인 3. 김민주는 미성년자이므로 법정대리인<br>친권자 부 김OO, 모 이OO |

### 부모가 이혼한 경우

우선 미성년자의 기본관계증명서와 가족관계증명서를 확인해야 합니다. 증명서는 주민센터나 시 · 군 · 구청에서 발급받을 수 있습니다. 해당 서류에 친권자로 표기된 사람이 법정대리인이 되며 법정대리인이 상속포기를 신고하면 됩니다. 부모가 이혼했는데 공동친권자로 지정되어 있으면 두 사람 모두의 인감증명서와 인감도장을 첨부하여 상속포기를 신고해야 합니다.

### 특별대리인이 필요한 경우

미성년자는 상속포기를 하고 부모(또는 법정대리인)는 그대로 상속받을 때, 부모(또는 법정대리인)는 상속포기를 하거나 한정승인을 하고 미성년자는 그대로 상속받을 때는 부모(또는 법정대리인)가 미성년자에게 빚을 떠넘기거나 미성년자의 재산을 모두 가로챌 수 있는 상황이 발생합니다. 이를 법률 용어로 '이해상반행위'라고 합니다. 이러한 경우에는 법원에 특별대리인을 선임해달라고 요청하여 법원이 선임한 특별대리인이 미성년자를 대리해야 합니다. 그런데 제한능력자와 그 부모(또는 법정대리인)를 포함한 공동상속인 전원이 함께 상속포기를 신고할 때는 특별대리인을 선임할 필요가 없습니다. 전원이 상속포기를 신고하면 부모(또는 법정대리인)에게만 이득이 되고 미성년자에게는 해가 되기 어렵기 때문입니다.

민법은 미성년자, 피성년후견인, 피한정후견인, 피특정후견인을 제한능력자로 규정하고 있습니다. 이 제한능력자의 후견인이나 법정대리인에게는 모두 이해상반 규정이 적용되어 경우에 따라 특별대리인을 선임해야 하는 문제가 동일하게 발생합니다.

**민법**

**제921조(친권자와 그 자간 또는 수인의 자간의 이해상반행위)**

① 법정대리인인 친권자와 그 자사이에 이해상반되는 행위를 함에는 친권자는 법원에 그 자의 특별대리인의 선임을 청구하여야 한다.

② 법정대리인인 친권자가 그 친권에 따르는 수인의 자 사이에 이해상반되는 행위를 함에는 법원에 그 자 일방의 특별대리인의 선임을 청구하여야 한다.

**제949조의3(이해상반행위)**

후견인에 대하여는 제921조를 준용한다. 다만, 후견감독인이 있는 경우에는 그러하지 아니하다.

**친권자가 모두 사망한 경우**

친권자가 사망한 미성년자라도 이미 후견인이나 법정대리인이 지정되어 있다면 후견인이나 법정대리인의 인감증명서, 인감도장, 대리권을 증명할 서류를 함께 제출하여 상속포기 절차를 진행하면 됩니다. 후견인이나 법정대리인이 지정되어 있지 않다면 법원에 후견인을 지정하는 신청을 합니다. 법원에 신청서를 제출하면 법원이 친족 중에서 선임하거나 적당한 친족이 없으면 인력풀에서 선임합니다. 경우에 따라 특별대리인을 선정해야 할 수도 있습니다.

▶ **특별대리인선임 심판청구서**(상속포기)

# 특별대리인선임 심판청구서

(이해상반)

**청 구 인**

성 명 ☎
주민등록번호
등 록 기 준 지
주 소

**사건본인**

성 명 1. 2.
주민등록번호
등 록 기 준 지
주 소

**청 구 취 지**

청구외 망 의 공동상속인인 사건본인(들)의 상속재산포기 신청을 위하여 사건본인1.의 특별대리인으로 (성명 : , 주민등록번호 : , 주소 : )를, 사건본인2.의 특별대리인으로 (성명 : , 주민등록번호 : , 주소 : )를 선임한다.
라는 심판을 구합니다.

## 청 구 원 인

청구외 망 의 사망으로 인하여 청구인과 사건본인들은 공동상속인인 바 사건본인(들)만의 상속재산포기는 청구인과 사건본인들 간에 이해가 상반되므로 사건본인(들)을 위한 특별대리인으로 1. ( 관계 : ), 2. (관계 : )를 각 선임 받고자 본 청구에 이른 것입니다.

## 첨 부 서 류

1. 청구인의 가족관계증명서, 주민등록등본 각 1통
1. 사건본인의 기본증명서, 가족관계증명서, 주민등록등본 각 1통
1. 특별대리인의 가족관계증명서, 주민등록등본 각 1통
1.폐쇄가족관계등록부에 따른 기본증명서, 가족관계증명서 각1통

(2008. 1. 1. 전에 피상속인이 사망한 경우에는 제적등본을 제출하여 주시기 바랍니다.)

20 . . .

청구인 ㉞

**서울가정법원 귀중**

### 상속포기신고자 중 피후견인이 있을 때

후견인이 피후견인을 대리하여 상속포기를 할 경우 후견감독인이 있다면 그의 동의를 받아야 합니다.

**민법**

**제950조(후견감독인의 동의를 필요로 하는 행위)**

① 후견인이 피후견인을 대리하여 다음 각 호의 어느 하나에 해당하는 행위를 하거나 미성년자의 다음 각 호의 어느 하나에 해당하는 행위에 동의를 할 때는 후견감독인이 있으면 그의 동의를 받아야 한다.

6. 상속의 승인, 한정승인 또는 포기 및 상속재산의 분할에 관한 협의

# 상속포기 기간

상속포기 기간은 한정승인과 마찬가지로 상속개시 있음을 안 날로부터 3개월 이내에 해야 합니다. 이 기간이 지나면 상속포기를 할 수 없고 경우에 따라 특별한정승인이 가능할 뿐입니다.

'상속개시 있음을 안 날'의 의미는 앞에서 설명한 바와 같이 피상속인의 사망 사실을 알고 본인이 상속인이 되었음을 안 날을 말합니다. 보통의 상속에서는 피상속인의 사망 사실을 안 날이 '상속개시 있음을 안 날'이 됩니다. 다만 상속 관련 소송 등이 진행되었기 때문에 피상속인의 진정한 상속인이 누구인지 알 수 없는 상태였다면 소송 등이 종료되어 상속인이 누구인지 확정된 날이 '상속개시 있음을 안 날'이 될 것입니다.

상속인들이 피상속인의 사망 당시의 재산 내역, 피상속인의 빚, 연대보증이 있었던 사실을 몰랐던 경우, 심지어 상속인들이 '상속포기'라는 제도가 존재하는지조차 몰랐던 경우라 하더라도 상속포기의 기간은 진행됩니다. 다만 상속포기 기간이 지난 후 상속 당시에는 몰랐던 피상속인의 채무가 나타났다면 특별한정승인신고가 가능할 수 있습니다. 특별한정승인과 관련한 자세한 내용은 이 책의 해당 부분을 참조하기 바랍니다.

다만 대법원은 '법률의 착오'로 본인이 상속인이 된 사실을 알지 못한 경우에 예외적으로 상속 한정승인, 포기의 기간이 진행하지 않는다고 보고 있습니다. 대법원이 민법 제1019조 제1항의 상속 · 승인 포기를 위한 기간이 진행되지 않았다고 본 판례들은 다음과 같습니다.

첫째, 피상속인의 배우자 · 자녀 · 부모가 상속을 포기하여 피상속인의 형제자매가 상속인이 된 경우(대법원 2012. 10. 11. 선고 2012다59367 판결)

**대법원 2012. 10. 11. 선고 2012다59367 판결**

민법 제1019조 제1항은 상속인은 상속개시 있음을 안 날로부터 3월 내에 상속포기를 할 수 있다고 규정하고 있는바, 여기서 상속개시 있음을 안 날이라 함은 상속개시의 원인이 되는 사실의 발생을 알고 이로써 자기가 상속인이 되었음을 안 날을 말한다. 한편, 선순위 상속인인 피상속인의 처와 자녀들, 부모가 모두 적법하게 상속을 포기한 경우 누가 상속인이 되는지는 상속의 순위에 관한 민법 제1000조 제1항과 상속포기의 효과에 관한 민법 제1042조 내지 제1044조의 규정들에 따라서 정해질 터인데, 일반인의 입장에서 피상속인의 처와 자녀, 부모가 상속을 포기한 경우 피상속인의 형제자매가 이로써 자신들이 상속인이 되었다는 사실까지 안다는 것은 이례에 속하므로 이와 같은 과정을 거쳐 피상속인의 형제자매가 상속인이 된 경우에는 상속인이 상속개시의 원인 사실을 아는 것만으로 자신이 상속인이 된 사실을 알기 어려운 특별한 사정이 있다고 보는 것이 상당하다. 따라서 이러한 때에는 법원으로서는 '상속개시 있음을 안 날'을 확정함에 있어 상속개시의 원인 사실뿐 아니라 더 나아가 그로써 자신의 상속인이 된 사실을 안 날이 언제인지까지도 심리·규명하여야 마땅하다.

둘째, 피상속인의 배우자와 자녀가 상속을 포기하여 피상속인의 손자녀가 상속인이 된 경우(대법원 2005. 7. 22. 선고 2003다43681 판결)

**대법원 2005. 7. 22. 선고 2003다43681 판결**

선순위 상속인으로서 피상속인의 처와 자녀들이 모두 적법하게 상속을 포기한 경우에는 피상속인의 손(孫) 등 그다음의 상속순위에 있는 사람이 상속인이 되는 것이나, 이러한 법리는 상속의 순위에 관한 민법 제1000조 제1항 제1호(1순위 상속인으로 규정된 '피상속인의 직계비속'에는 피상속인의 자녀뿐 아니라 피상속인의 손자녀까지 포함된다)와 상속포기의 효과에 관한 민법 제1042조 내지 제1044조의 규정들을 모두 종합적으로 해석함으로써 비로소 도출되는 것이지 이에 관한 명시적 규정이 존재하는 것은 아니어서 일반인의 입장에서 피상속인의 처와 자녀가 상속을 포기한 경우 피상속인의 손자녀가 이로써 자신들이 상속인이 되었다는 사실까지 안다는 것은 오히려 이례에 속한다고 할 것이고, 따라서 이와 같은 과정에 의해 피상속인의 손자녀가 상속인이 된 경우에는 상속인이 상속개시의 원인 사실을 아는 것만으로 자신이 상속인이 된 사실을 알기 어려운 특별한 사정이 있다고 본 사례.

셋째, 피상속인의 배우자와 자녀 중 자녀 모두가 상속을 포기하여 피상속인의 손자녀가 배우자와 공동으로 상속인이 된 경우 (대법원 2015. 5. 14. 선고 2013다48852 판결)

**대법원 2015. 5. 14. 선고 2013다48852 판결**

상속인은 상속개시 있음을 안 날로부터 3월 내에 상속포기를 할 수 있고(민법 제1019조 제1항), 상속개시 있음을 안 날이란 상속개시의 원인이 되는 사실의 발생을 알고 이로써 자기가 상속인이 되었음을 안 날을 의미하지만, 종국적으로 상속인이 누구인지를 가리는 과정에서 법률상 어려운 문제가 있어 상속개시의 원인 사실을 아는 것만으로는 바로 자신이 상속인이 된 사실까지 알기 어려운 특별한 사정이 있는 경우에는 자신이 상속인이 된 사실까지 알아야 상속이 개시되었음을 알았다고 할 것이다. 그런데 피상속인의 배우자와 자녀 중 자녀 전부가 상속을 포기한 때에는 피상속인의 손자녀가 배우자와 공동으로 상속인이 된다는 것은 상속의 순위에 관한 민법 제1000조, 배우자의 상속순위에 관한 민법 제1003조, 상속포기의 효과에 관한 민법 제1042조 등의 규정들을 종합적으로 해석하여 비로소 도출되는 것이지 이에 관한 명시적 규정이 존재하는 것은 아니므로, 일반인의 입장에서 피상속인의 자녀가 상속을 포기하는 경우 자신들의 자녀인 피상속인의 손자녀가 피상속인의 배우자와 공동으로 상속인이 된다는 사실까지 안다는 것은 오히려 이례에 속한다.

**민법**

**제1019조(승인, 포기의 기간)**

① 상속인은 상속개시 있음을 안 날로부터 3월 내에 단순승인이나 한정승인 또는 포기를 할 수 있다. 그러나 그 기간은 이해관계인 또는 검사의 청구에 의하여 가정법원이 이를 연장할 수 있다.

② 상속인은 제1항의 승인 또는 포기를 하기 전에 상속재산을 조사할 수 있다.

③ 제1항의 규정에도 불구하고 상속인은 상속채무가 상속재산을 초과하는 사실을 중대한 과실 없이 제1항의 기간 내

에 알지 못하고 단순승인(제1026조 제1호 및 제2호의 규정에 의하여 단순승인한 것으로 보는 경우를 포함한다)을 한 경우에는 그 사실을 안 날부터 3월 내에 한정승인을 할 수 있다.

**제1020조(제한능력자의 승인·포기 기간)**

상속인이 제한능력자인 경우에는 제1019조 제1항의 기간은 그의 친권자 또는 후견인이 상속이 개시된 것을 안 날부터 기산(起算)한다.

**제1021조(승인·포기 기간의 계산에 관한 특칙)**

상속인이 승인이나 포기를 하지 아니하고 제1019조 제1항의 기간 내에 사망한 때에는 그의 상속인이 그 자기의 상속개시 있음을 안 날로부터 제1019조 제1항의 기간을 기산한다.

이와 같이 선순위 상속인이 상속을 포기했기 때문에 후순위 상속인이 '자신이 상속인이 되었음을 안 때'로부터 상속포기의 기간을 계산합니다. 원칙적으로 후순위 상속인의 상속포기신고 기간은 선순위 상속인 전원이 상속포기를 신고한 것을 안 날로부터 3개월 이내입니다. 만약 선순위 상속인으로부터 연락을 받지 못했다면 채권자들로부터 소장을 받아 상속인이 된 사실을 안 날로부터 3개월 이내에 상속포기를 신고해야 합니다.

실무적으로는 법원에 상속포기를 신고하고 앞의 소송에서 상속포기신고서나 접수증을 제출하면서 신고 수리시까지 변론 기일을 연기해달라고 요청합니다. 상속포기신고 절차가 끝나기 전에 소송이 종결되었다면 '청구 이의의 소'를 통해 해결할 수 있습니다.

# 상속포기의 효과

가정법원은 신고가 형식적 요건을 갖추었다면 상속포기의 신고를 수리합니다. 다만 심판청구서에 법정 요건을 갖추지 않았거나 신고가 부적합하면 신고를 수리하지 않을 수 있습니다. 이러한 경우 법원은 일단 해당 사항에 대한 보정명령을 내립니다.

상속포기의 신고는 접수된 때가 아니라 수리 심판이 당사자에게 고지된 때 효력이 발생합니다. 상속포기의 신고가 각하된 경우 신고를 수리하지 않은 심판에 대해서는 청구인이 즉시항고를 할 수 있습니다(가사소송규칙 제27조). 그러나 신고를 수리한 심판에 대해서는 불복할 수 없습니다.

상속을 포기하면 포기한 상속인은 처음부터 상속인이 아니었던 것으로 됩니다. 그리고 상속포기의 효력은 피상속인의 사망으로 개시된 상속에만 미치고 그후 피상속인을 피대습자로 하여 개시된 대습상속에까지는 미치지 않습니다(대법원 2017. 1. 12. 선고

2014다39824 판결).

**민법**

**제1042조(포기의 소급효)**

상속의 포기는 상속개시된 때에 소급하여 그 효력이 있다.

# 포기한 상속재산의 귀속과 관리

공동상속인 중 한 명이 상속을 포기한 경우 포기한 상속분은 다른 공동상속인의 상속분의 비율로 그 상속인에게 귀속됩니다. 그만큼 상속지분이 늘어나는 것입니다. 만약 공동상속인 전원이 상속포기를 하면 다음 순위자가 상속인이 됩니다.

**민법**

**제1043조(포기한 상속재산의 귀속)**

상속인이 수인인 경우에 어느 상속인이 상속을 포기한 때에는 그 상속분은 다른 상속인의 상속분의 비율로 그 상속인에게 귀속된다.

### 재산 관리방법

상속인이 상속을 포기하더라도 포기로 인해 새로 상속인이 된 자가 상속재산을 관리할 수 있을 때까지 '고유재산에 대한 것과 동일한 주의'를 기울여서 그 재산의 관리를 계속해야 합니다(민법 제1044조).

상속포기의 신고 수리 결정을 받기 위해서는 '단순승인'이 되는 것을 막아야 합니다. 앞에서 설명한 바와 같이 다음의 세 가지 경우에 단순승인이 되어 피상속인의 빚을 모두 갚아야 합니다.

- 상속인이 상속재산에 대한 처분행위를 한 때
- 상속개시 후(피상속인 사망 후) 3개월 이내에 한정승인 또는 포기를 하지 않은 때
- 상속인이 한정승인 또는 포기를 한 후에 상속재산을 은닉하거나 부정 소비하거나 고의로 재산목록에 기입하지 않은 때

상속포기를 신고하기로 마음먹었다면 피상속인의 재산을 관리해야 합니다. 피상속인의 은행 계좌에서 돈을 찾거나 피상속인 소유의 부동산을 처분하는 등 피상속인의 재산을 함부로 처분하면 안 됩니다.

피상속인의 모든 재산은 피상속인이 사망했을 때 상태 그대로 두는 것이 원칙입니다. 다만 경우에 따라 피상속인의 재산을 본

인의 명의로 바꾸어 처분해야 할 수도 있습니다. 예를 들어 자동차의 경우 일반적으로 본인의 명의로 변경한 뒤 팔아서 그 판매대금으로 채권자에게 변제하기도 합니다.

통상 법률적으로 관리행위는 이용 · 보존 · 개량 행위를 뜻하지만 상속포기를 신고하려 한다면 상속재산에 대해서는 최소한의 현상 보존행위만 하는 것이 좋습니다. 상속재산과 관련하여 새로운 계약을 체결하거나 처분하는 행위는 가급적 삼가야 합니다.

공동상속인이 있는 경우에는 전원이 공동으로 관리하면 됩니다. 물론 보존행위는 공동상속인 각자가 단독으로 할 수 있지만 가능하면 다른 공동상속인과 함께 진행하거나 최소한의 행위만 하는 것이 좋습니다.

**민법**

**제1044조(포기한 상속재산의 관리계속의무)**

① 상속을 포기한 자는 그 포기로 인하여 상속인이 된 자가 상속재산을 관리할 수 있을 때까지 그 재산의 관리를 계속하여야 한다.

② 제1022조와 제1023조의 규정은 전항의 재산관리에 준용한다.

# 상속포기의 취소·철회·무효

**사례 1** 아버지가 돌아가신 후 상속포기를 신고해서 법원의 신고 수리 결정을 받았습니다. 그런데 그동안 몰랐던 아버지의 부동산이 있는 것을 알게 되었습니다. 상속포기신고를 취소할 수 있을까요?

법원에 상속포기를 신고했더라도 그 신고가 수리되기 전에는 상속포기신고를 취소할 수 있습니다. 그런데 일단 신고가 수리된 이후에는 '상속포기 기간인 3개월 이내라 하더라도' 상속포기를 취소할 수 없는 것이 원칙입니다.

상속포기는 특정재산을 지정해서 하는 것이 아니라 피상속인의 상속재산에 대해 포괄적으로 하는 것이기 때문입니다. 그래서 상속포기신고 수리 후에 몰랐던 상속재산이 발견되어도 수리된 상속포기는 취소가 불가합니다.

특히 상속포기는 한정승인과 달리 재산목록을 별도로 작성하지 않기 때문에 피상속인의 재산 파악이 제대로 되지 않은 상태에서 상속포기를 진행하는 것은 신중해야 합니다. 상속포기를 신고하면서 재산목록을 임의로 첨부했더라도 마찬가지입니다. 해당 재산목록에 누락된 재산이 있어도 상속재산 포기를 번복하는 것은 인정되지 않습니다.

> **대법원 1995. 11. 14. 선고 95다27554 판결**
>
> 상속의 포기는 상속인이 법원에 대하여 하는 단독의 의사표시로서 포괄적 · 무조건적으로 하여야 하므로, 상속포기는 재산목록을 첨부하거나 특정할 필요가 없다고 할 것이고, 상속포기서에 상속재산의 목록을 첨부했다 하더라도 그 목록에 기재된 부동산 및 누락된 부동산의 수효 등과 제반 사정에 비추어 상속재산을 참고 자료로 예시한 것에 불과하다고 보여지는 이상, 포기 당시 첨부된 재산 목록에 포함되어 있지 않은 재산의 경우에도 상속포기의 효력은 미친다.

**취소방법**

다만 착오, 사기, 강박 등으로 상속포기의 의사표시를 하게 된 경우에는 취소할 수 있습니다. 취소가 가능한 기간은 추인할 수 있는 날로부터 3개월, 승인 또는 포기한 날로부터 1년입니다. 가사소송법은 상속포기의 취소를 가사비송사건으로 다루고 있으므로 상속포기를 취소하려면 상속포기를 신고한 가정법원에 취소신고를 해야 합니다.

하지만 실무상 의사표시의 하자를 이유로 상속포기행위를 취소하는 것은 쉬운 일이 아닙니다. 이 점을 명심하고 상속포기를 신고할 때는 신중하게 해야 합니다.

**민법**

**제1024조(승인, 포기의 취소금지)**

① 상속의 승인이나 포기는 제1019조 제1항의 기간내에도 이를 취소하지 못한다.

② 전항의 규정은 총칙편의 규정에 의한 취소에 영향을 미치지 아니한다. 그러나 그 취소권은 추인할 수 있는 날로부터 3월, 승인 또는 포기한 날로부터 1년내에 행사하지 아니하면 시효로 인하여 소멸된다.

▶ **상속포기신고의 취소 심판청구서**

# 상속포기신고의 취소 심판청구서

사건번호 20 느단 상속포기(취소심판의 대상이 되는 재판)

**청 구 인(상속인)** (☎ : )

성 명 :
주민등록번호 :
주 소 :
송 달 장 소 :

**사건본인(피상속인)**

성 명 :
주민등록번호 :
사 망 일 자 :
최 후 주 소 :

## 청 구 취 지

청구인이 20 년 월 일 이 법원에 신고하여서 한 피상속인 망 에 대한 상속포기의 취소신고는 이를 수리한다.
라는 심판을 구합니다.

## 청 구 원 인

청구인은 피상속인의 차녀이고 상속인은 피상속인의 자 ○○○외 2명입니다. ○○○은 청구인에게 상속포기를 하면 청구인의 상속지분을 금액으로 평가하여 현금으로 지급하겠다고 해서, 청구인은 이를 믿고 년 월 일 귀원 20 느단 제 호로 상속포기신고를 하여 귀원에서 이를 수리하였습니다.

그러나 ○○○은 상속재산을 단독으로 상속받은 후 청구인의 상속지분액에 해당하는 현금을 지급하지 않아 금전 지급을 독촉하였으나 ○○○은 이를 거절하면서 위 금전 지급을 약속한 사실조차 부인하고 있습니다. 청구인은 그때서야 속은 사실을 알게 되었고, 따라서 청구인의 상속포기신고는 ○○○의 기망에 의하여 착오로 한 의사표시이므로 이를 취소하고자 청구취지와 같이 심판을 구하게 되었습니다.

## 첨 부 서 류

1. 청구인의 가족관계증명서, 주민등록표등(초)본 각 1통
1. 피상속인의 폐쇄가족관계등록부에 따른 기본증명서, 가족관계증명서 각 1통
1. 피상속인의 말소된 주민등록표등(초)본 1통
1. 상속포기심판정(등)본 1통

20 . . .

청구인 (서명 또는 인감 날인)

**서울가정법원 귀중**

**가사소송법**

**제2조(가정법원의 관장 사항)**

① 다음 각 호의 사항(이하 "가사사건"이라 한다)에 대한 심리(審理)와 재판은 가정법원의 전속관할(專屬管轄)로 한다.

2. 가사비송사건

32) 「민법」 제1024조 제2항, 제1030조 및 제1041조에 따른 상속의 한정승인신고 또는 포기신고의 수리(受理)와 한정승인 취소신고 또는 포기 취소신고의 수리

**가사소송규칙**

**제76조(한정승인 · 포기의 취소)**

① 상속의 한정승인 또는 포기의 취소는, 제75조 제3항의 심판을 한 가정법원에 신고인 또는 대리인이 기명날인 또는 서명한 서면으로 신고함으로써 한다.

② 제1항의 신고서에는 제75조 제1항 제1호 및 제2호의 사항 외에 다음 각호의 사항을 기재하여야 한다.

1. 상속의 한정승인 또는 포기신고가 수리된 일자
2. 상속의 한정승인 또는 포기를 취소하는 원인
3. 추인할 수 있게 된 날
4. 상속의 한정승인 또는 포기의 취소를 하는 뜻

③ 제75조 제2항 및 제3항의 규정은 제1항의 신고 및 그 수리에 이를 준용한다.

### 상속포기의 무효

민법상의 무효 사유를 주장하여 상속포기신고 자체의 무효를 주장하는 것도 가능합니다. 예를 들어 상속포기신고가 의사무능력자에 의해 이루어졌으면 상속의 상속포기는 무효입니다.

### 상속포기와 사해행위 취소소송

**사례 2** 저는 개인적으로 빚이 많습니다. 이번에 아버지가 돌아가셔서 상속을 받게 되었는데, 저의 채권자들은 제가 상속을 받는 순간 그 재산에 대해 강제집행을 하겠다고 합니다. 차라리 상속포기를 해서 형에게 아버지의 재산을 모두 상속받게 하고 싶습니다.

법원에 상속포기를 신고했다면 상속이 이루어지지 않습니다. 하지만 피상속인의 채권자 입장에서는 상속포기행위를 '사해행위'라고 생각할 수도 있습니다. 이와 관련하여 대법원은 법원에 상속포기를 신고하고 수리가 되었다면 상속포기는 민법 제406조 제1항에서 정하는 "재산권에 관한 법률행위"에 해당하지 않기 때문에 사해행위 취소소송의 대상이 되지 않는다는 입장입니다. 즉 상속인의 채권자는 상속인이 상속포기를 신고했다면 이를 사해행위로 취소할 수도 없고 피상속인의 재산에 강제집행을 할 수도 없습니다.

**대법원 2011. 6. 9. 선고 2011다29307 판결**

상속의 포기는 비록 포기자의 재산에 영향을 미치는 바가 없지 아니하나(그러한 측면과 관련하여서는 '채무자 회생 및 파산에 관한 법률' 제386조도 참조) 상속인으로서의 지위 자체를 소멸하게 하는 행위로서 순전한 재산법적 행위와 같이 볼 것이 아니다. 오히려 상속의 포기는 1차적으로 피상속인 또는 후순위상속인을 포함하여 다른 상속인 등과의 인격적 관계를 전체적으로 판단하여 행하여지는 '인적 결단'으로서의 성질을 가진다. 그러한 행위에 대하여 비록 상속인인 채무자가 무자력상태에 있다고 하여서 그로 하여금 상속포기를 하지 못하게 하는 결과가 될 수 있는 채권자의 사해행위취소를 쉽사리 인정할 것이 아니다. 그리고 상속은 피상속인이 사망 당시에 가지던 모든 재산적 권리 및 의무·부담을 포함하는 총체재산이 한꺼번에 포괄적으로 승계되는 것으로서 다수의 관련자가 이해관계를 가지는데, 위와 같이 상속인으로서의 자격 자체를 좌우하는 상속포기의 의사표시에 사해행위에 해당하는 법률행위에 대하여 채권자 자신과 수익자 또는 전득자 사이에서만 상대적으로 그 효력이 없는 것으로 하는 채권자취소권의 적용이 있다고 하면, 상속을 둘러싼 법률관계는 그 법적 처리의 출발점이 되는 상속인 확정의 단계에서부터 복잡하게 얽히게 되는 것을 면할 수 없다. 또한 상속인의 채권자의 입장에서는 상속의 포기가 그의 기대를 저버리는 측면이 있다고 하더라도 채무자인 상속인의 재산을 현재의 상태보다 악화시키지 아니한다.

이러한 점들을 종합적으로 고려하여 보면, 상속의 포기는 민법 제406조 제1항에서 정하는 "재산권에 관한 법률행위"에 해당하지 아니하여 사해행위취소의 대상이 되지 못한다.

**민법**

**제406조(채권자취소권)**

① 채무자가 채권자를 해함을 알고 재산권을 목적으로 한 법률행위를 한 때에는 채권자는 그 취소 및 원상회복을 법원에 청구할 수 있다. 그러나 그 행위로 인하여 이익을 받은 자나 전득한 자가 그 행위 또는 전득당시에 채권자를 해함을 알지 못한 경우에는 그러하지 아니하다.

② 전항의 소는 채권자가 취소원인을 안 날로부터 1년, 법률행위있은 날로부터 5년내에 제기하여야 한다.

반면 법원에 상속포기를 신고한 것이 아니라 상속재산분할 협의에서만 상속포기를 한 경우라면 채권자에 대한 사해행위에 해당할 수 있다는 것이 대법원의 태도입니다. 따라서 상속인이 채권자들의 사해행위 취소소송이나 강제집행을 피하려면 '법원'에 상속포기신고서를 제출하고 수리받아야 합니다.

> **대법원 2007. 7. 26. 선고 2007다29119 판결**
>
> 상속재산의 분할협의는 상속이 개시되어 공동상속인 사이에 잠정적 공유가 된 상속재산에 대하여 그 전부 또는 일부를 각 상속인의 단독소유로 하거나 새로운 공유관계로 이행시킴으로써 상속재산의 귀속을 확정시키는 것으로 그 성질상 재산권을 목적으로 하는 법률행위이므로 사해행위취소권 행사의 대상이 될 수 있고, 한편 채무자가 자기의 유일한 재산인 부동산을 매각하여 소비하기 쉬운 금전으로 바꾸거나 타인에게 무상으로 이전하여 주는 행위는 특별한 사정이 없는 한 채권자에 대하여 사해행위가 되는 것이므로, 이미 채무초과 상태에 있는 채무자가 상속재산의 분할협의를 하면서 자신의 상속분에 관한 권리를 포기함으로써 일반 채권자에 대한 공동담보가 감소한 경우에도 원칙적으로 채권자에 대한 사해행위에 해당한다.

### 상속포기약정의 효력

**사례 3** 오빠는 아버지 생전에 아파트를 증여받았습니다. 오빠는 아파트를 증여받으면서 나중에 아버지가 돌아가신 이후에 더이상의 재산을 상속받지 않겠다는 '상속포기 각서'를 작성했습니다. 효력이 있나요?

피상속인 사망 전에 한 상속포기 약정은 효력이 없습니다. '상속포기 약정서', '상속포기 각서' 등 어떤 이름으로 작성되었든 효력이 없습니다. 따라서 상속포기 각서를 작성한 사람이라 할지라도 상속을 받을 수 있습니다.

**대법원 1998. 7. 24. 선고 98다9021 판결**

[1] 유류분을 포함한 상속의 포기는 상속이 개시된 후 일정한 기간 내에만 가능하고 가정법원에 신고하는 등 일정한 절차와 방식을 따라야만 그 효력이 있으므로, 상속개시 전에 한 상속포기약정은 그와 같은 절차와 방식에 따르지 아니한 것으로 효력이 없다.

[2] 상속인 중의 1인이 피상속인의 생존시에 피상속인에 대하여 상속을 포기하기로 약정하였다고 하더라도, 상속개시 후 민법이 정하는 절차와 방식에 따라 상속포기를 하지 아니한 이상, 상속개시 후에 자신의 상속권을 주장하는 것은 정당한 권리행사로서 권리남용에 해당하거나 또는 신의칙에 반하는 권리의 행사라고 할 수 없다.

# 상속포기와 세금

### 생명보험금과 세금

상속포기 절차를 거치면 피상속인의 채권자들로부터 자유로워지는 것은 맞습니다. 하지만 상속세를 내야 하는 경우가 있습니다. 바로 피상속인의 사망으로 인한 생명보험금을 지급받은 경우입니다.

다음 〈표 3〉 중 두번째 행을 보면 피보험자가 피상속인(아버지)이고 수익자가 상속인(아들)임을 알 수 있습니다. 이 경우 생명보험금은 기본적으로 상속재산이 아니므로 이 생명보험금을 가지고 아버지의 빚을 갚을 의무는 없습니다. 아버지의 사망으로 받는 생명보험금은 상속인이 아니라 보험수익자의 지위에서 받는 것이기 때문입니다.

**<표 3> 보험수익자와 세금**(아버지가 피상속인, 아들이 상속인일 경우)

| 계약자 | 피보험자 | 수익자 | 과세 내용 |
|---|---|---|---|
| 아버지 | 아버지 | 아버지 | 상속재산(상속) |
| 아버지 | 아버지 | 아들 | 간주상속재산(상속세, 상속세 및 증여세법 제8조) |
| 어머니 | 아버지 | 아들 | 증여세(어머니가 아들에게 증여한 것) |
| 아들 | 아버지 | 아들 | 비과세(아들이 자신의 수익이 있어서 보험금을 지급할 수 있었음을 증명 필요) |

하지만 이것은 상속법의 영역이고 세법의 영역에서는 조금 다릅니다. 피상속인(아버지)의 사망 후 상속인(아들)이 받는 보험금은 상속 및 증여세법 제8조의 '간주상속재산'에 해당합니다. 따라서 상속인이 상속포기, 한정승인을 하더라도 이 보험금을 받은 이상 상속세는 내야 합니다. 이는 보험을 통해 자식에게 편법으로 상속하려는 것을 막기 위해서입니다.

정리하면 보험계약자가 보험수익자를 막연하게 '상속인'으로만 지정했거나 상속인 중 한 명을 특정하여 지정한 경우 해당 생명보험금을 받은 자가 상속포기를 했다면 수령한 생명보험금으로 아버지의 빚을 갚을 필요는 없지만 해당 생명보험금에 대한 상속세는 내야 합니다.

**대법원 2007. 11. 30. 선고 2005두5529 판결**

[1] 보험계약자가 자기 이외의 제3자를 피보험자로 하고 자기 자신을 보험수익자로 하여 맺은 생명보험계약에 있어서 보험존속 중에 보험수익자가 사망한 경우에는 상법 제733조 제3항 후단 소정의 보험계약자가 다시 보험수익자를 지정하지 아니하고 사망한 경우에 준하여 보험수익자의 상속인이 보험수익자가 되고, 이는 보험수익자와 피보험자가 동시에 사망한 것으로 추정되는 경우에도 달리 볼 것은 아니며, 이러한 경우 보험수익자의 상속인이 피보험자의 사망이라는 보험사고가 발생한 때에 보험수익자의 지위에서 보험자에 대하여 가지는 보험금지급청구권은 상속재산이 아니라 상속인의 고유재산이다.

[2] 상속세 및 증여세법 제8조 규정은, 상속세 과세대상이 되는 본래 의미의 상속재산 즉, 상속 또는 유증이나 사인증여에 의하여 취득한 재산은 아니라고 하더라도 실질적으로는 상속이나 유증 등에 의하여 재산을 취득한 것과 동일하게 볼 수 있는 보험금의 경우에 상속세를 부과하기 위한 것으로서 실질과세의 원칙 및 과세형평을 관철하기 위한 규정이고, 위 규정이 재산권의 본질적인 내용을 침해하는 것도 아니므로, 헌법상 재산권보장의 원칙에 반한다거나 실질적 조세법률주의에 위배된다고 볼 수 없다.

**대법원 2005. 1. 14. 선고 2003다38573, 38580 판결**

[1] 자동차손해배상보장법 제9조 제1항에 의한 피해자의 보험자에 대한 직접청구권이 수반되는 경우에는 그 직접청구권의 전제가 되는 자동차손해배상보장법 제3조에 의한 피해자의 운행자에 대한 손해배상청구권은 비록 위 손해배상청구권과 손해배상의무가 상속에 의하여 동일인에게 귀속되더라도 혼동에 의하여 소멸되지 않고 이러한 법리는 자동차손해배상보장법 제3조에 의한 손해배상의무자가 피해자를 상속한 경우에도 동일하지만, 예외적으로 가해자가 피해자의 상속인이 되는 등 특별한 경우에 한하여 손해배상청구권과 손해배상의무가 혼동으로 소멸하고 그 결과 피해자의 보험자에 대한 직접청구권도 소멸한다.

[2] 상속포기는 자기를 위하여 개시된 상속의 효력을 상속개시시로 소급하여 확정적으로 소멸시키는 제도로서 피해자의 사망으로 상속이 개시되어 가해자가 피해자의 자신에 대한 손해배상청구권을 상속함으로써 그 손해배상청구권과 이를 전제로 하는 자동차손해배상보장법 제9조 제1항에 의한 보험자에 대한 직접청구권이 소멸하였다고 할지라도 가해자가 적법하게 상속을 포기하면 그 소급효로 인하여 위 손해배상청구권과 직접청구권은 소급하여 소멸하지 않았던 것으로 되어 다른 상속인에게 귀속되고, 그 결과 '가해자가 피해자의 상속인이 되는 등 특별한 경우'에 해당

하지 않게 되므로 위 손해배상청구권과 이를 전제로 하는 직접청구권은 소멸하지 않는다.

[3] 상속포기를 하지 아니하였더라면 혼동으로 소멸하였을 개별적인 권리가 상속포기로 인하여 소멸하지 않게 되었더라도 그 상속포기가 신의칙에 반하여 무효라고 할 수 없다고 한 사례.

**상속 및 증여세법**

**제8조(상속재산으로 보는 보험금)**

① 피상속인의 사망으로 인하여 받는 생명보험 또는 손해보험의 보험금으로서 피상속인이 보험계약자인 보험계약에 의하여 받는 것은 상속재산으로 본다.

② 보험계약자가 피상속인이 아닌 경우에도 피상속인이 실질적으로 보험료를 납부하였을 때에는 피상속인을 보험계약자로 보아 제1항을 적용한다.

### 피상속인의 체납 세금 승계

상속포기를 한 경우 상속포기자는 상속개시 당시부터 상속인이 아니었던 것으로 됩니다(소급효). 따라서 피상속인의 체납 세금 역시 승계되지 않아 납부할 의무가 없습니다.

**대법원 2013. 5. 23. 선고 2013두1041 판결[양도소득세부과처분취소] [공2013하,1140]**

원래 상속을 포기한 자는 상속포기의 소급효에 의하여 상속개시 당시부터 상속인이 아니었던 것과 같은 지위에 놓이게 되는 점(민법 제1042조), 상속세 및 증여세법(이하 '상증세법'이라 한다) 제3조 제1항은 상속세에 관하여는 상속포기자도 상속인에 포함되도록 규정하고 있으나 이는 사전 증여를 받은 자가 상속을 포기함으로써 상속세 납세의무를 면하는 것을 방지하기 위한 것으로서 국세기본법 제24조 제1항에 의한 납세의무 승계자와 상증세법 제3조 제1항에 의한 상속세 납세의무자의 범위가 서로 일치하여야 할 이유는 없는 점, 조세법률주의의 원칙상 과세 요건은 법률로써 명확하게 규정하여야 하고 조세 법규의 해석에 있어서도 특별한 사정이 없는 한 법문대로 해석하여야 하며 합리적 이유 없이 확장 해석하거나 유추 해석하는 것은 허용되지 않는 점 등을 종합해보면 적법하게 상속을 포기한 자는 국세기본법 제24조 제1항이 피상속인의 국세 등 납세의무를 승계하는 자로 규정하고 있는 '상속인'에는 포함되지 않는다고 보아야 한다.

**상속세 및 증여세법**

**제2조(정의)**

이 법에서 사용하는 용어의 뜻은 다음과 같다.

4. "상속인"이란 「민법」 제1000조, 제1001조, 제1003조 및 제1004조에 따른 상속인을 말하며, 같은 법 제1019조 제1항에 따라 상속을 포기한 사람 및 특별연고자를 포함한다.

**국세기본법**

**제24조(상속으로 인한 납세의무의 승계)**

① 상속이 개시된 때에 그 상속인[「민법」 제1000조, 제1001조, 제1003조 및 제1004조에 따른 상속인을 말하고, 「상속세 및 증여세법」 제2조 제5호에 따른 수증자(受遺者)를 포함한다. 이하 이 조에서 같다] 또는 「민법」 제1053조에 규정된 상속재산 관리인은 피상속인에게 부과되거나 그 피상속인이 납부할 국세 및 강제징수비를 상속으로 받은 재산의 한도에서 납부할 의무를 진다.

### 사전 증여, 추정상속재산의 세금

구 상속법[법률 제5582호, 1998. 12. 28, 개정 전의 법률]에서 상속포기자는 상속인에 포함되지 않았습니다. 그러나 법이 개정되어 현재의 상속세 및 증여세법 제2조 제4호(구 상속세법 제3조 1항)는 상속세에 관해서는 상속포기자도 상속인에 포함되도록 규정하고 있습니다. 이는 사전 증여를 받은 자가 상속을 포기함으로써 상속세 납세의무를 면하는 것을 방지하기 위한 것입니다.

그 밖에도 추정상속재산이 있는 경우에는 상속포기를 하더라도 상속세를 내야 합니다. 추정상속재산이라는 것은 피상속인이 생전에 재산을 처분했거나 채무를 부담했는데, 그 사용처가 불분명한 경우에 일정한 기준 아래 상속재산으로 추정하는 제도입니다. 즉 해당 재산에 해당하는 만큼 상속세가 부과될 수 있습니다. 예를 들어 아버지가 돌아가시기 1년 전에 3억 원을 통장에서 인출했는데, 그 돈이 어디로 갔는지 알 수 없는 경우에 상속재산으로 추정하여 상속포기자에게도 해당 금액만큼의 상속세가 부과됩니다.

**상속세 및 증여세법**

**제15조(상속개시일 전 처분재산 등의 상속 추정 등)**

① 피상속인이 재산을 처분하였거나 채무를 부담한 경우로서

다음 각호의 어느 하나에 해당하는 경우에는 이를 상속받은 것으로 추정하여 제13조에 따른 상속세 과세 가액에 산입한다.

1. 피상속인이 재산을 처분하여 받은 금액이나 피상속인의 재산에서 인출한 금액이 상속개시일 전 1년 이내에 재산 종류별로 계산하여 2억 원 이상인 경우와 상속개시일 전 2년 이내에 재산 종류별로 계산하여 5억 원 이상인 경우로서 대통령령으로 정하는 바에 따라 용도가 객관적으로 명백하지 아니한 경우
2. 피상속인이 부담한 채무를 합친 금액이 상속개시일 전 1년 이내에 2억 원 이상인 경우와 상속개시일 전 2년 이내에 5억 원 이상인 경우로서 대통령령으로 정하는 바에 따라 용도가 객관적으로 명백하지 아니한 경우

## 소송이 제기되었을 경우

피상속인의 채권자로부터 피상속인의 빚을 갚으라는 소송이 제기되었다면 상속포기 결정문을 법원에 제출해야 합니다. 상속포기 결정문을 받았다고 해서 소송에 대응하지 않으면 안 됩니다.

자세한 내용은 6장에서 설명할 '채권자의 소송과 추심에 대응하기'를 참조하기 바랍니다.

# 상속포기와 이해상반행위

**사례 1** 아버지가 돌아가셨습니다. 아버지에게는 어머니와 성년의 자식(장남), 미성년의 자식(차남)이 상속인으로 있습니다. 어머니는 미성년자인 자식과 본인에 대한 상속포기를 신고했고 성년의 자식(장남)은 상속포기를 하지 않고 아버지의 재산을 전부 상속받았습니다. 어머니가 장남에게 아버지의 상속재산을 전부 물려주기 위해 미성년 자녀의 법정대리인 자격에서 상속을 포기한 것입니다. 이러한 경우 구제방법이 없을까요?

이 사안은 미성년의 자식(차남)이 상속받을 재산을 성년의 자식(장남)이 가로챈 사안입니다. 당연히 미성년 자식 입장에서는 억울합니다. 만약 어머니가 미성년 자식(차남)의 상속을 포기한 행위가 민법 제921조의 '이해상반행위'가 된다면 상속포기는 무효입니다. 결론부터 말하면 어머니가 미성년 자식의 상속을 포기

▶ **이해상반행위**(형식적 판단설)

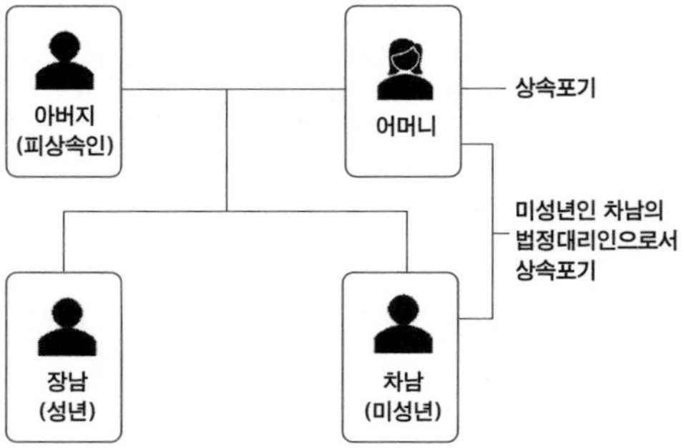


**어머니가 미성년 자식의 법정대리인으로서 상속포기를 한 것은 법에 규정된 형식상 정당하므로 상속포기는 유효합니다.**

한 행위는 이해상반행위가 아니므로 상속포기는 유효합니다.

대법원은 "민법 제921조의 이해상반행위란 행위의 객관적 성질상 친권자와 자 사이 또는 친권에 복종하는 수인의 자 사이에 이해의 대립이 생길 우려가 있는 행위를 가리키는 것으로서 친권자의 의도나 그 행위의 결과 실제로 이해의 대립이 생겼는지 여부는 묻지 아니한다"고 보고 있습니다. 이것을 '형식적 판단설'이라고 합니다.

판례에 따르면 이 사안에서 친권자인 어머니가 미성년 자식의 법정대리인으로서 상속을 포기한 것은 법에 규정된 형식상 정당하고, 그 결과 불합리한 점이 발생했다 하더라도 해당 행위를 무효로 볼 수 없습니다.

**대법원 2013. 1. 24. 선고 2010두27189 판결**

친권자가 미성년자와 이행상반되는 행위를 특별대리인에 의하지 않고 한 경우에는 특별한 사정이 없는 한 그 행위는 무효이다.

**대법원 1989. 9. 12. 선고 88다카28044 판결**

민법 제921조 제2항의 경우 이해상반행위의 당사자는 쌍방이 모두 친권에 복종하는 미성년자일 경우이어야 하고, 이 때에는 친권자가 미성년자 쌍방을 대리할 수는 없는 것이므로 그 어느 미성년자를 위하여 특별대리인을 선임하여야 한다는 것이지 성년이 되어 친권자의 친권에 복종하지 아니하는 자와 친권에 복종하는 미성년자인 자 사이에 이해상반이 되는 경우가 있다 하여도 친권자는 미성년자를 위한 법정대리인으로서 그 고유의 권리를 행사할 수 있으므로 그러한 친권자의 법률행위는 같은 조항 소정의 이해상반행위에 해당한다 할 수 없다.

**대법원 1993. 4. 13. 선고 92다54524 판결**

가. 민법 제921조의 "이해상반행위"란 행위의 객관적 성질상 친권자와 자 사이 또는 친권에 복종하는 수인의 자 사이에 이해의 대립이 생길 우려가 있는 행위를 가리키는 것으로서 친권자의 의도나 그 행위의 결과 실제로 이해의 대립이 생겼는가의 여부는 묻지 아니한다.

나. 공동상속재산분할협의는 행위의 객관적 성질상 상속인 상호간에 이해의 대립이 생길 우려가 있는 행위라고 할 것이므로 공동상속인인 친권자와 미성년인 수인의 자 사이에 상속재산분할협의를 하게 되는 경우에는 미성년자 각자마다 특별대리인을 선임하여 각 특별대리인이 각 미성년자인 자를 대리하여 상속재산분할의 협의를 하여야 한다.

다. 친권자가 수인의 미성년자의 법정대리인으로서 상속재산분할협의를 한 것이라면 이는 민법 제921조에 위반된 것으로서 이러한 대리행위에 의하여 성립된 상속재산분할협의는 피대리자 전원에 의한 추인이 없는 한 무효이다.

**민법**

**제921조(친권자와 그 자간 또는 수인의 자간의 이해상반행위)**

① 법정대리인인 친권자와 그 자사이에 이해상반되는 행위를 함에는 친권자는 법원에 그 자의 특별대리인의 선임을 청구하여야 한다.

② 법정대리인인 친권자가 그 친권에 따르는 수인의 자 사이에 이해상반되는 행위를 함에는 법원에 그 자 일방의 특별대리인의 선임을 청구하여야 한다.

3장

# 한정승인

# 한정승인의 절차

누가 상속인이 되고, 누가 상속포기·한정승인 절차를 진행할지 결정했다면 신고 준비를 해야 합니다. 상속포기와 한정승인의 구체적인 신고 절차에는 차이가 있습니다. 상속포기와 비교하면 한정승인의 신고 절차가 훨씬 복잡하고 시간도 오래 걸립니다.

한정승인의 신고방법은 다음과 같이 크게 다섯 절차를 통해 이루어집니다.

첫째, 상속재산 조회입니다. 상속재산 조회 절차를 통해 상속재산을 파악해야 합니다. 돌아가신 분의 사망신고를 할 때 동시에 상속재산 조회신청도 할 수 있습니다. 조회 결과가 나오는 데는 통상 20일 정도의 시간이 소요됩니다.

둘째, 한정승인 심판청구서 접수입니다. 민법은 한정승인신고라고 하지만 말 그대로 신고만 하면 자동으로 끝나는 일이 아닙니다. 신고를 접수한 법원은 신고가 적법한지 심사하여 수리 여

▶ **한정승인 절차**

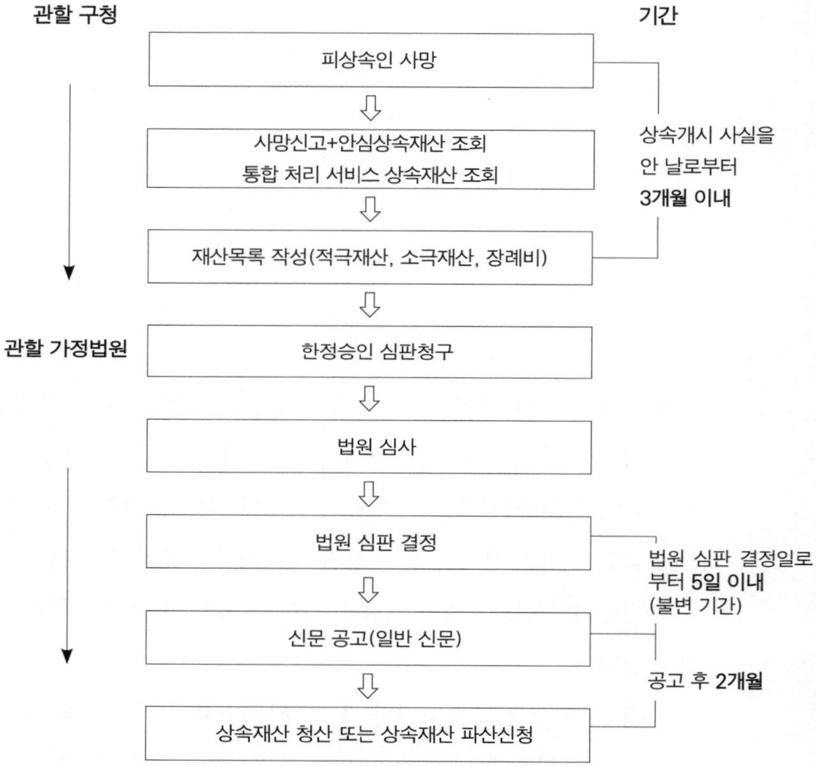


부를 심판합니다. 그러므로 실제로 법원에 접수하는 서면은 '한정승인신고서'가 아니라 '한정승인신고 수리 심판청구서'입니다. 따라서 상속재산 조회 결과를 받으면 이를 토대로 상속재산목록이 첨부된 한정승인 심판청구서를 작성해야 합니다.

셋째, 법원의 심판입니다. 법원은 한정승인신고 수리 심판청구서가 법이 정하는 형식과 내용에 맞는지 심사하여 신고 수리 여부를 심판합니다. 한정승인 심판은 서류 심사로 이루어집니다. 실무상 어떤 법원에 접수되었는지에 따라 심판 기간도 차이가 날 수 있습니다. 서울가정법원의 경우 심판청구서 접수 후 대략 2개월에서 3개월이 걸립니다.

넷째, 신문 공고입니다. 법원으로부터 한정승인 결정문을 받은 후 5일 이내에 신문에 2개월간 공고해야 합니다. 이 기간 동안 채권자들에게 채권신고를 받습니다. 직접 알고 있는 채권자들에게 내용증명 우편 등을 보내 한정승인 사실을 통지해야 합니다.

다섯째, 청산 절차입니다. 신문 공고 기간이 지난 후 채권자들에게 채권의 비율대로 피상속인의 남은 재산을 배당하는 청산 절차를 진행해야 하는 것이 원칙입니다. 다만 청산 절차는 상속인이 직접 청산을 하거나, 청산할 재산이 없어서 그냥 있거나, 회생법원에 상속재산 파산신고를 하여 회생법원의 관리인이 청산하는 방식 등 다양합니다.

# 한정승인 필요 서류

**사례** 1 아버지가 돌아가셔서 한정승인을 하려고 합니다. 한정승인 필요 서류를 알아보니 인감증명이 필요하다고 합니다. 미성년자인 제 아들도 같이 한정승인을 해야 하는데, 아들의 인감증명도 필요한가요?

한정승인을 신청할 때 기본 서류와 다음과 같이 경우에 따라 추가 서류가 필요합니다. 미성년자가 있는 경우, 상속인이 피후견인인 경우, 재외국민인 경우, 외국인인 경우, 특별한정승인의 경우에 따라 구비 서류가 다릅니다.

**기본 서류**

• 상속인 필요 서류(상속인 각자 1부씩) : 가족관계증명서, 주민

등록등본, 주민등록초본, 인감증명서(또는 본인서명사실확인서), 인감도장(본인서명사실확인서로 진행할 경우 불필요, 심판청구서에 날인)

- 피상속인 서류 : 폐쇄가족관계등록부에 따른 기본 증명서(사망신고가 표시된 것), 가족관계증명서, 제적등본, 주민등록말소자등본, 주민등록말소자초본
- 가계도(직계비속이 아닌 경우)
- 상속재산 목록(이미 처분한 재산이 있을 경우 그 목록 및 가액도 포함할 것) : 적극재산 및 소극재산에 대한 입증 자료(부동산등기사항증명서, 자동차등록원부, 통장잔액증명서, 상속인 금융거래 조회 결과 등)

이때 주의할 점이 있습니다. 가족관계증명서는 2008년 1월 1일 이전의 가족관계에 대해서는 기재되지 않는 경우가 있습니다. 특히 2008년 1월 1일 이전에 사망한 배우자와 자녀의 가족관계등록부는 작성되지 않았기 때문에 2008년 1월 1일 이전에 사망한 배우자와 자녀는 가족관계증명서에 기재되지 않는 것이 원칙입니다. 또한 실무를 하다보면 가족관계등록부에 누락된 형제자매가 있는 경우도 상당수 발견됩니다(전산 자체의 오류). 따라서 누락된 상속인이 없는지 확인하기 위해 피상속인의 제적등본을 반드시 발급받아 확인해야 합니다.

**가족관계의 등록 등에 관한 법률 부칙(법률 제8435호, 2007. 5. 17.)**

**제3조 (등록부의 작성 등)**

① 이 법 제9조에 따른 등록부는 종전의 「호적법」 제124조의 3에 따라 편제된 전산호적부를 대상으로, 이 법 시행 당시 기록된 사항을 기준으로 하여 그 호적전산자료를 개인별로 구분·작성하는 방법에 따른다.

### 추가서류

**상속인 중 미성년자가 있는 경우**

- 미성년자의 주민등록등본, 주민등록초본, 가족관계증명서(미성년자는 인감증명서 필요 없음)
- 미성년자의 친권자(아버지, 어머니 모두)의 가족관계증명서(상세), 인감증명서(또는 본인서명사실확인서), 인감도장(본인서명사실확인서로 진행할 경우 불필요, 심판청구서에 날인)

**상속인이 피후견인인 경우**

- 후견임을 증명할 수 있는 서류 : 후견등기사항증명서
- 후견감독인이 있는 경우 감독인의 동의서

**재외국민인 경우**

- 주민등록등본 대신 재외국민등록부등본 또는 거주사실확인서(영사관)
- 인감증명서 대신 위임장에 대한민국 영사의 인증이나 서명공증서(처분위임장에 한 서명을 본인이 직접 했다는 취지의 본국 관공서의 증명이나 공증)

**외국인인 경우**

- 주민등록등본 대신 본국 관공서의 주소증명서 또는 주소를 공증한 서면
- 인감증명서 대신 서명공증서(처분위임장에 한 서명을 본인이 직접 했다는 취지의 본국 관공서의 증명이나 공증)
- 대리로 진행할 경우에는 외국 시민권자로부터 받은 처분위임장(상속한정승인 심판청구 관련 처분 권한 일체를 수여)

**특별한정승인의 경우**

앞의 서류와 함께,

- 피상속인의 빚을 나중에 알게 된 사유에 대한 소명 자료(진술서나 기타 증빙 서류)
- 상속재산목록에 기재된 부동산, 자동차 등의 시가에 관한 소명 자료

▶ **한정승인 심판청구서**

# 상속한정승인 심판청구서

**청 구 인(상속인)**

1. 성 명 :
   주민등록번호 : -
   주 소 :
   송 달 장 소 : (전화번호: )
2. 성 명 :
   주민등록번호 : -
   주 소 :
   송 달 장 소 : (전화번호: )

청구인 은(는) 미성년자이므로 법정대리인 부 , 모
(전화번호: )

**사건본인(피상속인)**

성 명 :
주민등록번호 :
사 망 일 자 :
최 후 주 소 :

## 청 구 취 지

청구인(들)이 피상속인 망 의 재산상속을 함에 있어 별지 재산목록을 첨부하여 한 한정승인신고는 이를 수리한다.
라는 심판을 구합니다.

## 청 구 원 인

청구인들은 피상속인의 재산상속인으로서 20 . . . 피상속인의 사망으로 개시된 재산상속에 있어서 청구인들이 상속으로 얻은 별지목록 표시 상속재산의 한도에서 피상속인의 채무를 변제할 조건으로 상속을 승인하고자 이 심판청구에 이른 것입니다.

## 첨 부 서 류

1. **청구인**들의 가족관계증명서, 주민등록등본 각 1통
2. **청구인**들의 인감증명서(또는 본인서명사실확인서) 각 1통

   ※ 청구인이 미성년자인 경우 법정대리인(부모)의 인감증명서를 첨부함
3. **피상속인**의 폐쇄가족관계등록부에 따른 기본증명서, 가족관계증명서 각 1통
4. **피상속인**의 말소된 주민등록등본 1통
5. 가계도(직계비속이 아닌 경우) 1부
6. 상속재산 목록 1부

20 . . .

위 청구인 1. ㉑ (인감 날인)

2. ㉑ (인감 날인)

청구인 은(는) 미성년자이므로

법정대리인 부 ㉑ (인감 날인)

모 ㉑ (인감 날인)

**서울가정법원 귀중**

※ 해당란에 체크☑한 후 내역을 기재하시기 바랍니다. [작성례]

# 상 속 재 산 목 록

## 1. 적극재산(피상속인 소유 재산)

❑ **부동산 :** ☑ 아래와 같이 있음 ☐ 없음(찾지 못함)

1. 서울 광진구 아차산로 00 대지 500㎡
2. 위 지상 3층 건물

이상 시가 : 6억원

3. 서울 광진구 아차산로 ○○아파트 115동 207호 (전용면적 84㎡) 시가 5억원

❑ **금전채권(예금 등) :** ☑ 아래와 같이 있음 ☐ 없음(찾지 못함)

| 금융기관 등 (은행, 임대인 등) | 채권의 종류 (예금, 대여금 등) | 채권액 | 비 고 |
|---|---|---|---|
| 우리은행 | 보통예금 | 4,100,000원 | |
| 김채권 | 대여금 | 1,000,000원 | |
| | | 원 | |

등록번호 : 서울 123가0000 차종(종류) : 카니발 ( 2010 년식) 시가 500만원

❑ **유체동산 등** : ☐ 아래와 같이 있음 ☑ 없음(찾지 못함)

## 2. 소극재산(피상속인의 채무)

☑ 아래와 같이 있음 ☐ 모름(현재까지 파악되지 않음)

| 채권자 (은행, 카드사, 세무서 등) | 채무의 종류 (대출금, 카드대금 등) | 채무액 | 비 고 |
|---|---|---|---|
| 우리카드 | 신용카드이용대금 | 3,000,000원 | |
| 우리은행 | 대출금 | 10,000,230원 | |
| 광진세무서 | 부가가치세 | 123,450원 | |
| 광진구청 | 재산세 | 230,000원 | |
| 김채무 | 대여금 | 100,000,000원 | |

## 3. 기타

## 인감증명서 도용 방지방법

**사례 2** 아버지가 돌아가셔서 한정승인 절차를 진행하기로 했습니다. 동생이 신고에 필요한 서류라면서 제 인감증명서를 달라고 하는데, 왠지 불안합니다. 인감증명서가 꼭 필요한가요? 동생에게 인감증명서를 줘도 될까요?

한정승인 심판청구서를 작성하려면 인감도장과 인감증명서가 꼭 필요합니다. 부채증명서나 잔고증명서를 발급받을 때도 금융기관별로 인감증명서와 위임장을 요구합니다. 그러므로 인감증명서를 여러 장 발급받아놓으면 좋습니다. 인감이 없다면 인감등록 신청은 본인의 주민등록상 주소지의 관할 주민센터에서 해야 합니다. 인감등록이 되어 있다면 인감증명서는 주소지와 관계없이 가까운 시 · 군 · 구청이나 주민센터에서 발급받을 수 있습니다.

만약 인감도장이 없다면 가급적 인감도장을 등록하는 것이 좋습니다. 인감도장 대신 서명을 등록하는 방법도 있는데, 서명으로 인감도장을 대체한 경우 여러 가지 서류와 위임장마다 직접 서명을 해야 해서 굉장히 번거롭습니다.

인감증명서를 줄 때 가장 걱정되는 점은 남의 보증을 서거나 채무를 부담하는 증거로 사용되는 것이 아닐까 하는 불안감입니다. 이때 인감증명서 용도란에 '한정승인 신고용', '금융기관 조회용' 등으로 기재한 후 그 위에 셀로판테이프를 붙이면 됩니다.

▶ **개인인감증명서**(인감증명서 용도란 기재 예시)

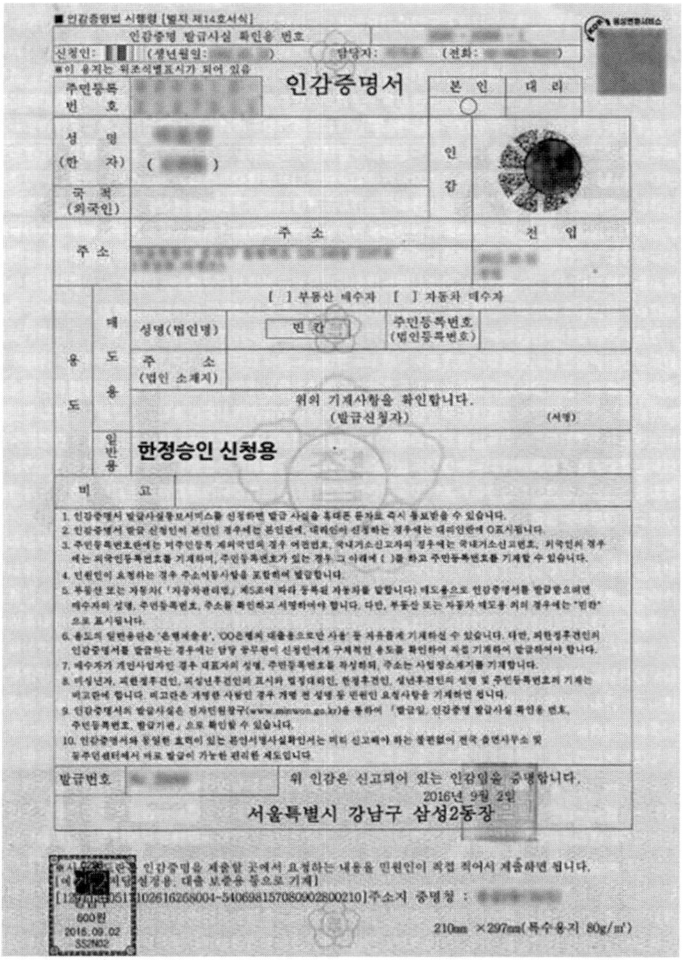

■ 인감증명법 시행령 [별지 제14호서식]

인감증명 발급사실 확인용 번호

신청인: (생년월일: ) 담당자: (전화: )

※이 용지는 위조식별표시가 되어 있음

| | | | |
|---|---|---|---|
| 주민등록 번 호 | | 인감증명서 | 본 인 / 대 리 |
| 성 명 (한 자) | ( ) | 인 감 | |
| 국 적 (외국인) | | | |
| 주 소 | 주 소 | | 전 입 |

| | | | | | |
|---|---|---|---|---|---|
| 용 도 | 매 도 용 | [ ] 부동산 매수자 [ ] 자동차 매수자 | | | |
| | | 성명(법인명) | 빈 칸 | 주민등록번호 (법인등록번호) | |
| | | 주 소 (법인 소재지) | | | |
| | | 위의 기재사항을 확인합니다. (발급신청자) (서명) | | | |
| | 일 반 용 | **한정승인 신청용** | | | |
| 비 고 | | | | | |

1. 인감증명서 발급사실통보서비스를 신청하면 발급 사실을 휴대폰 문자로 즉시 통보받을 수 있습니다.
2. 인감증명서 발급 신청인이 본인인 경우에는 본인란에, 대리인이 신청하는 경우에는 대리인란에 O표시됩니다.
3. 주민등록번호란에는 재외국민의 경우 여권번호, 국내거소신고자의 경우에는 국내거소신고번호, 외국인의 경우에는 외국인등록번호를 기재하며, 주민등록번호가 있는 경우 그 아래에 ( )를 하고 주민등록번호를 기재할 수 있습니다.
4. 민원인이 요청하는 경우 주소이동사항을 포함하여 발급합니다.
5. 부동산 또는 자동차(「자동차관리법」 제5조에 따라 등록된 자동차를 말합니다) 매도용으로 인감증명서를 발급받으려면 매수자의 성명, 주민등록번호, 주소를 확인하고 서명하여야 합니다. 다만, 부동산 또는 자동차 매도용 외의 경우에는 "빈칸"으로 표시됩니다.
6. 용도의 일반용란은 '은행제출용', 'OO은행의 대출용으로만 사용' 등 자유롭게 기재하실 수 있습니다. 다만, 피한정후견인의 인감증명서를 발급하는 경우에는 담당 공무원이 신청인에게 구체적인 용도를 확인하여 직접 기재하여 발급하여야 합니다.
7. 매수자가 개인사업자인 경우 대표자의 성명, 주민등록번호를 작성하되, 주소는 사업장소재지를 기재합니다.
8. 미성년자, 피한정후견인, 피성년후견인의 표시와 법정대리인, 한정후견인, 성년후견인의 성명 및 주민등록번호의 기재는 비고란에 합니다. 비고란은 개명한 사람인 경우 개명 전 성명 등 민원인 요청사항을 기재하면 됩니다.
9. 인감증명서의 발급사실은 전자민원창구(www.minwon.go.kr)을 통하여 「발급일, 인감증명 발급사실 확인용 번호, 주민등록번호, 발급기관」으로 확인할 수 있습니다.
10. 인감증명서와 동일한 효력이 있는 본인서명사실확인서는 미리 신고해야 하는 불편없이 전국 읍면사무소 및 동주민센터에서 바로 발급이 가능한 편리한 제도입니다.

| | | |
|---|---|---|
| 발급번호 | | 위 인감은 신고되어 있는 인감임을 증명합니다. 2016년 9월 2일 |
| 서울특별시 강남구 삼성2동장 | | |

※사용 용도란은 인감증명을 제출할 곳에서 요청하는 내용을 민원인이 직접 적어서 제출하면 됩니다. (예: 한정승인 신청용, 대출 보증용 등으로 기재)

[12 [redacted] 102616268004-5406981570800902800210]주소지 증명청 :

600원 2016.09.02 SS2N02

210mm ×297mm(특수용지 80g/㎡)

# 한정승인신고인

## 상속인

**사례 1** 아버지의 삼촌이 돌아가셨습니다. 유족들이 한정승인신고 절차를 진행한다고 합니다. 그러면 아버지도 한정승인신고를 해야 하는 건가요?

한정승인은 상속인이 하는 것이므로 신고인은 상속인이어야 합니다. 다음 그림의 경우에는 피상속인의 배우자(아내)와 자녀가 상속인이므로 한정승인을 할 수 있습니다. 2순위자는 1순위자가 아무도 없거나 전부 상속포기를 한 경우에만 상속인이 되므로 그 경우에 한정승인이 가능합니다. 마찬가지로 3순위자는 1, 2순위자가 없거나 모두 상속포기를 한 경우, 4순위자는 1, 2, 3순위자가 없거나 모두 상속포기를 한 경우에만 상속인이 되고, 그때

▶ **상속순위**

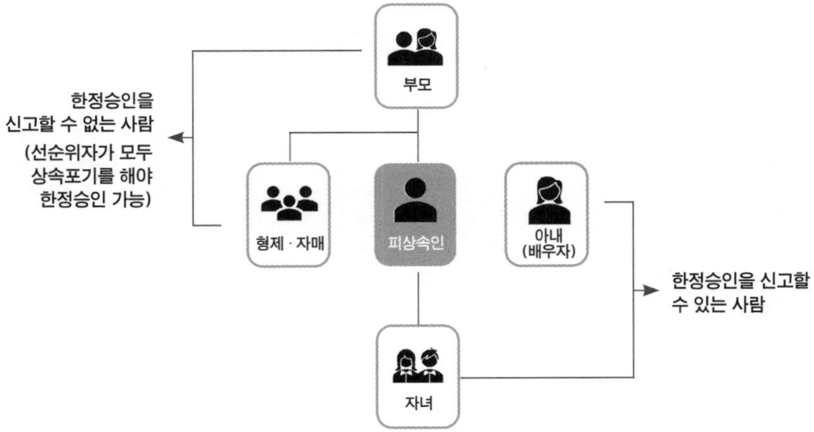


부터 한정승인신고가 가능합니다.

**사례 1**에서 아버지는 삼촌의 법정상속인이 아니므로 한정승인을 신고할 수 없습니다.

### 한정승인신고 자격이 없는 사람

**사례 2** 새아버지가 돌아가셨습니다. 새아버지는 제 친어머니와 10년 전에 재혼하셨는데, 새아버지에게는 아들이 한 명 있습니다. 새아버지가 생전에 빚이 많아 유족들이 한정승인 절차를 진행해야 할 것 같습니다. 제 친어머니와 새아버지의 아들은 한정승인을 해야겠지만 저도 한정승인을 신고해야 하나요?

상속인이 아닌 사람은 한정승인을 신고할 자격이 없습니다. 다음 사람들은 상속인이 아니므로 한정승인을 신고할 수 없습니다. 특히 가까운 사이라고 생각되어 착각하기 쉬운 이혼한 배우자, 며느리, 사위는 대상이 아니라는 점을 유의하기 바랍니다.

- 피상속인의 며느리, 사위.
- 계모자(繼母子) 및 적모서자(嫡母庶子)(1991. 1. 1. 이후). 새어머니가 돌아가셨을 때 전처소생의 자식은 한정승인을 신고할 수 없고 전처소생의 자식이 사망했을 때 새어머니는 한정승인을 신고할 수 없습니다.
- 상속개시 당시 임신하지 않았는데 그후에 태어난 사람. 과학기술의 발달로 정자를 보관하여 남편의 사망 후에도 남편의 아이를 임신하고 출산할 수도 있습니다. 하지만 우리 민법은 아직 이러한 경우까지 상속인으로 규정하고 있지 않습니다.
- 선순위 상속인이 한정승인을 한 후의 후순위 상속인.
- 피상속인보다 먼저 사망한 자녀의 배우자가 피상속인이 사망하기 전에 다른 사람과 재혼한 경우(재혼한 며느리, 사위). 재혼하지 않은 며느리는 대습상속을 받을 수 있습니다. 예를 들어 시아버지가 돌아가시기 전에 남편이 먼저 죽은 후 재혼하지 않고 살고 있다면 남편이 받아야 할 시아버지의 재산을 며느리가 상속받을 수 있습니다. 하지만 며느리가

재혼하면 상속인의 자격이 상실되고 한정승인을 신고할 자격도 없습니다(사위의 경우에도 동일합니다).

- 이혼한 배우자.

### 일부 상속인은 상속포기, 일부 상속인은 한정승인을 할 때

**사례 3** 아버지가 돌아가셨습니다. 상속 절차를 진행하려고 하는데요. 자식인 저와 동생은 상속포기를, 배우자인 어머니는 한정승인을 하려고 합니다. 이렇게 나눠서 하는 것도 가능한가요?

일부 상속인은 상속포기, 일부 상속인은 한정승인을 하는 것도 가능합니다. **사례 3**처럼 자녀들은 상속포기를 하고 배우자는 한정승인을 하는 것도 가능합니다. 실무상 대부분은 상속인 중 한 명만 한정승인 절차를 진행하고 나머지 상속인은 상속포기를 합니다. 이렇게 하면 '상속인 전원이 상속포기를 한 경우와 달리' 후순위 상속인들에게 알려지거나 빚이 승계되지 않습니다.

### 한정승인신고자 중 미성년자가 있을 때

우리나라 민법상 성년은 만 19세입니다. 만 19세가 넘었다면 아직 학생이라 하더라도 성년이기에 부모 · 법정대리인 · 후견인의 의사와 관계없이 한정승인을 독자적으로 신고해야 합니다. 다만 미성년자의 경우 법률은 아직 능력이 부족하다고 보아 법정대리인의 허락에 따라 일정한 행위를 하도록 규정하고 있습니다. 미성년자에게 부모가 있다면 대개 부모가 친권자이자 법정대리인의 자격을 갖습니다. 부모가 없다면 후견인은 법정대리인이 됩니다. 후견인은 규정에 따라 지정되는 경우도 있고, 법원이 선임하는 경우도 있습니다. 다만 미성년자는 다음과 같이 경우를 나누어보아야 합니다.

**부모가 이혼하지 않은 경우**

부모 모두 친권자이자 법정대리인이므로 두 사람의 인감증명서와 인감도장을 첨부하여 한정승인을 신고하면 됩니다. 또한 한정승인을 신고할 때는 미성년자 법정대리인의 자격으로 한정승인을 신고한다는 표시를 명확히 해야 합니다. 청구인란에 다음과 같이 기재합니다.

청구인 3. 김채원(OOOOOO-4OOOOOO)
서울특별시 송파구 양재대로 XXXX
등록기준지 : 서울특별시 강북구 수유동 XXX

청구인 3. 김채원은 미성년자이므로 법정대리인
청구인 3. 김채원은 미성년자이 친권자 부 김OO, 모 이OO

**민법**

**제4조(성년)**

사람은 19세로 성년에 이르게 된다.

**제5조(미성년자의 능력)**

① 미성년자가 법률행위를 함에는 법정대리인의 동의를 얻어야 한다. 그러나 권리만을 얻거나 의무만을 면하는 행위는 그러하지 아니하다.

② 전항의 규정에 위반한 행위는 취소할 수 있다.

**부모가 이혼한 경우**

우선 미성년자의 기본관계증명서와 가족관계증명서를 확인해야 합니다. 증명서는 주민센터나 시 · 군 · 구청에서 발급받을 수 있습니다. 해당 서류에 친권자로 표기된 사람이 법정대리인이 되며 법정대리인이 한정승인을 신고하면 됩니다. 만약 부모가 이혼했는데 공동친권자로 지정되어 있으면 두 사람 모두의 인감증명서와 인감도장을 첨부하여 한정승인을 신고해야 합니다.

**특별대리인이 필요한 경우**

미성년자는 상속포기를 하고 부모(또는 법정대리인)는 그대로 상속받을 때, 부모(또는 법정대리인)는 상속포기를 하거나 한정승인을 하고 미성년자는 그대로 상속받을 때는 부모(또는 법정대리인)가 미성년자에게 빚을 떠넘기거나 미성년자의 재산을 모두 가로챌 수 있는 상황이 발생합니다. 이를 법률 용어로 '이해상반행위'라고 합니다. 이러한 경우에는 법원에 특별대리인을 선임해달라고 요청하여 법원이 선임한 특별대리인이 미성년자를 대리해야 합니다. 그런데 제한능력자와 그 부모(또는 법정대리인)를 포함한 공동상속인 전원이 함께 상속포기를 신고하는 경우에는 특별대리인을 선임할 필요가 없습니다. 전원이 상속포기를 신고하면 부모(또는 법정대리인)에게만 이득이 되고 미성년자에게는 해가 되기 어렵기 때문입니다.

민법은 미성년자, 피성년후견인, 피한정후견인, 피특정후견인을 제한능력자로 규정하고 있습니다. 이 제한능력자의 후견인이나 법정대리인에게는 모두 이해상반 규정이 적용되어 경우에 따라 특별대리인을 선임해야 하는 문제가 동일하게 발생합니다.

**민법**

**제921조(친권자와 그 자간 또는 수인의 자간의 이해상반행위)**

① 법정대리인인 친권자와 그 자사이에 이해상반되는 행위를 함에는 친권자는 법원에 그 자의 특별대리인의 선임을 청구하여야 한다.

② 법정대리인인 친권자가 그 친권에 따르는 수인의 자 사이

에 이해상반되는 행위를 함에는 법원에 그 자 일방의 특별대리인의 선임을 청구하여야 한다.

**친권자가 모두 사망한 경우**

친권자가 사망한 미성년자라도 이미 후견인이나 법정대리인이 지정되어 있다면 후견인이나 법정대리인의 인감증명서, 인감도장, 대리권을 증명할 서류를 함께 제출하여 한정승인 절차를 진행하면 됩니다. 후견인이나 법정대리인이 지정되어 있지 않다면 법원에 후견인 지정신청을 합니다. 법원에 신청서를 제출하면 법원이 친족 중에서 선임하거나 적당한 친족이 없으면 인력 풀에서 선임합니다. 경우에 따라 특별대리인을 선정해야 할 수도 있습니다.

▶ **특별대리인선임 심판청구서**(한정승인)

# 특별대리인선임 심판청구서

(이해상반)

**청 구 인**

성　　　명　　　　　　☎
주민등록번호
등록기준지
주　　　소

**사건본인**

성　　　명　1.　　　　　2.
주민등록번호
등록기준지
주　　　소

## 청 구 취 지

청구외 망　　　　의 공동상속인인 사건본인(들)의 상속재산포기 신청을 위하여
사건본인1.의 특별대리인으로 (성명 :　　　, 주민등록번호 :　　　　　　,
주소 :　　　　　　　　　　　　　　　　　　　　)를,
사건본인2.의 특별대리인으로 (성명 :　　　, 주민등록번호 :　　　　　　,
주소 :　　　　　　　　　　　　　　　　　　)를 선임한다.
라는 심판을 구합니다.

## 청 구 원 인

청구외 망 의 사망으로 인하여 청구인과 사건본인들은 공동상속인인 바 사건본인(들)만의 상속재산포기는 청구인과 사건본인들 간에 이해가 상반되므로 사건본인(들)을 위한 특별대리인으로 1. ( 관계 : ), 2. (관계 : )를 각 선임 받고자 본 청구에 이른 것입니다.

## 첨 부 서 류

1. 청구인의 가족관계증명서, 주민등록등본 각 1통
1. 사건본인의 기본증명서, 가족관계증명서, 주민등록등본 각 1통
1. 특별대리인의 가족관계증명서, 주민등록등본 각 1통
1.폐쇄가족관계등록부에 따른 기본증명서, 가족관계증명서 각 1통

(2008. 1. 1. 전에 피상속인이 사망한 경우에는 제적등본을 제출하여 주시기 바랍니다. )

20 . . .

청구인 ㊞

**서울가정법원 귀중**

### 한정승인신고자 중 피후견인이 있을 때

후견인이 피후견인을 대리하여 상속의 승인, 한정승인을 할 경우 후견감독인이 있다면 그의 동의를 받아야 합니다.

**민법**

**제950조(후견감독인의 동의를 필요로 하는 행위)**

① 후견인이 피후견인을 대리하여 다음 각 호의 어느 하나에 해당하는 행위를 하거나 미성년자의 다음 각 호의 어느 하나에 해당하는 행위에 동의를 할 때는 후견감독인이 있으면 그의 동의를 받아야 한다.

6. 상속의 승인, 한정승인 또는 포기 및 상속재산의 분할에 관한 협의

### 한정승인을 같이 진행하기 어려울 때

**사례 4** 아버지가 돌아가셨는데, 빚이 많아서 한정승인을 해야 할 상황입니다. 아버지의 상속인은 저와 동생이 있는데, 동생은 5년째 연락이 되지 않습니다. 저 혼자 한정승인을 진행할 수 있을까요?

상속 절차는 공동상속인이 함께 진행하는 것이 여러모로 편합니다. 하지만 일부 상속인이 해외에 있거나 연락이 두절된 경우, 상속인들 간의 관계가 원만하지 않는 경우 등 함께 절차를 진행하기 어려운 상황이 있을 수 있습니다. 이때는 상속인별로 각자 한정승인을 신청하기도 합니다.

### 일부 상속인이 연락이 안 될 경우

이때에는 한정승인 절차를 진행하기가 번거롭습니다. 한정승인 후의 분배 절차가 까다로워질뿐더러 자동차, 부동산 등을 처리하기도 쉽지 않습니다. 이 경우 해법은 간단합니다. 한정승인의 불편함을 감수하고서라도 특별히 지켜야 할 재산이 있다면 한정승인 절차를 그대로 진행해야 합니다. 그러나 빚이 상속재산보다 많다면 상속포기를 하는 편이 좋습니다.

### 상속인들이 따로따로 한정승인을 신고할 경우

상속인들이 사이가 좋지 않아 각자 한정승인을 신고하는 경우가 있습니다. 각자의 한정승인 심판청구서에 재산목록이 같으면 아무 문제가 없지만 재산목록에 기재된 채권 · 채무 내역이 다를 수가 있습니다. 예를 들어 형이 작성한 재산목록에는 적극재산에 금전채권 금액이 기재되어 있고, 동생의 재산목록에는 없다고 가정해봅시다. 이때 각자 자신들이 파악한 범위 내에서 상속재산과 상속채무를 기재하여 한정승인을 받았다면, 채권목록이 서로 다르다고 해서 무효가 되지는 않습니다. 특히 사망자 등 재산 조회 통합 처리 서비스(구 원스톱 서비스)에서 상속재산 조회를 한 후 이를 토대로 재산목록을 작성한 경우 아무 문제가 되지 않으므로 걱정하지 않아도 됩니다.

명심해야 할 점은 재산목록에서 상속재산을 일부러 누락하면 절대 안 된다는 사실입니다. 몰랐거나 실수로 누락한 것은 '일부러' 누락한 것이 아니므로 문제가 되지 않습니다. 법원에서는 대체로 채권자가 별도로 통지하지 않았고 상속재산 조회에도 나오지 않았다면 몰랐던 것으로 인정해줍니다. 그리고 적은 금액의 차이(대략 전체 상속액의 1퍼센트에서 2퍼센트 정도)를 실수로 빠뜨렸다고 해서 법원에서 한정승인을 무효로 보지는 않습니다.

### 일부 상속인이 교도소 또는 구치소 수용중일 경우

일부 상속인이 교도소나 구치소에 수감되어 활동이 자유롭지 못한 경우가 있습니다. 이때는 상속인이 수용된 해당 교도소나 구치소에 가서 재감인증명서와 더불어 위임장을 받아 대리인이 한정승인 심판청구서를 법원에 제출하면 됩니다. 물론 수용자 본인이 교도소나 구치소 안에서 직접 처리하는 것도 가능합니다. 이는 해당 교도소나 구치소에 문의해야 합니다.

**일부 상속인은 한정승인, 일부 상속인은 단순승인을 할 경우**

재산보다 빚이 많으면 대부분 한정승인이나 상속포기를 하므로 일부 상속인이 단순승인을 하는 경우는 거의 발생하지 않습니다. 따라서 그 선례를 찾기 어려워서 단정적으로 말하기 어렵습니다. 일부 민법학자가 논의하고 있는데, 그 견해를 살펴보면 다음과 같습니다.

공동상속인 중에 한정승인신고인이 한 사람이라도 있는 경우 상속재산 전부를 공동상속인 전원이 한정승인을 한 것처럼 청산 절차를 진행해야 한다고 보는 견해입니다. 청산 절차에 따라 채권자 배당을 마치고 나서 상속채무가 남아 있을 때는 그 상속채무를 각 공동상속인의 상속분의 비율로 분할하고 단순승인을 한 사람만이 그와 같이 할당된 채무를 자기의 고유재산으로 변제해야 한다는 것입니다(곽윤직, 『상속법』 제317면 요약).

이러한 견해를 따를 경우, 예를 들어 갑이 사망하면서 상속인 A, B, C에게 3500만 원의 빚과 500만 원의 재산을 남겼습니다. 이때 A는 한정승인을 하고 B와 C는 단순승인을 했습니다. 한정승인 절차를 통해 먼저 갑의 채권자들에게 500만 원을 배당합니다. 그래도 여전히 3000만 원의 채무가 남는데, 원래 A가 갚아야 할 몫인 1000만 원을 제외한 나머지 2000만 원은 B와 C에게 분할채무로 귀속됩니다. 즉 B와 C는 갑의 채권자에게 각각 1000만 원씩 갚아야 하지만 A는 (한정승인을 했기 때문에) 자신이 원래 갚아야 할 몫인 1000만 원을 갚지 않아도 된다는 결론이 됩니다.

### 다른 사람에게 맡겨서 처리하고 싶을 때

**사례 5** 한정승인을 신고해야 하는데, 시간을 내기 어렵습니다. 변호사 사무실에 맡겨서 진행하고 싶은데, 특별한 절차가 있나요?

본인이 시간이 없거나 여러 사정 때문에 직접 신고하기 곤란한 경우 한정승인 절차를 다른 사람에게 맡겨서 진행해도 상관없습니다. 아버지가 아들에게 위임할 수도 있고 변호사 사무실에 맡겨서 처리하는 방법도 있습니다. 필요 서류만 잘 갖추면 아무 문제 없습니다. 모든 것을 위임한 아버지를 대신하여 아들이 한정승인 절차를 밟으려 한다면 아버지의 기본 신분 서류인 기본증명서, 가족관계증명서, 주민등록등본, 주민등록초본, 인감도장, 인감증명서, 위임장이 필요합니다.

한정승인은 절차가 복잡하여 변호사 사무실에 맡겨서 처리하면 이후에는 신경쓰지 않아도 됩니다. 이 경우에도 앞서 말한 기본 서류가 필요합니다.

▶ **위임장 서식**(일반 서식)

# 위 임 장

**대 리 인**

성 명 :

주 소 :

위 사람을 대리인으로 정하고 다음의 권한을 위임합니다.

**다 음**

1. 상속한정승인과 관련한 신청서의 작성 및 제출에 대한 일체의 행위
2. 위 사항에 부수하는 일체의 행위

**첨 부 서 류**

1. 인감증명서

20 . . .

위임인 (인)

▶ **위임장 서식**(변호사 사무실 서식)

# 소 송 위 임 장

| | | |
|---|---|---|
| 사　　건 | 상속 한정승인 심판청구 | |
| 당 사 자 | 청구인 | |
| | 피상속인 | 망 |

위 사건에 관하여 **청구인** 은 다음 표시 수임인을 대리인으로 선임하고,
다음 표시 권한을 수여한다.

| | | |
|---|---|---|
| 수 임 인 | ○○ 법률사무소 | 변호사 ○○○, ○○○<br>서울 광진구 아차산로 000<br>전화 : 02) 000-0000<br>팩스 : 02) 000-0000 |
| 수권사항 | 1. 모든 소송행위<br>1. 한정승인심판청구 신청 및 관련 소송행위<br>1. 상속포기심판청구 신청 및 관련 소송행위<br>1. 심판의 취하<br>1. 복대리인의 선임<br>1. 상소의 제기 또는 그 취하에 관한 사항 | |

| 20 . . . | | | | 수임인 확인 |
|---|---|---|---|---|
| 순번 | 위임인 | 주민번호 | (인) | |
| 1 | | | | |
| 2 | | | | 변호사회경유 |
| 3 | | | | |
| 4 | | | | |
| 5 | | | | |

**서울가정법원 귀중**

### 해외거주자일 때

**사례 6** 미국으로 이민을 와 거주하고 있습니다. 한국에서 아버지가 돌아가셨다는 소식을 들었습니다. 아버지가 많은 빚을 지고 돌아가셔서 다른 형제들은 한정승인 절차를 진행한다고 합니다. 저도 다른 형제들과 같이 한정승인을 진행하고 싶습니다. 어떻게 해야 할까요?

해외에 거주할 경우 한정승인을 진행할 때 여러 가지로 불편한 점이 많습니다. 가장 골치 아픈 점은 서류를 송달받기 어렵다는 것입니다. 금융기관 등에서 상속인에게 소송을 제기하거나 우편물을 보낼 때 상속인 본인은 외국에 있어도 한국에 등록된 주소지가 있다면 그곳으로 우편물을 보냅니다. 그리고 소송의 경우 공시송달[4]되는 경우도 있고, 답변서 제출 기간을 어기게 되는 때도 있습니다. 한정승인을 신고하더라도 채권자 통지, 신문 공고, 배당 절차를 직접 진행해야 하는데, 이것 또한 해외에 있는 사람이 진행하기 어렵습니다. 그중 가장 문제가 되는 것은 소송이 공시송달로 진행되어 본인도 모르게 소송에 패소하는 경우입니다.

4) 서류를 송달받을 자의 주소를 알 수 없는 경우에 하는 송달방법입니다. 법원이 송달할 서류를 보관해두었다가 당사자가 나타나면 언제라도 교부할 수 있다는 뜻을 법원 게시판에 게시하는 방식으로 이루어지며, 게시한 후에 일정 시간이 지나면 상대방이 송달받은 것으로 보는 방식으로 이루어집니다.

금융기관 또는 일반채권자가 상속인에게 소송을 제기하는 경우가 많은데, 제때 답변서를 내지 않거나 국내에 주소가 없어 공시송달로 진행되면 상속인에게 패소 판결이 선고됩니다. 그 결과 귀국했을 때 본인 명의의 부동산이나 계좌가 압류되어 있는 경우도 종종 있습니다. 이러한 골치 아픈 일을 막기 위해 가능하면 한국에 있는 변호사 또는 가족에게 모든 사항을 위임하여 처리하는 것이 좋습니다.

필요한 서류는 '한정승인 필요 서류' 부분을 참조하기 바랍니다.

# 한정승인신고 기간과 연장 청구방법

**사례 1** 삼촌이 돌아가시고 1순위 상속인인 삼촌의 자식들이 상속포기를 했습니다. 그런데 후순위 상속인인 저희에게 상속포기 사실을 알리지 않았습니다. 삼촌이 돌아가신 지 6개월이 지나서 저에게 삼촌의 채권자로부터 소장이 송달되었습니다. 피상속인 사망 후 6개월이 지났는데, 한정승인이 가능할까요?

## 한정승인신고 기간

### 상속개시 있음을 안 날로부터 3개월

상속개시의 원인이 되는 사실의 발생을 알고 이로써 본인이 상속인이 되었음을 안 날(피상속인의 사망 또는 사망 간주)로부터 3개월 이내에 한정승인을 신고해야 합니다. 이 기간은 신고 기간이지 처리 완료 기간이 아닙니다. 3개월 이내에 접수만 하고 부족한 서류는 추후 정정 또는 보정하면 됩니다.

다만 상속인이 제한능력자(미성년자, 피성년후견인, 피한정후견인, 피특정후견)일 경우에는 법정대리인이 상속개시 있음을 안 날, 즉 피상속인이 사망하여 제한능력자가 상속인이 된 사실을 법정대리인이 안 날로부터 3개월 이내에 한정승인을 신고해야 합니다(민법 제1020조).

공동상속인이 있는 경우에는 공동상속인별로 자기를 위한 상속개시가 있었다는 사실을 안 때로부터 개별적으로 3개월의 고려 기간이 진행됩니다.

현행법에 따르면 상속채무가 상속재산을 초과하는데도 법정대리인이 단순승인을 하거나 상속개시 있음을 안 날로부터 3개월 내에 한정승인 또는 상속포기를 하지 않아 단순승인한 것으로 간주되는 경우 미성년 상속인에게 상속채무가 전부 승계됩니다.

이에 미성년자가 부모가 남긴 빚을 떠안아 신용불량자가 되거나 성년이 되어서도 빚에 시달려 정상적인 경제생활을 할 수 없는 사례가 발생하고 있습니다. 이와 관련하여 입법 예고된 민법 개정안은 다음과 같습니다.

**민법 일부 개정 법률안**

**제1019조에 제4항을 다음과 같이 신설한다.**

④ 제1항에서 정한 기간 만료 당시 미성년자인 상속인은 제

1항에 따른 단순승인(제1026조 제1호 및 제2호 규정에 의하여 단순승인한 것으로 보는 경우를 포함한다)이 이루어진 경우에도 성년이 된 후 다음 각 호의 구분에 따라 한정승인을 할 수 있다.

1. 성년이 되기 전에 상속채무가 상속재산을 초과하는 사실을 안 경우에는 성년이 된 날부터 6월내
2. 성년이 된 후 상속채무가 상속재산을 초과하는 사실을 안 경우에는 그 사실을 안 날부터 6월내

**제1030조** 제1항 중 "제1019조 제1항 또는 제3항"을 "제1019조 제1항, 제3항 및 제4항"으로 하고, 같은 조 제2항 중 "제1019조 제3항"을 "제1019조 제3항 또는 제4항"으로 한다.

**제1034조** 제2항 본문 중 "제1019조 제3항"을 "제1019조 제3항 또는 제4항"으로 한다.

**제1038조** 제2항 후단 중 "제1019조 제3항"을 "제1019조 제3항 또는 제4항"으로 한다.

**부칙**

**제1조(시행일)**

이 법은 공포한 날부터 시행한다.

**제2조(경과조치)**

① 제1019조 제4항의 개정규정은 이 법 시행 전에 상속이 개시된 경우에도 적용한다.

② 이 법 시행 당시 제1019조 제4항의 개정규정의 기간이 이미 진행 중인 상속인에 대하여는 이 법 시행일부터 제1019조 제4항의 개정규정의 기간이 기산하는 것으로 본다.

**'상속개시 있음을 안 날'의 의미**

신고 기간의 기산점인 '상속개시 있음을 안 날'은 상속개시의 원인이 되는 사실(피상속인의 사망 또는 사망 간주)의 발생을 알고, 또 이로써 본인이 상속인이 되었음을 안 날을 말합니다. 법원은 피상속인의 사망으로 상속이 개시되고 상속의 순위나 자격을 인식하는 데 별다른 어려움이 없는 통상적인 상속의 경우에는 상속인이 상속개시의 원인 사실을 앎으로써 그가 상속인이 된 사실까지도 알았다고 보고 있습니다(대법원 2005. 7. 22. 선고 2003다43681 판결). 즉 아들이 아버지가 돌아가신 사실을 알았다면 자신이 상속인이 된 사실을 알았다고 보아야 하며 그때부터 3개월 이내에 한정승인을 신고해야 합니다.

또한 상속인이 상속재산 또는 상속채무의 존재를 알아야만 3개월의 고려 기간이 진행되는 것은 아닙니다(대법원 1991. 6. 11. 자 91스1 결정).

만약 상속인(1차 상속인)이 상속개시 있음을 안 날로부터 3개월 이내에 한정승인이나 상속포기를 하지 않고 사망한 때는 사망한 상속인의 상속인(2차 상속인)이 본인의 상속개시 있음을 안 날로부터 3개월 이내에 한정승인을 신고해야 합니다(민법 제1021조). 이 기간이 지난 이후에는 본인이 책임질 수 없는 사유로 그 기간을 준수하지 못했더라도 나중에 보완될 수 없습니다.

**대법원 2013.6.14. 선고 2013다15869 판결**

민법 제1019조 제1항은 상속인은 상속이 개시되었음을 안 날로부터 3월 내에 상속포기를 할 수 있다고 규정하고 있는 바, 여기서 상속이 개시되었음을 안 날이라 함은 상속개시의 원인이 되는 사실의 발생을 알고 이로써 자기가 상속인이 되었음을 안 날을 뜻한다.

**대법원 2003. 8. 11. 자 2003스32 결정**

민법 제1019조 제3항의 기간은 한정승인신고의 가능성을 언제까지나 남겨둠으로써 당사자 사이에 일어나는 법적 불안상태를 막기 위하여 마련한 제척기간이고, 경과규정인 개정 민법(2002. 1. 14. 법률 제6591호) 부칙 제3항 소정의 기간도 제척기간이라 할 것이며, 한편 제척기간은 불변기간이 아니어서 그 기간을 지난 후에는 당사자가 책임질 수 없는 사유로 그 기간을 준수하지 못하였더라도 추후에 보완될 수 없다.

다만 대법원은 '법률의 착오'로 본인이 상속인이 된 사실을 알지 못한 경우에 예외적으로 한정승인, 상속포기 기간이 진행되지 않는다고 보고 있습니다. 이와 관련해서는 2장의 '상속포기 기간'을 참조하기 바랍니다. 다만 이러한 상황은 매우 예외적인 사례이기 때문에 한정승인신고 기간을 넘기지 않도록 주의하는 것이 중요합니다.

**민법**

**제1019조(승인, 포기의 기간)**

① 상속인은 상속개시 있음을 안 날로부터 3월 내에 단순승인이나 한정승인 또는 포기를 할 수 있다. 그러나 그 기간은 이해관계인 또는 검사의 청구에 의하여 가정법원이 이를 연장할 수 있다.

**제1020조(제한능력자의 승인·포기의 기간)**

상속인이 제한능력자인 경우에는 제1019조 제1항의 기간은 그의 친권자 또는 후견인이 상속이 개시된 것을 안 날부터 기산(起算)한다.

**제1021조(승인, 포기기간의 계산에 관한 특칙)**

상속인이 승인이나 포기를 하지 아니하고 제1019조 제1항의 기간 내에 사망한 때에는 그의 상속인이 그 자기의 상속개시있음을 안 날로부터 제1019조 제1항의 기간을 기산한다.

### 한정승인신고 기간 연장 청구

그 밖에도 상속재산 규모나 채무 파악에 시간이 많이 소요되면 법원에 한정승인 기간 연장 허가 심판청구를 할 수 있습니다(민법 제1019조 제1항 단서). 연장 허가청구 역시 사망일로부터 3개월 이내에 해야 합니다. 연장 허가를 청구할 수 있는 사람은 이해관계인이나 검사입니다. 이해관계인은 한정승인을 신고할 상속인과 법정대리인, 공동상속인, 상속채권자, 상속인의 채권자, 다음 순위의 상속인을 말합니다.

선순위 상속인이 상속포기를 한 경우 원칙적으로 후순위 상속인들의 한정승인신고 기간은 선순위 상속인들이 상속포기를 신고한 후 결정문을 통지받고 이 사실을 후순위 상속인에게 알린 날로부터 3개월 이내입니다. 만약 선순위 상속인으로부터 연락을 받지 못한 상태에서 채권자들의 소장을 받았다면 그 소장을 받아 상속인이 된 사실을 안 날로부터 3개월로 산정합니다.

채권자들로부터 소장을 송달받은 후순위 상속인은 이 소송에서 한정승인신고서를 법원에 제출하면서 신고가 수리될 때까지 변론 기일 연기 신청을 하면 됩니다. 만약 한정승인신고 절차가 종료되기 전에 소송이 종결되었다면 '청구이의의 소'를 통해 해결할 수 있습니다.

▶ **상속포기**(한정승인) **기간 연장 허가 심판청구서**

# 상속포기(한정승인) 기간 연장 허가 심판청구서

**청 구 인(상속인)** (☎ : )

1. 성 명 :
   주민등록번호 :
   주 소 :
   송 달 장 소 :
2. 성 명 :
   주민등록번호 :
   주 소 :
   송 달 장 소 :

청구인 은(는) 미성년자이므로 법정대리인 부
모

**사건본인(피상속인)**

성 명 :
주민등록번호 :
사 망 일 자 :
최 후 주 소 :

## 청 구 취 지

청구인(들)이 피상속인 망 상속에 관하여 상속의 승인 또는 포기를 하는 기간 을 20 년 월 일까지 개월간 연장함을 허가한다.
라는 심판을 구합니다.

## 청 구 원 인

피상속인의 사망으로 청구인들에게 상속이 개시되었으나, 상속재산이 여러 곳에 산재되어 상속재산의 전체 규모와 내용을 파악하는 데 상당한 기간이 필요하고 승계할 채무액도 상속액을 초과할 것이 예상되는 등 숙려 기간 3개월 내에 상속포기(한정승인) 청구를 할 수 없으므로 상속승인 기간 연장 허가를 청구하게 되었습니다.

## 첨 부 서 류

| | |
|---|---|
| 1. 청구인(들)의 가족관계증명서, 주민등록표등(초)본 | 각 1통 |
| 1. 청구인(들)의 인감증명서(또는 본인서명사실확인서) | 각 1통 |
| * 청구인이 미성년자인 경우 법정대리인(부모)의 인감증명서 | |
| 1. 피상속인의 폐쇄가족관계등록부에 따른 기본증명서, 가족관계증명서 | 각 1통 |
| 1. 피상속인의 말소된 주민등록표등(초)본 | 1통 |
| 1. 가계도(직계비속이 아닌 경우) | 1부 |

20 . . .

청구인 1. (인감날인)

2. (인감날인)

3. (인감날인)

청구인 은(는) 미성년자이므로

법정대리인 부 : (인감날인)

모 : (인감날인)

**서울가정법원 귀중**

# 한정승인 접수방법

### 상속인들이 함께 한정승인을 신고할 때

한정승인 심판청구서에 이미 상속인 전원의 인감도장을 찍었기 때문에 상속인 전원이 함께 법원에 가서 심판청구서를 접수할 필요는 없습니다. 상속인 중 한 명이나 변호사를 통해 접수하면 됩니다. 상속인 중 한 명이 접수할 때는 별도의 위임장도 필요 없습니다. 다만 상속인이 아닌 자나 변호사가 접수할 때는 위임장이 필요합니다.

### 다른 상속인이 이미 한정승인을 신고했을 때

**사례 1** 아버지가 많은 빚을 남기고 돌아가셨습니다. 아버지의 상속인으로는 저와 형이 있습니다. 저와 형은 사이가 좋지 않아 연락하지 않고 있습니다. 그런데 형이 저와 상의 없이 한정승인을 신고한 사실을 알게 되었습니다. 저도 형과 별도로 한정승인을 신고할 수 있을까요?

다른 상속인이 이미 한정승인을 신고한 이후 별도로 한정승인을 진행하고 싶다면 새로 한정승인 심판청구서를 작성해야 합니다. 기존의 한정승인신고에 청구인을 추가할 수 없습니다. 이미 다른 상속인들이 한정승인을 신고하면서 재산목록을 제출했더라도 새로 신고하는 상속인은 별도로 재산목록을 제출해야 합니다. 기존 상속인의 사건 번호만 적는 것으로는 재산목록 제출로 인정되지 않습니다.

문제는 따로 한정승인을 신고하면서 서로 재산목록에 기재한 재산이 다른 경우입니다. 한쪽은 신고했는데 다른 한쪽은 신고하지 않은 재산이 있다면 고의로 누락한 것처럼 보일 수도 있기 때문입니다. 따라서 서로 논의하여 불이익이 없도록 가급적 함께 신고하는 편이 좋습니다. 이와 관련하여 자세한 내용은 앞서 설명한 '한정승인신고인'의 '상속인들이 따로따로 한정승인을 신고할 경우'를 참조하기 바랍니다.

**보정명령을 받았을 때**

한정승인 심판청구서를 제출했는데, 법원으로부터 보정명령을 받는 경우가 있습니다. 보정명령은 쉽게 말하면 서류에 미비한 점이 있으니 보충하라는 것입니다. 겁을 내거나 어렵게 생각할 필요 없이 보정명령을 잘 살펴보고 필요한 사항을 보충하여 제출하면 됩니다.

### 첨부 서류의 보완

가족관계증명서 등 첨부 서류를 보완해야 할 때는 해당 서류를 보완하면 됩니다. 해당 서류의 명의자가 아니어서 직접 발급을 받기 어려운 서류라면 보정명령서를 갖고 주민센터나 시 · 군 · 구청에 가면 해당 서류를 발급받을 수 있습니다(단, 구청에서 발급받을 수 있는 가족관계증명서, 주민등록부등본 등의 서류를 말합니다. 인감증명서는 발급되지 않습니다).

### 재산목록의 보완

일반한정승인은 보통 재산목록에 문제가 있어 보정명령을 내리는 경우가 많습니다. 보통은 사망자 등 재산 조회 통합 처리 서비스 조회의 금융기관 조회 내역에 따라 금융기관에 방문하여 부채증명서를 받고 이에 따라 재산목록을 보완하면 됩니다. 상속인이 알지 못하고 조회해도 나오지 않는 적극재산은 '없음'으로 기재해야 합니다. '모름'이라고 기재하면 안 됩니다. 반대로 확인되지 않는 소극재산이 있다면 '모름'이라고 기재해야 하고 '없음'이라고 기재하면 안 됩니다. 적극재산은 금전적 가치가 있는 플러

## ▶ 보정명령(예시)

서 울 가 정 법 원

보 정 명 령

사　　건　　2021느단　　상속한정승인
청 구 인
사 건 본 인

청구인은 이 명령의 보정기한까지 다음 사항을 보정하시기 바랍니다.
보정기한: 송달받은 날로부터 30일 이내

**다　　음**

상속재산목록의 적극재산에 기재한 국민은행 예금액과 소명자료상의 금액이 서로 다릅니다. 상속재산목록에 정확한 금액을 기재하고, 소명자료를 다시 제출하시기 바랍니다 (거래날짜 보이도록 제출 요함).

2021. 5. 14.

사법보좌관

※ 이 사건에 관하여 제출하는 서면에는 사건번호(2021느단 )를 기재하시기 바랍니다.
※ 위 기한 안에 보정하지 아니하면 소장이 각하될 수 있습니다(가사소송법 제12조, 민사소송법 제254조 제1항, 제2항).
※ 법원에 가사소송, 가사비송, 가사신청사건 등을 접수할 경우에는 통상 주민등록등초본, 가족관계증명서 등을 필수서류로 제출하여야 합니다. 법원으로부터 가족관계증명서 등 서류를 제출하라는 보정명령을 받은 경우, 시·

스 재산을, 소극재산은 빚, 즉 마이너스 재산을 말합니다.

### 특별한정승인일 때

일반한정승인은 적극재산보다 소극재산이 많다는 증명이 없어도 기각되지 않습니다. 그러나 특별한정승인은 적극재산보다 소극재산이 많다는 점이 증명되어야 합니다. 이 부분을 잘 확인하여 한정승인이 기각되지 않도록 해야 합니다.

### 상속포기를 한정승인으로 변경할 때

이미 상속포기를 신고했는데 한정승인으로 전환하고 싶다면 상속이 개시된 날로부터 3개월 이내에 해야 하고 상속포기 수리결정이 나오기 전이라면 상속포기를 취하하고 한정승인을 신고하면 됩니다.

하지만 3개월이 이미 지났다면 상속포기를 취하해도 한정승인을 신고할 수 없습니다. 이 경우 상속포기신고를 한정승인신고로 변경 또는 정정하는 신청을 고려해볼 수 있는데, 이러한 신고를 법원이 받아줄 것인지, 받아준다면 그 효력이 유효하게 인정될지는 불분명합니다.

4장

# 재산 조회와 재산 보존

# 재산 조회는 어떻게 해야 할까?

**사례 1** 아버지가 돌아가셨는데, 아버지의 재산 내역에 대해 전혀 알 수가 없습니다. 제가 알기로는 생전에 보험도 좀 들어놓으신 것이 있고, 노후를 대비한 적금도 있습니다. 아버지의 통장 내역을 확인하려면 어떻게 해야 하나요?

재벌처럼 특별하게 재산이 많은 경우가 아니라도 보통 상속인들이 돌아가신 분의 재산 내역을 전부 알기는 어렵습니다. 그래서 상속인들이 피상속인의 재산 내역, 세금, 국민연금 등을 공식적으로 알아볼 방법이 필요하다는 요구가 지속적으로 제기되어 왔습니다. 이에 행정안전부는 2015년 '정부 3.0 안심 상속 원스톱 서비스'를 거쳐 현재 '사망자 및 피후견인 등 재산 조회 통합 처리 신청(안심 상속)'이라는 이름으로 운영하고 있습니다. 이 제도는 점점 확대되어 사실상 거의 모든 상속 관련 재산의 조회가 가능합니다. 실제로 조회가 가능한 목록은 정부24 홈페이지에서 확인하기 바랍니다.

그 밖에도 피상속인이 소송을 진행하다가 사망할 경우가 있습니다. 이때 관련 채권·채무도 재산목록에 기재해야 하는데, 피상속인과 관련한 소송 조회는 법원의 코트넷이라는 전산망에서 가능합니다(일반 사망자 재산 조회 서비스에는 나오지 않습니다).

온라인으로는 조회할 수 없으며 법원에서 본인이 상속인임을 증명한 후에 조회할 수 있습니다. 법원 코트넷의 사건 검색은 단순한 민사 소송뿐 아니라 지급명령, 전자 독촉, 민사 집행, 경매, 압류 추심 등 피상속인의 전국의 모든 민사에 관한 사건을 전부 검색하여 출력해줍니다.

**사망자 및 피후견인 등 재산조회 통합처리에 관한 기준**

**(행정안전부예규)**

**제1조(목적)**

이 기준은 사망자, 실종선고자, 피성년후견인, 피한정후견인의 금융·국세·지방세·국민연금·공무원연금·사립학교교직원연금·군인연금·건설근로자퇴직공제금·자동차·토지·건축물 등 재산조회를 통합처리하는 절차와 세부 사항을 정하는 것을 목적으로 한다.

▶ 사망자 등 재산 조회 통합 처리 서비스

정부24

Home 서비스 사망자 등 재산조회 통합처리 신청(안심상속)

## 사망자 등 재산조회 통합처리 신청(안심상속)

최종수정일 2021.06.24 소관기관 행정안전부 정부혁신조직실 공공서비스정책관 공공서비스혁신과

상속인(또는 후견인)이 금융내역·토지·자동차·세금·연금가입유무 등 사망자(또는 피후견인) 재산 조회를 시구, 읍면동에서 한 번에 통합 신청하는 서비스

### 어떤 내용인지 궁금하시죠?

**지원형태** 정보제공

**지원내용** 상속인(또는 후견인)이 금융내역(예금·보험·대출·증권 등)·토지·자동차·세금(체납액·고지세액·환급액)·연금 가입유무(국민·공무원·사학·군인)가입유무 등 사망자(또는 피후견인) 재산의 조회를 시구, 읍면동에서 한 번에 통합 신청

### 이런 분들께 해당합니다.

**지원대상**

○ 방문신청

- (상속인) 제1순위 상속인(직계비속, 배우자), 제2순위 상속인(직계존속, 배우자), 제3순위(형제, 자매) / 대습상속인, 실종 선고자의 상속인
※ 단, 제2순위의 경우는 제1순위 상속인이 없는 경우에 한함, 제3순위의 경우는 제1,2순위 상속인이 없는 경우에 한함
- (후견인) 법원에 의해 선임된 성년후견인 및 권한 있는 한정후견인

○ 온라인 신청

- (상속인) 제1순위 상속인(직계비속, 배우자), 제2순위 상속인(직계존속, 배우자)
※ 단, 제2순위의 경우에는 제1순위 상속인이 없는 경우에 한함,
제1순위 상속인의 상속포기로 인한 제2순위 상속인은 방문신청만 가능

### 이용 방법은 이렇습니다.

**절차/방법**

○ 신청방법

- (방문신청) 시구청 및 읍면동 주민센터 직접 방문 → 사망자 재산조회 등 통합처리 신청서 작성 및 구비서류 제출

- (온라인신청) 정부24 (www.gov.kr)접속 → 공동인증서 본인인증 → 신청서 작성
→ 구비서류(가족관계증명서) 교부 신청 및 수수료 결제 → 접수처(주민센터)에서 확인·접수 → 접수증 출력

○ 조회결과 확인방법
* 접수일 기준 20일 이내 결과통지
- 금융 : 문자(SNS) 통보 또는 금융감독원 홈페이지(www.fss.or.kr) 확인
- 국세 : 문자(SNS) 통보 또는 국세청 홈택스 홈페이지(www.hometax.go.kr) 확인

- 토지·지방세 : 문자·우편·방문 중 선택(Fax통지 불가)
- 자동차·건축물 : 접수처에서 즉시 확인(온라인 신청시 문자·우편·방문 중 선택)
- 국민연금 : 문자(SNS) 통보(고객센터 ☎1355 또는 내방하여 상담)
- 공무원연금 : 문자(SNS) 통보(고객센터 ☎1588-4321 또는 내방하여 상담)
- 사학연금 : 문자(SNS) 통보(고객센터 ☎1588-4110 또는 내방하여 상담)
- 군인연금 : 문자(SNS) 통보(국방민원고객센터 1577-9090 또는 내방하여 상담)
- 건설근로자퇴직공제금 : 문자(SNS) 통보(고객센터 ☎1666-1122 또는 내방하여 상담)
- 대한지방행정공제회 : 문자(SNS) 통보(고객센터 ☎1577-7590 또는 내방하여 상담)
- 군인공제회 : 문자(SNS) 통보(고객센터 ☎1577-9090 또는 내방하여 상담)

| | |
|---|---|
| **구비서류** | - (사망자 재산조회 신청 시) 신분증, 가족관계증명서 등 상속관계 증빙서류<br>- (피후견인 재산조회 신청 시) 신분증, 후견등기사항전부증명서 또는 성년(한정)후견개시심판문 및 확정증명원<br>- (사망자 등 재산조회 신청의 취소·변경 신청 시) 신분증, 사망자 등 재산조회 통합처리 신청 접수증 |
| **온라인신청** | 신청가능 신청 |
| **접수기관** | / 연락처 |
| **문의처** | 공공서비스혁신과 / 연락처 044-205-2411 |

※ 자세한 사항은 해당 기관의 홈페이지 또는 문의처를 통해 확인하시기 바랍니다.

근거법령 열기

이전화면 분야별 서비스

**정부24 국민소통창구**

일반적이고 원론적인 의견, 단순건의 사항이 아닌 정부24에서 제공하는 개별서비스에 관한 창의적이고 구체적인 제도개선에 대해 의견을 주시는 국민 소통 창구입니다.
의견을 주시면 소관 부처와 연계 개선해 나가겠습니다.

**국민 신문고**

법령, 제도, 절차 등 행정업무에 관한 질의 또는 설명이나 해석의 요구는 국민신문고를 이용해 주세요.

▶ **금융감독원 조회 신청서**

## 상속인 금융거래조회 신청서

**금융감독원 및 금융회사, 금융협회 등이 상속인 금융거래 조회서비스 처리를 위해서는 금융회사 등 조회대상 기관 및 금융협회에 신청인 및 사망자 등의 주민등록번호를 포함한 개인(신용)정보의 수집·이용, 제공을 통한 사실관계 확인이 필요합니다. 이를 원하지 않을 경우 상속인 금융거래 조회서비스 제공이 불가능합니다.**

| 접수번호 | □□□□ - □□ - □□□□□ | 신청사유 | □사 망 □실 종 □피성년후견<br>□피한정후견 □상속재산관리 |
|---|---|---|---|

**신청인 (상속인, 성년후견인, 한정후견인, 상속재산관리인) 정보**

| | | | | | | |
|---|---|---|---|---|---|---|
| 상속인<br>(성년후견인<br>한정후견인<br>상속재산관리인) | 성명 | | 주민등록<br>번호 | | 사망자 등과<br>관계 | |
| | 주소 | | | | 휴대폰번호 | |
| | | | | | e-mail | |
| 대리인 | 성명 | | 생년월일 | | ※ 대리신청의 경우만 작성 | |
| | 주소 | | | | 휴대폰번호 | |
| | | | | | e-mail | |

**사망자 등 (실종자, 피성년후견인, 피한정후견인) 정보**

| | | | | | | |
|---|---|---|---|---|---|---|
| 사망자<br>(실종자<br>피성년후견인<br>피한정후견인) | 성명 | | 주민등록<br>번호 | | 사망일(선고일) | |
| | | | | | 휴대폰번호 | |

| | |
|---|---|
| 조회<br>대상<br>기관 | □ 전 체<br>□ 예금보험공사 □ 은행 □ 우체국 □ 생명보험 □ 손해보험 □ 금융투자회사<br>□ 여신전문금융회사 □ 저축은행 □ 새마을금고 □ 산림조합 □ 신용협동조합<br>□ 한국예탁원 □ 종합금융회사 □ 대부업체 □ 한국신용정보원* □ 공무원연금<br>□ 사학연금 □ 국세청 □ 국민연금 □ 군인연금 □ 건설근로자공제회<br>□ 군인공제회 □ 대한지방행정공제회 □ 과학기술인공제회<br>* 신용보증기금·기술신용보증기금, 한국주택금융공사, 한국장학재단, 서민금융진흥원(舊 미소금융중앙재단), 한국자산관리공사, 나이스평가정보, 코리아크레딧뷰로, 한국기업데이터, 한국무역보험공사, 신용보증재단(신용보증재단중앙회), 중소기업중앙회 포함 |

| | | | |
|---|---|---|---|
| 구비<br>서류 | 신청인<br>(대리인) | □ 신청인(대리인) 신분증<br>□ 대리시 상속인위임장 및 본인서명사실확인서 또는 인감증명서 | |
| | 사망 | 피상속인이<br>2008.1.1.<br>이전 사망시 | □ 제적등본 |
| | | 피상속인이<br>2008.1.1.<br>이후 사망시 | 사망자 주민번호 기재된 □ 사망진단서 또는 □ 기본증명서(사망일 기재)<br>사망자 기준 □ 가족관계증명서(3개월내 발급, 주민번호 기재)<br>또는 □ 가족관계증명서 열람(지자체)<br>또는 □ 제적등본(필요시) |
| | 실종 | □ 법원심판문(실종선고) 및 확정증명원 또는 □ 판결내용이 기재된 기본증명서 | |
| | 후견 | □ 성년(한정)후견개시 심판문 및 확정증명원 또는 □ 후견등기사항전부증명서 | |
| | 상속재산<br>관리 | □ 법원심판문(상속재산관리인선임) 및 확정증명원 | |

## ▶ 금융감독원 안내문

### 상속인 금융거래조회서비스 안내문

□ 상속인 금융거래조회 서비스는 상속인이 피상속인의 금융재산 및 채무를 확인하기 위하여 금융회사를 일일이 방문하여야 하는 번거로움을 덜어드리고자 금융감독원이 각 금융협회 및 금융회사의 협조를 얻어 제공하는 서비스입니다. 동 서비스는 조회신청일 기준으로 피상속인 명의의 모든 금융채권(명칭여하를 불문하고 각종예금, 보험계약, 예탁증권, 공제 등), 채무(명칭여하를 불문하고 대출, 신용카드 이용대금, 지급보증 등 우발채무 및 특수채권, CB사가 보유한 비금융상거래채무정보 등) 및 피상속인 명의의 국민주, 미반환주식, 대여금고 및 보호예수물, 보관어음 등의 정보가 있는 금융회사와 신용정보관리규약에 규정한 공공정보(체납정보 등)* 및 상조회사 가입여부를 알려드립니다. 다만 조회가 불가능한 일부 금융회사가 있으므로 이 경우 별도로 해당 금융회사에 직접 조회하셔야 합니다. (각 금융협회 홈페이지나 담당자를 통해 조회 불가능한 회사 확인 가능)

* 일정기간 이상 체납한 일정금액 이상의 국세 · 지방세 · 관세 · 과태료 · 고용보험료 · 산재보험료 · 임금의 체납(불), 채무불이행자 결정 사실, 신용회복지원 정보 등(한국신용정보원에서 관리·보유)

** 전국 지자체의 '안심상속 원스톱서비스'를 이용하는 경우 지방세(체납·고지세액), 자동차(소유내역), 토지(소유내역)정보 신청 가능, 다만 사망일이 속한 달의 말일로부터 6개월 이내에만 신청이 가능

※ 상조회사는 선수금을 은행에 예치(또는 지급보증)하여 보전하고 있는 업체만 대상이며, 상조회사 가입 사실은 신청서상의 피상속인의 성명, 생년월일, 휴대폰번호 3개 정보가 상조회사 가입시 제출한 정보와 모두 일치하는 경우에만 확인할 수 있습니다.(지자체 접수시 피상속인의 휴대폰번호가 기재되지 않은 경우 확인 불가)

□ 상속인의 위임을 받아 대리인이 신청을 하는 경우 조회결과는 대리인에게 통지됩니다.(단, 연금 가입 여부는 상속인에게만 통지)

□ 상속인 금융거래조회 절차는 다음과 같습니다.

신청서 접수(내방접수만 가능)
(접수처 : 금융감독원, 전 은행(수출입은행, 외은지점제외), 농·수협단위조합, 우체국, 삼성생명 고객프라자, 한화생명 고객센터, KB생명 고객플라자, 교보생명 고객플라자, 삼성화재 고객플라자, 유안타증권)
* 사망신고 접수를 담당하는 시청이나 구청, 읍·면·동 주민센터 민원실에서도 접수 가능

⇩

각 금융협회에 피상속인 등의 금융거래조회 요청 (금융감독원 ⇒ 금융협회 등)

⇩

각 금융협회에서 소속 금융회사에 조회 요청 (금융협회 등 ⇒ 금융회사)

⇩

금융회사에서 조회결과를 소속 금융협회에 통지 (금융회사 ⇒ 금융협회 등)

⇩

금융협회에서 조회결과를 취합 후 신청인에게 조회완료 통보 및 조회결과 홈페이지 게재 (금융협회 등 ⇒ 신청인)

* 접수처인 금융회사에 사망자 등의 금융거래가 없어도 신청가능

□ 상속인이 미성년자인 경우 만14세이상은 본인이나 법정대리인(또는 후견인)이 신청할 수 있으며, 만14세미만은 법정대리인(또는 후견인)만 신청이 가능합니다.

□ 상속인 금융거래조회는 금융회사의 계좌존재 유무와 예금액·채무액을 통지하므로 정확한 잔액, 거래내역 등 상세한 내역(사망 후 해지계좌 포함)은 해당 금융회사를 방문하여 별도의 절차를 거쳐 확인하셔야 합니다. 신청서 및 접수증에 기재된 상속인에 한해 접수증(신분증 지참 필수)만으로 신청일로부터 3개월 내에는 해당 금융회사에서 거래정보 등을 제공받을 수 있습니다. 대리인의 경우 접수증, 신분증 외에 금융사가 요구하는 위임관련 서류를 지참해야 합니다. 이외 필요서류 등은 방문 전에 반드시 확인하시기 바랍니다. 예금 등의 상속(명의변경 및 지급 등)시에는 금융회사가 정한 절차에 의해 필요서류를 받을 수 있습니다.

□ 조회완료시 각 금융협회에서 문자메시지 등을 이용하여 신청인에게 통보하고 각 금융협회 홈페이지에 조회결과를 게시합니다. 다만 접수일로부터 3개월간만 홈페이지에서 조회 가능하며 조회결과는 서면으로 통보되지 않습니다.(각 금융협회별로 조회결과를 개별적으로 통보하므로 통보시기가 금융협회별로 다름)

※ 접수일로부터 3개월까지 금융감독원 홈페이지(http://www.fss.or.kr)에서 각 금융협회에서 제공하는 상속인 금융거래조회 결과를 일괄조회 할 수 있습니다. 다만 조회결과에 대한 자세한 문의는 각 금융협회 또는 해당 금융회사로 하셔야 합니다.

◦ 각 금융협회 홈페이지 및 전화번호

| 협회명 | 홈페이지주소 | 전화번호 | 조회가능금융기관 | 예상소요기간 |
|---|---|---|---|---|
| 예금보험공사 | www.kdic.or.kr | 02-758-0114 | 영업정지 등 보험사고 발생 부보 금융회사 | 3 ~ 10일 |
| 전국은행연합회 | www.kfb.or.kr | 3705-5000 | 은행, 수협, 농축협 | 10 ~ 15일 |
| 한국신용정보원 | www.kcredit.or.kr | 1544-1040 | 신보, 기신보, 주금공 등 | 10 ~ 15일 |
| 생명보험협회 | www.klia.or.kr | 02-2262-6600 | 생명보험 | 6 ~ 10일 |
| 손해보험협회 | www.knia.or.kr | 02-3702-8500 | 손해보험 | 3 ~ 7일 |
| 금융투자협회 | www.kofia.or.kr | 02-2003-9000 | 금융투자회사 | 7 ~ 10일 |
| 여신금융협회 | www.crefia.or.kr | 02-2011-0700 | 카드, 리스, 할부금융 | 15 ~ 20일 |
| 저축은행중앙회 | www.fsb.or.kr | 02-397-8600 | 저축은행 | 15 ~ 20일 |
| 신협중앙회 | www.cu.co.kr | 042-720-1000 | 신용협동조합 | 10 ~ 15일 |
| 새마을금고중앙회 | www.kfcc.co.kr | 02-2145-9205 | 새마을금고 | 10 ~ 15일 |
| 산림조합중앙회 | banking.nfcf.or.kr | 042-620-0300 | 산림조합 | 10 ~ 15일 |
| 한국예탁결제원 | www.ksd.or.kr | 02-3774-3000 | 증 권 | 10 ~ 15일 |
| 우체국 | www.epostbank.go.kr | 1588-1900 | 우 체 국 | 7 ~ 10일 |
| 한국대부금융협회 | www.clfa.or.kr | 02-3487-5800 | 대부업체 | 7 ~ 14일 |

※ 국세는 국세청 홈택스(http://www.hometax.go.kr), 국민연금 가입유무는 국민연금공단 홈페이지(http://www.nps.or.kr)에서 확인 가능하고, 공무원연금, 사학연금 및 군인연금, 건설근로자퇴직공제금, 군인공제회, 대한지방행정공제회, 과학기술인공제회 가입유무는 해당 기관에서 문자메세지 또는 이메일로 결과를 제공합니다.

□ 예상소요기간은 전산사정 등에 따라 초과될 수 있습니다. 따라서 각 금융협회별 예상소요기간이 경과한 후에도 조회완료사실이 통보되지 않으면 각 금융협회 홈페이지를 접속하거나 유선으로 문의하여 확인하시기 바랍니다.

□ 금융회사는 사망자의 계좌에 대하여 조회신청사실을 통보받게 되면 통상 해당계좌에 대하여 임의로 거래정지 조치를 취하여 해당 계좌의 입·출금(자동이체포함) 등이 제한될 수 있으며, 이후의 예금지급은 원칙적으로 상속인 전원의 청구에 의하여 해당 금융기관에서만 지급이 가능합니다.

□ **접수증에 기재된 접수번호**는 각 금융협회 홈페이지에서 조회결과를 확인할 때 **신청인 본인 여부의 확인을 위하여 필요하므로 반드시 기억**하시기 바랍니다.

※ 극히 드문 일이나 금융회사의 전산오류 등으로 조회결과가 사실과 다를 수도 있음을 유념하시기 바랍니다.

### 재산 조회 신청방법

재산 조회 신청은 사망신고시에만 가능한 것이 아니라 사망신고 이후에도 따로 신청할 수 있습니다. 다만 사후 신청은 2015년 6월 1일 이후 사망신고 건부터 가능하며 기간은 사망일이 속한 달의 말일부터 6개월 이내에 해야 합니다.

재산 조회 신청은 상속인 1순위자가 없는 경우에만 2순위자가 신청할 수 있고 1순위자의 상속포기로 인한 2순위자는 방문신청만 가능합니다.

재산 조회 신청 결과는 토지 · 지방세 · 자동차 정보는 7일 이내, 금융 · 국세 · 국민연금 정보는 20일 이내에 통보되는데, 기관마다 조금씩 차이가 있습니다.

재산 조회 신청 결과 확인은 신청서에 기재한 '조회 결과 확인 방법'에 따라 안내됩니다.

### 신청시 필요 서류

- 상속인이 신청할 경우 : 상속인 본인의 신분증(주민등록증, 운전면허증, 여권), 가족관계증명서 등 상속관계 증빙 서류
- 피후견인이 재산 조회 신청할 경우 : 신분증, 후견등기사항 전부증명서 또는 성년 · 한정 후견개시심판문 및 확정증명원
- 사망자 등 재산 조회 신청의 취소 및 변경을 신청할 경우 : 신분증, 사망자 등 재산 조회 통합 처리 신청 접수증

- 대리인이 신청할 경우 : 대리인의 신분증, 상속인의 위임장, 상속인 인감증명서(또는 본인서명사실확인서)

**방문신청**

시 · 구청 및 읍면동 주민센터에 직접 방문하여 사망자 재산 조회 등 통합 처리 신청서 및 구비 서류를 제출합니다.

- 상속인 : 1순위 상속인(직계비속, 배우자), 2순위 상속인(직계존속, 배우자), 제3순위(형제, 자매) / 대습상속인, 실종 선고자의 상속인, 상속재산 관리인
- 후견인 : 법원에 의해 선임된 성년후견인 및 권한 있는 한정후견인

**온라인신청**

온라인을 통해 다음의 순서로 신청합니다. 정부24(www.gov.kr) 접속 → 공동인증서 본인 인증 → 신청서 작성 → 구비 서류(가족관계증명서) 교부 신청 및 수수료 결제 → 접수처(주민센터)에서 확인 및 접수 → 접수증 출력

- 상속인 : 1순위 상속인(직계비속, 배우자), 2순위 상속인(직계존속, 배우자)

## ▶ 사망자 재산 조회 통합 처리 신청서

■ 사망자 재산조회 통합처리에 관한 기준 [별지 제1호 서식] <개정 2016.1.14.>

# 사망자 재산조회 통합처리 신청서

사망자 재산조회 통합처리를 위해서 신청인과 사망자의 주민등록번호를 포함한 개인(금융) 정보의 수집·이용 제공에 동의해야 하며 이를 원하지 않을 경우 사망자 재산조회 통합처리 서비스 제공이 불가능합니다. 또한 신청의 취소·변경은 신청일 다음날부터 5일 이내에(토요일·공휴일 제외) 당초 접수처의 업무종료 시까지만 가능합니다.

| 접수번호 | 접수일 | 처리기간 7일~20일 |
|---|---|---|

| | | | | | | |
|---|---|---|---|---|---|---|
| 신 청 인 (상속인) | 성 명 | | | 주민등록번호 | | |
| | 사망자와의 관 계 | 사망자의 ( ) | | * 접수처 확인란 | 가족관계증명서(또는 기본증명서) 확 인 자 : (서명 또는 인) | |
| | 연락처 | 전화번호 | | 휴대전화 | | 전자우편 |
| | 도로명 주소 | | | | | |

※ 신청인은 제1순위 상속인(사망자의 직계비속.배우자), 1순위가 없을 경우 제2순위 상속인(사망자의 직계존속, 배우자(직계비속이 없는 경우)), 제1순위 및 제2순위가 없을 경우 제3순위 상속인, 실종선고자의 상속인, 이상의 대습상속인이 신청 가능

| | | | | |
|---|---|---|---|---|
| 사 망 자 | 성 명 | | 주민등록번호 | - |
| | 사 망 일 | 년 월 일 | 휴대전화 | * 상조회사가입유무 확인을 원하는 경우 작성 |

| | | | | | | |
|---|---|---|---|---|---|---|
| 대리인 (대리 신청시에만 작성) | 성 명 | | | 주민등록번호 | | |
| | 상속인과의 관 계 | □법정대리인 □임의대리인 | | * 접수처 확인란 | 확 인 자 : (서명 또는 인) | |
| | 연락처 | 전화번호 | | 휴대전화 | | 전자우편 |
| | 도로명 주소 | | | | | |

**사망신고 후속조치 조회 내용**

| 구분 | 조회 선택(조회를 원하는 항목 [ ]에 V 표시) | 조회결과 확인 방법 |
|---|---|---|
| 금융거래 | [ ] 금융기관 전체 *본 항목 " V " 시에는 아래 항목 " V" 하지 않음<br>[ ] 예금보험공사 [ ] 은행 [ ] 우체국 [ ] 생명보험 [ ] 손해보험 [ ] 금융투자회사 [ ] 여신전문금융회사 [ ] 저축은행 [ ] 새마을금고 [ ] 산림조합 [ ] 신용협동조합 [ ] 한국예탁원 [ ] 종합금융회사 [ ] 대부업 CB에 가입한 대부업체<br>* 전국은행연합회, 신보·기신보, 한국주택금융공사, 한국장학재단, 미소금융중앙재단, NICE평가정보, KCB, KED, 한국자산관리공사 등 금융감독원의 금융거래조회 대상과 동일 | 휴대폰으로 발송된 문자를 확인한 후 '금융감독원 홈페이지 또는 개별금융협회, 국세청(홈택스), 국민연금공단 홈페이지'에서 신청인이 각각 조회결과 확인 |
| 국세 | [ ] 국세 체납액 및 납부기한이 남아 있는 미납 세금, 환급금 | |
| 국민연금 | [ ] 국민연금 가입 유무 | * 국민연금의 경우, 상속인에게만 제공 |
| 토지 | [ ] 개인별 토지 소유 현황 | [ ] 우편 [ ] 문자(SMS)<br>[ ] 지적부서 방문수령 |
| 지방세 | [ ] 지방세 체납내역 및 납부기한이 남아 있는 미납 세금, 환급금 | [ ] 우편 [ ] 문자(SMS)<br>[ ] 세무부서 방문수령 |
| 자동차 | [ ] 자동차 소유내역 | [ ] 우편 [ ] 문자(SMS)<br>[ ] 자동차부서 방문수령 |

「사망자 재산조회 통합처리에 관한 기준」에 따라 사망자의 재산 등 관련 자료 제공을 신청합니다.

년 월 일

신청인(대리인) (서명 또는 인)

**시장.구청장, 읍.면.동장** 귀하

210mm×297mm[백상지 80g/㎡]

▶ 사망자 재산 조회 온라인 신청 화면

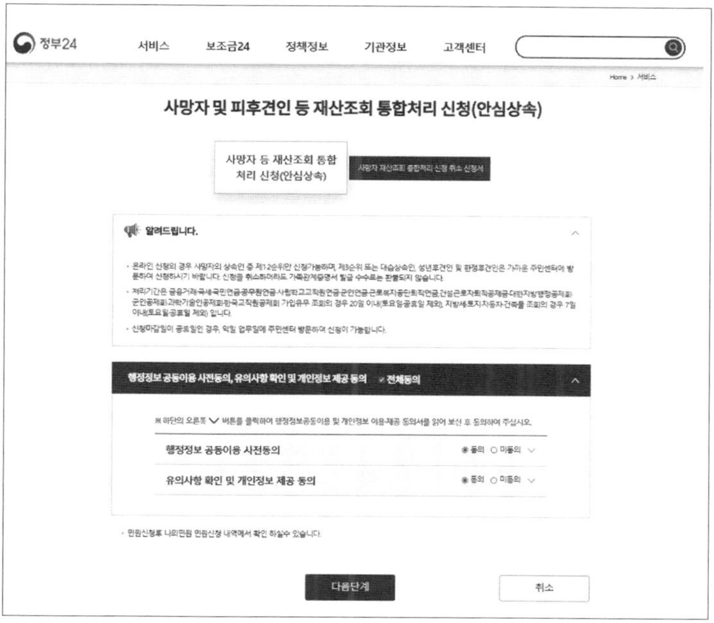


▶ 재산 조회 결과 확인 문자 예시

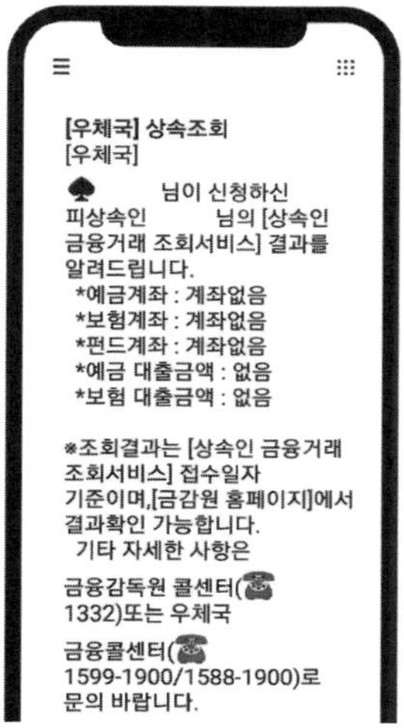

### 재산 조회 후 주의할 점

재산 조회 후에는 몇 가지 주의해야 할 점이 있습니다.

첫째, '사망자 및 피후견인 등 재산 조회 통합 처리 신청(안심상속) 서비스'는 금융거래, 국제, 지방세, 각종 연금, 자동차, 토지, 건축물 등의 조회 항목으로 구성되어 있고 항목별로 결과가 조회됩니다. 그리고 조회된 결과는 항목별로 통지가 이루어지는데, 재산이 있으면 '있다', 없으면 '없다'라고 유무를 모두 통지해주는 것이 원칙입니다. 그런데 그중 토지, 건축물, 자동차 항목의 경우에는 조회 결과가 있는 경우에만 통지를 해주고 없는 경우에는 구두로 조회되는 것이 없다고만 하거나 조회 결과가 없다는 문자를 줄 뿐입니다.

하지만 법원에서는 토지, 건축물, 자동차에 대해서도 '해당 재산이 없다'라는 객관적인 자료를 제출하라고 요구하는 경우가 있습니다. 그럴 경우에는 다른 방법을 사용해야 합니다. 토지에 관해서는 '조상 땅 찾기' 서비스를 신청하거나 자동차에 대해서는 자동차에 관한 재산세 부과 내역이 없다는 점을 확인하여 제출하기도 합니다. 필자들은 이 부분을 일종의 제도의 미비라고 생각합니다. 앞으로 정부 시스템에 개선이 필요한 부분입니다.

둘째, 재산 조회에는 개인 간의 채무가 조회되지 않습니다. 또한 골프, 요트, 각종 회원권 등도 조회가 되지 않으므로 직접 확인해야 합니다.

이처럼 사망자 등 재산 조회 통합 처리 서비스에 나오지 않는 재산이라도 상속인이 개인적으로 알고 있는 재산, 채권, 채무라면 한정승인을 신고할 때 재산목록에 기재해야 합니다. 그런데 상속인도 모르고 재산을 조회해도 나오지 않는 재산은 한정승인 심판청구서에 기재하지 않아도 한정승인을 하는 데 지장이 없습니다. 한정승인 결정을 받고 신문 공고 후에 드러난 부채는 공고 기간 내에 신고된 경우 배당을 하면 되고 이후에 나타난 채권은 상속재산이 남아 있지 않다면 상속인이 더이상 책임질 필요가 없습니다.

셋째, 재산 조회를 했다면 결과를 잘 확인하고 그에 따른 대처를 해야 합니다. 만약 재산 조회를 한 후에 빚이 상속재산보다 더 많은데도 한정승인이나 상속포기를 하지 않으면 피상속인의 빚을 모두 상속받을 수 있습니다. 재산 조회에서 드러난 재산을 제대로 확인하지 않고 지나친 경우에는 특별한정승인도 신청하기 어렵습니다. 특별한정승인은 중대한 과실 없이 채무가 초과하는 사실을 알지 못했을 것을 요건으로 하는데, 재산 조회에 포함된 재산은 이미 '알았다'라고 볼 수 있기 때문입니다.

이와 같이 상속재산 조회제도 자체는 확실히 편리해졌습니다. 최근에는 피상속인의 사망신고를 할 때 해당 기관의 담당 직원이 권유하여 대부분의 상속인이 재산 조회를 신청합니다. 재산 조회 결과를 잘 살펴보고 실수로 큰 빚을 상속받는 일은 없어야 합니다.

**사망 사실은 알고 있지만**

**사망신고가 아직 이루어지지 않은 경우**

사망자 및 피후견인 등 재산 조회 통합 처리 신청(안심 상속) 서비스의 신청 기간은 피상속인의 사망일이 속한 달의 말일부터 6개월 이내에 접수해야 합니다. 그런데 피상속인이 사망한 것은 맞지만 아직 사망신고가 접수되지 않았다면 아예 안심 상속 서비스를 접수해주지 않습니다. 이런 경우는 특히 외국에서 사망하는 등의 사유로 사망신고가 늦어지면 주로 발생합니다.

대한민국 국민이 외국에서 사망한 경우 사망신고를 하기 위해서는 사망한 나라에서 발급한 사망증명서(Certificate of Death)의 원본 및 한글 번역본 등의 서류가 필요합니다. 그런데 해당 서류를 발급받기 위해서는 친척이 직접 외국으로 가서 발급을 받아야 하는 경우도 있습니다. 따라서 이런 경우에는 한정승인이나 상속포기의 신고 기간을 경과하지 않기 위해서 사망신고가 이루어지기 전이라도 먼저 심판청구서를 접수해야 하는 경우가 있습니다. 한정승인, 상속포기의 신고기간은 사망신고가 된 날이 아니라 사망 사실을 알고 본인이 상속인이 된 것을 안 날을 기준으로 기산되기 때문입니다.

하지만 앞서 설명했듯이 사망신고를 하기 전에는 안심 상속 서비스 신청을 받아주지 않고 공무원이 실수로 신청을 받아준다고 하더라도 사망신고 사실이 확인되지 않기 때문에 금융기관에서 조회를 해주지 않습니다. 따라서 이런 경우에는 한정승인이나 상속포기의 신청서에 특별한 사정이 있음을 설명하고 추후 사망신고가 이루어지면 조회를 해서 결과를 보정해서 제출하겠다는 취지를 기술하여 신청해야 합니다.

# 부채증명서, 잔고증명서 발급받기

**사례 1** 사망자 등 재산 조회 통합 처리 서비스 조회 결과 돌아가신 아버지 앞으로 금융기관 대출이 세 건 있다고 확인되었습니다. 그런데 제가 알기로는 아버지가 생전에 사채를 많이 쓰셨습니다. 사망자 등 재산 조회 통합 처리 서비스에는 사채가 조회되지 않는데, 저는 아버지가 사채를 어디에서 빌렸는지, 누구에게 빌렸는지 전혀 알지 못합니다. 제가 알지 못하는 사채도 부채증명서를 받아야 하나요?

한정승인 재산목록을 작성할 때 가장 중요한 것은 적극재산과 소극재산을 파악하는 일입니다. 사망자 등 재산 조회 통합 처리 서비스 조회를 마친 후라면 다음과 같은 화면을 확인할 수 있습니다.

## ▶ 사망자 등 재산 조회 통합 처리 서비스 결과 화면

금융감독원 FINANCIAL SUPERVISORY SERVICE　상속인 금융거래 통합조회 시스

### 은행연합회

| | | | |
|---|---|---|---|
| 기업 | 예금 | 동울산 | 9,667 |
| 국민 | 예금 | 대림동 | 0 |
| 농협 | 예금 | 양정 | 7,733 |
| 지역농축협 | 예금 | 방어진 화정 | 109 |
| 우리 | 예금 | 동대문 | 362 |
| 하나 | 예금 | 신대방동 | 917 |
| 신한 | 예금 | 영등포 | 134 |
| 기업 | 카드 금액 | 시흥동 (지) | 0 |
| 농협 | 카드 | 양정 | |

총 9 건

### 금융투자협회

- 접수번호
- 조회 결과 내역　계좌존재회사 : 없음

<유의사항>
* 조회의 통보내용 중 '(폐쇄)'는 폐쇄계좌를 의미합니다.
* 성명 불일치는 '상속인 금융거래조회(안심상속 원스톱) 서비스'의 신청서에 기재된 사망자의 성명과 해당 금융투자회사에서 보유하고 있는 정보가 일치하지 않는 경우로 해당 금융투자회사에서 확인하시기 바랍니다.
* 상속인 금융거래조회 신청일 기준 금액으로 실제 금액과 차이가 있을 수 있으니 해당 금융투자회사에 확인하시기 바랍니다.
* 금액 미확정 채무의 경우 채무는 있으나 금액으로 환산하기 어려운

### 생명보험협회

| 생명보험 | 계약구분 | 증권번호 | 담당점포 | 전화번호 |
|---|---|---|---|---|
| 한화생명 | 보험계약 | | 한화라이프에셋스마트지점 | |
| 한화생명 | 보험계약 | | GAK레디라이프지점 | |
| 한화생명 | 대출 | | 한화라이프에셋스마트지점 | |

총 3건

### 손해보험협회

| 손해보험 | 계약구분 | 증권번호 | 담당점포 | 전화번호 |
|---|---|---|---|---|
| DB손해보험 | 보험계약 | | null | |

총 1 건

피상속인 등의 금융거래조회서비스는 피상속인 등이 어느금융회사를 거래했는지 여부만을 알려드리므로 상세거래내역, 잔액 등은 해당 금융회사에 직접 방문하여 확인하셔야 합니다.

▸ 프린트 하기

### 새마을금고중앙회

○ 접수현황

| 접수번호 | 조회대상자(피상속인) | | | 의뢰인 |
|---|---|---|---|---|
| | 성명 | 주민등록번호 | 조회기준일 | |
| | | | 2018-01-09 | |

○ 상속인 조회 결과 금고내역(문의처)

| 금고명 | 계좌보유여부 | | | 전화번호 | 금고주소 |
|---|---|---|---|---|---|
| | 예금관련 | 대출관련 | 보험관련 | | |
| 새중앙 | ○(총잔액 2,656원) | | | | |

### 산림조합중앙회

| 조합명 | 거래내역 | 전화번호 |
|---|---|---|
| 요청하신 피상속인의 산림조합 거래내역이 없습니다. | | |

예금에 대한 해지내역은 피상속인의 사망일 이후 해지된 내역입니다.
예금잔액 및 출자금액은 2015년 6월 30일 이후 접수분에 한하여 정상 조회됩니다
보다 자세한 내역은 해당 조합에 문의 후 소정의 절차에 따르십시오.

상기 조회결과는 산림조합 접수일을 기준으로 각 산림조합에서 조회한 결과를 산림조합중앙회에서 취합하여 제공한 것이므로 자세한 사항은 위 결과의 해당 산림조합으로 직접 문의하시기 바랍니다.
※ 산림조합중앙회 : 02-3434-7222

### 상호저축은행중앙회

| 저축은행 | 거래내역 | 수신계좌 잔액 | 연락처 |
|---|---|---|---|
| 인성 저축은행 | 보통예금 | 잔액 없음 | |

▸ 프린트 하기

상속인 금융거래 조회 내용은 피상속인의 거래 저축은행명 및 예금,대출 및 보증채무 등의 거래계좌 존재 유무입니다. 상세한 금융거래 내역의 확인은 상속인의 해당 저축은행을 직접 방문해야합니다. 자세한 내용은 각 저축은

### 여신금융협회

| 거래회사명 | 거래내역 | 담당자 연락처 | 통지일 | 채무금액 | DCDS 가입여부 |
|---|---|---|---|---|---|
| 현대캐피탈 | 여신 | | 20180115 | 395204 | - |
| 국민카드 | 여신 | | 20180116 | 12399 | 무 |

* 여신금융사중 위의 금융사에 해당 거래내용이 존재합니다. 자세한 문의는 해당 금융사에 하시기 바랍니다.

조회 결과에 대출 또는 잔고가 있다고 표시된 모든 금융기관, 보험회사를 방문하여 다음의 서류를 발급받아야 합니다.

- 예금 : 잔고증명서 또는 계좌 거래 내역
- 보험 : 해약환급금이 명시된 내역
- 대출 : 부채증명서 또는 대출확인서 등 실제 대출 금액을 확인할 수 있는 서류(보험 대출도 동일)
- 사채나 일반 대부업체의 경우에는 부채증명서

먼저 발급받고자 하는 금융기관 등에 전화하여 필요 서류를 확인해야 합니다. 필자들이 경험한 바에 따르면 같은 증권회사라도 지점별로 상속인에게 요구하는 서류가 다릅니다. 그러므로 실제 서류를 발급받고자 하는 금융기관 등의 지점에 전화하여 담당자에게 필요 서류를 확인하고 방문해야 합니다. 발급비용은 은행의 경우 은행당 3000원 정도고 제2금융권이나 대부업체의 경우에는 1만 원 정도를 해당 기관에 내야 합니다.

대부업체나 금융권을 일일이 방문하기 어렵다면 변호사 사무실에 맡기는 방법도 있습니다(다만 발급 대행 자체가 안 되고 상속인이 직접 방문할 것을 요구하는 기관도 있습니다). 대행을 일임하려면 은행별, 대부업체별로 건건이 인감증명서가 필요합니다. 그러므로 믿을 만한 변호사 사무실에 맡겨야 합니다. 대행 수수료는 사무실마다 다른데, 대략 건당 2만 원에서 3만 원(발급 수수료 포함)

입니다. 각 해당 업체를 방문하여 하나하나 서류를 받아야 하기 때문에 생각보다 비용이 많이 듭니다.

그렇다고 해서 시중의 모든 금융기관을 찾아다니며 일일이 발급받아야 하는 것은 아닙니다. 사망자 등 재산 조회 통합 처리 서비스 조회 결과에 조회된 금융기관, 보험회사, 대부업체만 찾아가면 됩니다. 그리고 재산 조회 서비스에는 확인되지 않았지만 상속인이 개별적으로 알고 있는 사채나 대부업체를 통한 대출의 경우에도 찾아가 부채증명서를 받아야 합니다(상속인이 대부업체를 모르는 경우에는 받지 않아도 됩니다).

아무리 적은 금액이라도 사망자 등 재산 조회 통합 처리 서비스에 나타난 예금 계좌는 예금잔고증명서를 받아야 합니다. 마찬가지로 적은 금액의 대출이 남아 있어도 부채증명서를 받아야 합니다. 조회 결과 1원에서 1만 원 이하라고 확인되는 은행들에서도 예금잔고증명서를 받아야 합니다. 잔고증명서는 은행마다 예금거래내역서, 예금잔고증명서, 잔고증명서 등 여러 이름으로 사용되므로 해당 은행에서 발급하는 형식으로 받으면 됩니다.

다만 법원이 해당 은행에서 발급된 공식 서류라는 점을 알 수 있는 서식으로 제출해야 합니다. 예를 들어 예금거래내역서를 인터넷에서 엑셀 파일로 다운받아 출력하여 제출하는 경우가 있는데, 이 파일의 출력물은 은행의 직인도 없고 은행이 공식적으로 발급한 문서인지 알 수 없으므로 부적합합니다.

시간이 부족하여 부채증명서를 다 발급받지 못했어도 3개월이

## ▶ 잔액·잔고 증명서(예시)

**잔액·잔고 증명서**(예금·신탁·간접투자증권·보관어음·CMA·발행어음)
Certificate of Deposit / Trust / Investment Trust / Custody Bill / CMA / Note Balance

신한은행 SHINHAN BANK

증서번호 (No) : [redacted]

- 예금주 (Depositor)·위탁자 (Truster) : [redacted]
- 원본수익자 (Beneficiary of Principal) :
- 이익수익자 (Beneficiary of Interest) :

발급번호: [redacted]

| | | | |
|---|---|---|---|
| 예금·신탁종류 (Type of Deposit) | 저축예금 | 계좌번호 (A/C No.) | [redacted] |
| 금액 (Amount) / 평가금액 (B/A) | KRW *6,174 | 금액 중 미결제 타점권 금액 (Amount of Uncleared Checks & Bills) | |
| 잔고좌수 (No. of Shares Held) / 매출금액 (Sales Value) | | 환율 (Exchange Rate), 기준가 (Net Asset Value) | |
| 지급제한내용 (Withdrawal Restrictions) | 지급정지 | | |

- 금액 중 미결제 타점권 금액은 부도 처리될 경우 금액에서 차감됩니다.

| | | | |
|---|---|---|---|
| 예금·신탁종류 (Type of Deposit) | 외화 체인지업 예금 | 계좌번호 (A/C No.) | [redacted] |
| 금액 (Amount) / 평가금액 (B/A) | USD *0<br>KRW *0 | 금액 중 미결제 타점권 금액 (Amount of Uncleared Checks & Bills) | |
| 잔고좌수 (No. of Shares Held) / 매출금액 (Sales Value) | | 환율 (Exchange Rate), 기준가 (Net Asset Value) | |
| 지급제한내용 (Withdrawal Restrictions) | 지급정지 | | |

- 금액 중 미결제 타점권 금액은 부도 처리될 경우 금액에서 차감됩니다.

| | | | |
|---|---|---|---|
| 예금·신탁종류 (Type of Deposit) | | 계좌번호 (A/C No.) | |
| 금액 (Amount) / 평가금액 (B/A) | | 금액 중 미결제 타점권 금액 (Amount of Uncleared Checks & Bills) | |
| 잔고좌수 (No. of Shares Held) / 매출금액 (Sales Value) | | 환율 (Exchange Rate), 기준가 (Net Asset Value) | |
| 지급제한내용 (Withdrawal Restrictions) | | | |

- 금액 중 미결제 타점권 금액은 부도 처리될 경우 금액에서 차감됩니다.

| | | | |
|---|---|---|---|
| 예금·신탁종류 (Type of Deposit) | | 계좌번호 (A/C No.) | |
| 금액 (Amount) / 평가금액 (B/A) | | 금액 중 미결제 타점권 금액 (Amount of Uncleared Checks & Bills) | |
| 잔고좌수 (No. of Shares Held) / 매출금액 (Sales Value) | | 환율 (Exchange Rate), 기준가 (Net Asset Value) | |
| 지급제한내용 (Withdrawal Restrictions) | | | |

- 금액 중 미결제 타점권 금액은 부도 처리될 경우 금액에서 차감됩니다.

| | | | |
|---|---|---|---|
| 예금·신탁종류 (Type of Deposit) | | 계좌번호 (A/C No.) | |
| 금액 (Amount) / 평가금액 (B/A) | | 금액 중 미결제 타점권 금액 (Amount of Uncleared Checks & Bills) | |
| 잔고좌수 (No. of Shares Held) / 매출금액 (Sales Value) | | 환율 (Exchange Rate), 기준가 (Net Asset Value) | |
| 지급제한내용 (Withdrawal Restrictions) | | | |

| | |
|---|---|
| 금액 합계 (Total Amount) | 금육천일백칠십사원정 ₩6,174원 |
| 미결제 타점권 합계 (Total Amount of Uncleared Checks & Bills) | *0 |

- 귀하의 예금·신탁·CMA·발행어음·보관어음잔액, 간접투자증권 평가금액이 2020 년 04 월 29 일 현재로 위와 같음을 증명합니다.
  In reply to your request, we certify that Deposit(s)·Trust(s)·Investment Trust(s)·Custody Bill(s)·CMA(s)·Note(s) we hold in your name show(s)/showed the above amount(s) as of the close of business on 2020-04-29.

발급일자 (Issuing Date) 2020-04-29

**신한은행**
낙성대역

책임자 서명 낙성대역지점 과장 [redacted]
Authorized signature

증명서 발급 진위는 홈페이지(www.shinhan.com)/간편서비스에서 조회 가능합니다.

- 금액 중 미결제 타점권 금액은 입금내역 중 가계수표, 당좌수표, 약속어음 등을 말하며 만일 부도 처리될 경우 금액에서 차감되오니 유의하여 주시기 바랍니다. "Amount of uncleared Checks & Bills" refers deposits made through banker's personal checks, money orders, promissory notes, etc. Deposits that fail to clear will be deducted from the total amount.
- 보관어음 금액은 전부 미결제 타점권입니다. All amount of custody bills are uncleared checks or bill.
- 평가금액은 간접투자증권의 평가금액을 말하며, 기준가격의 등락에 따라 매일 변동될 수 있습니다. "B/A(Balance Amount)" refers investment trust balance and can be changed by daily Net Asset Value.
- 잔액이 10억원 이상인 경우 영업점장의 확인이 없으면 무효입니다. Where general manager's confirmation is not obtained for deposit(s) over one billion won, this certificate is null and void.

| | |
|---|---|
| 자점감사책임자 검인 Branch examiner's Confirmation | [redacted] |
| 영업점장 확인 General manager's Confirmation | |

잔액·잔고 증명서 (2010. 08 개정)

1-103-0014(21.0×29.7) NCR용지 54g/m²

## ▶ 부채증명서(예시)

# 부 채 증 명 서

기준일: 20[redacted]

(상속한정승인신청용)

[redacted]귀하

1.채권내역 (총건수: 2 )

| 번호 | 여신구분 | 신규(발급)일 | 원금 | 법비용 | 미수이자 | 합계 |
|---|---|---|---|---|---|---|
| 1 | (구)신한카드 | 2005/09/09 | 1,143,245 | 0 | 371,114 | 1,514,359 |
| | 채권의 내용 : (구)신한카드(결제순번:0002) 원금 및 약정이율에 의한 금원 | | | | | |
| 2 | 기타카드론 | 2018/07/19 | 7,073,060 | 0 | 2,379,381 | 9,452,441 |
| | 채권의 내용 : 기타카드론(결제순번:9001) 원금 및 약정이율에 의한 금원 | | | | | |
| | 이하여백 | | | | | |
| | | | | | | |
| | | | | | | |
| | | | | | | |
| | | | | | | |
| | | | | | | |
| | | | | | | |
| | | | | | | |

※ 기준일은 매입확정 기준이며, 증명서 발급 이후 대출 및 입금(취소포함)거래가 있을시 금액이 변경될 수 있으며, 하이세이브 거래가 있는경우 원금에 하이세이브 금액이 합산되어 표기됩니다.
※ 본 채권금액은 상품별 계좌 합산 금액으로 증명서에 표기된 연대보증인의 보증금액은 본 채권금액과 상이할수 있습니다.
※ 본 부채증명서는 체크카드 이용금액이 포함되어 있지 않습니다.

**제출처**: 법원(용도외 사용불가)

2. 매각내역 (총건수: 0 )

| 번호 | 채권종류 | 채권매각일 | 매각회사명 | 매각회사 연락처 |
|---|---|---|---|---|
| | | | | |
| | | | | |

※ 동 자료는 매각당시의 정보를 토대로 작성된 내용이므로 현재 고객님의 채무상황과 상이할 수 있으니 상기 채권에 관한 자세한 상담은 매각회사로 연락하여주시기 바랍니다.

3. 담보부(근저당,예/적금) 내역

| 번호 | 담보내용(부동산주소,설정내역,예/저금과목 등) | 설정금액 | 설정일자 |
|---|---|---|---|
| | | | |
| | | | |
| | | | |

202[redacted]

발급처 : (04551)서울특별시 중구 을지로 100
파인에비뉴빌딩 A동 신한카드㈜
전 화 : 1544-7000

신한카드 주식회사
대표이사 임 영 진

1/1

되기 전에 한정승인 심판청구서를 접수해야 합니다. 그리고 추후 정정 신청을 통해 추가 보정을 하면 됩니다. 3개월이 지나면 한정승인을 할 수 없으므로 일단 서류를 접수하고 나중에 보완해야 합니다.

### 주의할 점

은행 등에 개인의 전체 재산을 조회하는 대부분의 경우는 회생이나 파산을 신청할 때입니다. 따라서 수수료를 받고 부채증명서를 대리 발급해주는 곳도 대부분 회생이나 파산을 염두에 두고 진행하며 그러한 일에 익숙합니다. 그런데 회생이나 파산은 신고 내용에 일부 누락된 것이 있어도 나중에 회생이나 파산의 효력에 영향을 미칠 가능성이 적습니다.

하지만 한정승인은 절대 재산을 빠뜨려서는 안 됩니다. 따라서 조회를 직접 하거나 대리하여 맡길 때도 좀더 철저하게 요청해야 합니다. 최선을 다해 조회했는데도 확인할 수 없었을 때는 한정상속신고수리 심판청구서에 그 내용을 기재하여 절대 고의로 누락한 것이 아니라 최선을 다해 찾았다는 증거를 남겨두는 것이 좋습니다.

# 상속재산의 보존과 관리

**사례 1** 아버지가 오랜 기간 병원에 입원해 계셨습니다. 아버지가 저에게 은행 체크카드를 주셔서 필요한 비용을 그때그때 인출하여 사용했습니다. 아버지가 돌아가신 후 장례비로 사용하기 위해 체크카드로 300만 원을 찾았습니다. 그런데 피상속인의 재산을 처분한 것에 해당하여 한정승인을 할 수 없나요?

상속이 시작되어도 상속인이 한정승인이나 상속포기를 할 때까지는 상속재산이 누구에게 귀속되는지는 유동적입니다. 그래서 상속인이 한정승인을 신고하더라도 상속재산 관리인이 선임되거나 상속재산의 청산이 종료될 때까지는 '고유재산에 대한 것과 동일한 주의'를 기울여서 그 재산의 관리를 계속해야 합니다(민법 제1022조). 다만 상속재산 관리인이 선임된 경우 한정승인 상속인은 더이상 상속재산을 관리할 의무가 없습니다.

### 재산의 보존 · 관리 방법

한정승인의 목적은 돌아가신 아버지에게서 받은 재산만큼만 아버지의 빚을 갚겠다는 것입니다. 한정승인 결정을 받으려면 '단순승인'이 되는 것을 막아야 합니다. 앞에서 설명한 바와 같이 다음의 세 가지 경우에는 단순승인이 되므로 아버지의 빚을 모두 갚아야 합니다.

- 상속인이 상속재산에 대한 처분행위를 한 때
- 상속개시 후(피상속인 사망 후) 3개월 이내에 한정승인 또는 상속포기를 하지 않은 때
- 상속인이 한정승인 또는 상속포기를 한 후에 상속재산을 은닉하거나 부정 소비하거나 고의로 재산목록에 기입하지 않은 때

한정승인을 신고하기로 했다면 피상속인의 재산을 관리해야 합니다. 피상속인의 은행 계좌에서 돈을 찾거나 피상속인 소유의 부동산을 처분하는 등 피상속인의 재산을 함부로 처분하면 안 됩니다. 재산목록을 작성할 때도 피상속인의 재산을 일부러 누락하면 안 됩니다.

피상속인의 모든 재산은 피상속인이 사망했을 때의 상태 그대로 두는 것이 원칙입니다. 다만 경우에 따라서는 피상속인의 재

산을 본인의 명의로 바꾸어 처분해야 할 수도 있습니다. 예를 들어 자동차는 일반적으로 본인의 명의로 변경한 뒤 팔아서 그 판매 대금으로 채권자에게 변제하기도 합니다.

통상 법률적으로 관리행위는 이용 · 보존 · 개량 행위를 뜻하지만, 한정승인을 신고하려 한다면 상속재산에 대해서는 최소한의 현상 보존행위만을 하는 것이 좋습니다. 상속재산과 관련하여 새로운 계약을 체결하거나 처분하는 행위는 가급적 하지 말아야 합니다.

공동상속인이 있다면 전원이 공동으로 관리하면 됩니다. 물론 보존행위는 공동상속인 각자가 단독으로 할 수 있습니다. 하지만 서로의 오해를 방지하기 위해 가능한 다른 공동상속인과 함께 진행하는 것이 좋고, 이때도 필요 · 최소한의 행위만 하는 것이 좋습니다.

**민법**

**제1022조(상속재산의 관리)**

상속인은 그 고유재산에 대하는 것과 동일한 주의로 상속재산을 관리하여야 한다. 그러나 단순승인 또는 포기한 때에는 그러하지 아니하다.

**제1023조(상속재산보존에 필요한 처분)**

① 법원은 이해관계인 또는 검사의 청구에 의하여 상속재산의

보존에 필요한 처분을 명할 수 있다.

② 법원이 재산관리인을 선임한 경우에는 제24조 내지 제26조의 규정을 준용한다.

**제1040조(공동상속재산과 그 관리인의 선임)**

① 상속인이 수인인 경우에는 법원은 각 상속인 기타 이해관계인의 청구에 의하여 공동상속인 중에서 상속재산관리인을 선임할 수 있다.

② 법원이 선임한 관리인은 공동상속인을 대표하여 상속재산의 관리와 채무의 변제에 관한 모든 행위를 할 권리의무가 있다.

③ 제1022조, 제1032조 내지 전조의 규정은 전항의 관리인에 준용한다. 그러나 제1032조의 규정에 의하여 공고할 5일의 기간은 관리인이 그 선임을 안 날로부터 기산한다.

### 처분행위

한정승인을 신고하려면 원칙적으로 피상속인의 재산을 처분하면 안 되지만 실수로 또는 몰라서 재산 일부를 사용하는 경우가 있습니다. 한정승인을 신고하기 전에 미리 잘 따져보고 준비해야 합니다.

### 한정승인을 신고하기 전 이미 처분한 재산이 있을 경우

피상속인이 사망 후 재산을 처분하는 행위는 정말 신중해야 합니다. 잘못하면 단순승인으로 간주될 수 있기 때문입니다. 한정승인을 신고할 경우 상속재산 중 이미 처분한 재산이 있다면 그 목록과 가액을 함께 제출해야 합니다(민법 제1030조 제2항). 그리고 그 처분 재산이 피상속인의 장례비 등의 필수비용으로 사용했다는 점도 소명해야 합니다.

### 은행에서의 예금 출금, 카드 현금서비스 등 금융거래와 관련하여 주의할 점

피상속인이 살아 있을 때 피상속인의 지시를 받아 은행 ATM에서 예금을 인출하거나 현금서비스를 받는 경우가 있습니다. 거액이 아니라면 큰 문제는 없습니다(다만 상속재산분할과 관련한 분쟁이나 상속세의 문제는 생길 수 있습니다).

그런데 피상속인이 사망한 후에도 장례비 등으로 사용하기 위해 예금을 인출하거나 현금서비스를 받는 경우가 있습니다. 이 경우 명의 도용에 해당하여 형사 처벌을 받을 수도 있고 다른 상속인들과 상속재산에 대한 분쟁에 휘말릴 수도 있습니다. 그러므로 단순승인을 막으려면 피상속인의 사망 시점 이후의 현금서비스나 예금 인출은 곧바로 다시 입금하거나 별도로 보관하여 임의로 소비한 것이 아니라는 점을 증명할 수 있어야 합니다.

요약하면 피상속인 사망 후 인출한 예금이 있다면 이를 상속재산목록에 기재하여 채권자들에게 분배할 수 있도록 해야 합니다. 이러한 문제가 생겼다면 상속포기를 하는 것보다는 한정승인을 하는 것이 바람직합니다. 상속포기를 하게 되면 인출한 예금을 후순위 상속인들에게 내주어야 하고 이 사실을 채권자들에게 설명해야만 상속포기 무효 주장을 막을 수 있기 때문입니다.

**채권 추심과 한정승인**

피상속인 사망 후 상속포기나 한정승인 전에 채권 추심, 즉 피상속인이 빌려준 돈을 상속인이 돌려받는 경우가 있습니다. 상속인이 피상속인의 채무자에 대한 채권을 추심하여 변제받은 행위(아버지가 A씨에게 빌려준 돈을 자식이 돌려받은 행위)는 민법 제1026조 제1호 상속재산의 처분행위에 해당하고 그것으로써 단순승인을 한 것으로 간주하여 그 이후에 한 한정승인은 효력이 없습니다.

**대법원 2010. 4. 29. 선고 2009다84936 판결**

상속인이 상속재산에 대한 처분행위를 한 때에는 단순승인을 한 것으로 보는바(민법 제1026조 제1호), 상속인이 피상속인의 채권을 추심하여 변제받는 것도 상속재산에 대한 처분행위에 해당한다.

**정당한 처분행위로 인정받으려면**

처분행위를 한 경우라면 그 이후에는 원칙적으로 한정승인을 할 수 없습니다(특별한정승인은 가능한데, 해당 부분에서 자세히 살펴보겠습니다). 만약 변제받은 돈을 재산목록에 기재하여 한정승인 심판을 신청하더라도 법원에서는 재산 조회 서비스 결과와 비교해보고 채권을 현금화한 사유를 소명하라고 보정명령을 보내기도 합니다. 이 경우 장례비 등으로 사용하기 위해 현금화한 것일 뿐이며 그 현금을 그대로 보유하고 있다는 등의 충분한 설명을 통해 재산의 처분행위를 한 것이 아니었음을 소명하여 한정승인을 시도할 수 있습니다.

한정승인신고서를 작성하다보면 어느 지점에서 법원이 의문점을 가질지, 보정명령이 나올지가 눈에 보입니다. 그래서 서류를 작성하다 이러한 문제를 발견하면 법원에서 보정명령을 내리기 전에 선제적으로 상세한 해명을 하는 것이 좋습니다. 법원이 의심을 하고 물어보기 전에 문제가 될 만한 상황에 대한 설명을 미리 하는 것이 빠른 한정승인 심판 결과를 받아보는 데 큰 도움이 됩니다.

물론 한정승인 '후'에는 채권이나 상속재산을 현금화하는 정당한 처분행위는 할 수 있습니다. 주의할 점은 한정승인 '후'란 한정승인신고서를 제출하여 '이를 수리하는 가정법원의 심판을 고지받은 후(한정승인 결정문을 받은 때)'를 말합니다. 즉 한정승인신고서만 제출했다고 하여 처분행위를 해도 되는 것이 아닙니다(대법원 2016. 12. 29. 선고 2013다73520 판결).

그리고 한정승인 '후'에도 상속재산을 은닉하거나 부정 소비하거나 고의로 재산목록에 기재하지 않으면 민법 제1026조 제3호에 따라 단순승인을 한 것으로 간주될 수 있습니다. 따라서 상속포기나 한정승인 '후'라도 현금화한 재산을 재산목록에서 누락하거나 몰래 쓰는 경우, 상속재산을 부당하게 염가에 판매하는 경우 등은 단순승인에 해당할 수 있으므로 주의해야 합니다. 또한 새롭게 발견된 채권이나 재산이 있는 경우에도 의심받지 않도록 즉시 재산목록에 추가해야 합니다.

### 상속재산 관리인 선임

민법은 공동상속을 할 때 상속인 전원 또는 일부가 한정승인을 할 경우 상속재산 관리에 대해 특별한 규정을 두고 있습니다(민법 제1040조). 상속재산이 상당히 많지 않다면 일반적으로 상속재산 관리인을 선임하는 경우는 드뭅니다.

상속재산 관리인으로 선임된 자는 다음을 염두에 두고 상속재산을 관리해야 합니다.

- 상속인이 수인인 경우 법원은 각 상속인 기타 이해관계인의 청구에 의해 공동상속인 중에서 상속재산 관리인을 선임할 수 있습니다.

- 법원이 선임한 관리인은 공동상속인을 대표하여 상속재산의 관리와 채무의 변제에 관한 모든 행위를 할 권리의무가 있습니다.
- 관리인은 자기의 고유재산에 대한 것과 동일한 주의로 상속재산을 관리해야 합니다.
- 관리인은 자기 자신이 상속인이라는 자격과 다른 상속인의 대리인이라는 자격으로 상속재산의 관리 및 청산을 합니다. 이 경우 청산 절차에 관한 제1022조, 제1032조 내지 제1039조의 규정이 준용됩니다. 다만 제1032조의 규정에 의해 채권 · 수증을 신고할 것을 공고할 5일의 기간은 관리인이 그 선임을 안 날로부터 기산합니다.

5장

# 재산목록 작성방법

## 재산목록 작성 형식

**사례 1** 한정승인신고서에 재산목록을 작성하려 하는데, 적극재산이 무엇인지, 소극재산이 무엇인지 모르겠습니다. 구체적으로 어떻게 작성해야 하는지 궁금합니다.

재산목록을 작성할 때는 적극재산과 소극재산을 증명하는 증빙 자료를 첨부해야 합니다. 적극재산은 피상속인이 남긴 재산을 말하고 소극재산은 피상속인의 빚을 가리킵니다. 말 그대로 재산목록이므로 적극재산과 소극재산만 기재해도 충분합니다.

그러나 실무상 재산목록에 적극재산, 소극재산 항목과 별도의 항목으로 장례비를 기재하고 관련 증빙 자료를 첨부하는 경우가 많습니다. 다음에서 설명하는 바와 같이 장례비는 상속비용이기 때문에 원칙적으로 한정승인 재산목록에 포함될 내용은 아닙니다. 그리고 재산목록에 장례비를 기재했다고 하여 법원이 해당 금액을 합법적으로 사용한 것으로 인정하는 효력이 발생하는 것은 아닙니다.

하지만 필자들의 경험에 따르면 한정승인 재산목록에 장례비 항목을 잡아놓았을 때 청산 절차에서 법원의 심판문을 채권자들에게 제시하면 채권자들이 그 금액에 대해서는 어느 정도 수긍을 하는 경우가 많습니다. 예를 들어 조회된 적극재산이 총 100만 원인데 장례비로 200만 원이 들었다면 장례비로 사용하고 남는 것이 없으므로 청산 단계에서 채권자들에게 배당해줄 재산이 없다고 통지하는 식으로 간단히 청산을 마무리해도 이의를 제기하는 채권자들이 거의 없습니다.

이제 각 재산별로 챙겨야 할 서류와 유의점을 알아보겠습니다.

### 적극재산

#### 예금

사망자 등 재산 조회 통합 처리 서비스를 통해 확인된 금융 계좌의 잔액증명서(소액이라도 전부)를 첨부합니다. 재산 조회시 1원에서 1만 원 이하라고 확인되는 은행에서도 잔액증명서를 받아야 합니다.

#### 보험 및 연금

재산목록에 "OO회사의 보험 있음"이라고 기재해서는 안 됩니다. 상속재산을 조회하여 구체적으로 보험금이 상속재산인지, 유족의 고유재산인지 확인하고 상속재산만 기재합니다.

### 부동산

사망자 등 재산 조회 통합 처리 서비스를 통해 확인된 부동산의 등기부등본을 첨부합니다.

### 자동차

자동차는 인터넷 또는 관공서에서 자동차등록원부를 발급받아 첨부합니다.

### 소극재산

사망자 등 재산 조회 통합 처리 서비스를 통해 확인된 금융기관의 부채증명서를 첨부하고 개인 채무는 차용증이나 판결문 또는 영수증을 첨부합니다.

한정승인을 신고할 때 소극재산목록에는 조회 당시 채무 원금과 이자를 포함하여 모두 표시합니다. "원리금 합계(원금 ○○○원 + 이자 ○○○원)"라고 작성하면 됩니다. 상속재산을 조회했을 때는 원금만 확인되기 때문에 반드시 금융기관에서 부채증명서를 발급받아 이자까지 재산목록에 표시해야 합니다. 다만 특별한정승인이 아닌 이상 적극재산보다 소극재산이 많다는 증명은 별도로 하지 않아도 됩니다. 소극재산을 특정하기 어렵다면 소극재산 목록에는 확인되지 않지만 "기타 피상속인의 사채, 금융기관 부채, 국세 · 지방세 등 일체의 상속채무"라고 기재하면 됩니다. 그리고 심판청구서에 적극재산의 한도 내에서 책임을 부담하겠다는 취지를 밝히면 됩니다.

▶ **상속재산목록**(예시)

[별 지]

## 상 속 재 산 목 록

1. 적극재산(망인의 재산)

가. 부동산

없음

나. 유체동산

품명 : 자동차

차명 : 쎄라토(2007년식)

자동차등록번호 :

다. 금전채권

(1) 예금채권

IBK 기업은행 729,120원

농협 15,124원

2. 소극재산(망인의 채무)

가. 채권자 대한민국

채무액 364,330원

채무의 종류 종합소득세

발생일 알 수 없음.

**나. 채권자 서울특별시 금천구**

채무액 13,930

채무의 종류 지방세

발생일 2016. 2.

**다. 채권자 제이티캐피탈(주)**

채무액 5,141,641 (2016. 4. 29.까지의 이자 포함)

채무의 종류 개인신용가계자금

발생일 2016. 1. 4.

**라. 채권자 SBI저축은행**

채무액 7,466,668

채무의 종류 해오름햇살론(근로자생계대출)

발생일 2015. 11. 16.

**마. 채권자 IBK기업은행**

채무액 1,541,553(2016. 4. 27.까지의 이자 포함)

채무의 종류 신용카드대출

발생일 2013. 8. 23.

# 주의해야 할 재산목록

**채권**

재산목록을 작성할 때 적극재산으로 빠뜨리지 말아야 할 것이 채권입니다. 피상속인이 다른 사람에게 받을 돈이 있다면 그 내역을 확인해서 재산목록에 적극재산으로 기재해야 합니다.

**피상속인이 미처 회수하지 못한 채권**

돌아가신 아버지가 받을 5000만 원의 채권이 있는 경우 이 채권도 재산목록에 기재해야 합니다. 한정승인 목록에 채권으로 기재하고 차용증이나 지급 각서, 판결문 등을 첨부해야 합니다. 이후 채권을 회수하면 한정승인 결정 후에 채권자들에게 안분 배당을 하면 됩니다. 하지만 보통 채권자가 사망하면 채무자들은 돈을 갚지 않으려는 경향이 있습니다. 이 경우에도 일단 재산목록에 기재하며 한정승인을 한 상속인은 소송 제기나 다른 방법 등을 통해 채권을 회수하여 채권자들에게 정산해야 합니다. 만약 상속인이 채권 회수를 하지 못했다면 채권자들에게 그 사실을 통지하는 것으로도 충분합니다. 상속인의 고유재산으로 먼저 변제할 필요는 없습니다. 채권을 회수한 다음 그 돈으로 변제하면 됩니다.

**채권 추심시 주의할 점**

상속인이 한정승인 심판 결정 전에 적극적으로 채권을 받아내서는 안 됩니다. 간혹 피상속인의 채무자들이 일방적으로 돈을 갚거나 통장에 입금하는 때도 있습니다. 이 경우 그 돈을 별도로 보관하고 적극재산목록에 기재합니다. 만약 채권을 재산목록에서 누락하면 민법 제1026조 제3호의 "고의로 재산목록에 기입하지 아니한 때"에 해당하여 한정승인이 불가능할 수 있습니다.

**채권의 소멸시효**

피상속인이 회수해야 할 채권의 종류에 따라 소멸시효가 만료될 수도 있습니다. 소멸시효제도란 어떠한 권리를 일정 기간 행사하지 않으면 그 권리가 소멸한 것으로 보는 제도입니다. 그 기간은 권리의 종류에 따라 다릅니다. 일반적인 민사 채권은 10년이지만 일반적인 상행위로 인한 채권은 5년입니다. 또한 상행위로 인한 것일지라도 생산자나 상인이 판매한 상품의 대가, 즉 물품 판매 대금은 3년이면 소멸합니다. 이렇게 소멸시효가 짧은 채권을 단기 소멸시효 채권이라 하는데, 이러한 채권의 경우 소송을 제기하여 승소하면 시효 기간이 10년으로 '연장'되는 실익을 얻을 수 있습니다.

채권을 정리하다보면 소멸시효가 임박한 채권이 발견될 때도 있습니다. 이때 소송을 제기하기까지 시간적 여유가 없다면 가장 간명한 방법은 내용증명우편을 보내는 것입니다. 이를 민법상 '최고'라 하는데, 이 내용증명우편 안에는 '권리를 행사한다는 내용', 즉 "나는 당신에게 채권이 있으니 돈 얼마를 갚아라"라는 내용이 기재되어 있어야 합니다.

하지만 내용증명우편은 시효를 6개월 연장하는 효력밖에 없습니다. 그리고 6개월 이내에 소송이나 가압류, 가처분 등 절차를 진행해야 합니다. 여러 번 보낸 내용증명 우편 중에 6개월 이내에 앞의 후속 조치를 한 것만이 시효중단의 효과를 인정받습니다. 즉 소송을 제기하기 전 6개월 이내에 보낸 내용증명우편이 시효 기간 내에 있어야 합니다.

**민법**

**제174조(최고와 시효중단)**

최고는 6월 내에 재판상의 청구, 파산절차참가, 화해를 위한 소환, 임의출석, 압류 또는 가압류, 가처분을 하지 아니하면 시효중단의 효력이 없다.

**제181조(상속재산에 관한 권리와 시효정지)**

상속재산에 속한 권리나 상속재산에 대한 권리는 상속인의 확정, 관리인의 선임 또는 파산선고가 있는 때로부터 6월 내에는 소멸시효가 완성하지 아니한다.

**피상속인과 친척 또는 상속인 간 채권 · 채무가 있는 경우**

사람과 사람과의 관계이다보니 부모와 자식 간에도 돈거래가 있을 수 있습니다. 아들이 돌아가신 아버지에게 받을 돈이 있는 경우 이 돈도 재산목록에 포함할 수 있습니다. 그런데 이 돈이 소액일 때는 문제가 없지만 상속인이 큰 금액의 채권자로 재산목록에 기재되어 있다면 다른 채권자들이 이의를 제기할 수 있습니다. 이러한 경우 일단 재산목록 중 소극재산목록에 기재하고 계좌 이체 내역, 차용증, 돈을 빌려주게 된 경위 등을 잘 정리하여 한정승인 심판청구서와 함께 제출하면 됩니다.

피상속인과 가까운 친척 간의 돈거래가 있을 경우에도 마찬가지입니다. 예를 들어 형이 사망한 동생에게 돈을 빌려준 경우(형이 동생의 상속인이 아닌 경우)에도 일단 소극재산목록에 기재해야 합니다. 만약 채권자들이 이의를 제기하면 추후 형이 동생의 한정승인 상속인에게 지급명령 또는 판결을 받아 채권자들에게 대응해야 합니다.

### 부동산

피상속인 명의의 부동산이 있는 경우 이를 처분하여 채권자들에게 청산 · 배당을 하거나 채권자들이 스스로 경매를 통해 찾아갈 것(압류 · 추심)을 유도하는 방법이 있습니다.

#### 팔리지 않는 부동산이 있는 경우

재산 가치가 떨어지거나 환금성이 떨어지는 부동산이 있는 경우, 가령 시골에 있는 자투리 도로나 경매를 해도 실익이 없는 부동산은 처분하여 채권자들에게 배당하려면 여러 가지 어려움이 있습니다. 이러한 경우에는 일단 채권자들이 스스로 경매를 통해 찾아가도록(압류 · 추심) 유도하는 것이 바람직합니다.

그런데 채권자의 입장에서도 처분 실익이 없어(처분비용이 부동산 가액보다 더 드는 경우) 아무런 조치를 하지 않고 방치하는 경우도 있습니다. 한정승인 상속인은 세금만 제대로 내고 있으면 큰 문제는 없습니다. 물론 한정승인 상속인이 자신의 명의로 상속등기를 마친 뒤에 적절한 부동산의 처분 가액을 공개하고 이를 토대로 배당하는 방법도 있습니다.

#### 오래전에 돌아가신 할아버지 명의의 부동산이 있는 경우

할아버지 명의의 부동산 역시 자식인 아버지의 상속재산에 포함됩니다. 아버지의 상속지분을 계산하여 적극재산목록에 부동산 등기부등본과 가족관계증명서, 제적등본 등 상속관계를 증명할 수 있는 서류를 함께 첨부해야 합니다. 할아버지가 돌아가신 날짜에 따라 상속비율이 달라질 수 있습니다(예전의 상속비율은 지금과 다릅니다). 이러한 점을 고려하여 상속지분을 전부 다시 계산해서 절차를 진행해야 합니다.

상속포기를 한 경우에는 당연히 할아버지의 재산도 받을 수 없습니다. 예를 들어 아버지가 사망했는데 아들은 상속포기, 어머니는 한정승인을 했다면 아들은 할아버지의 재산을 상속받을 권한이 없고 어머니만 상속을 받습니다. 물론 어머니는 물려받은 할아버지 재산의 범위에서 채권자들에게 추가로 청산할 의무가 있습니다.

**민법상 상속분의 변화**

1960년 민법 시행 이전에 아버지가 사망한 경우(상속이 시작된 경우) 상속인과 상속분은 관습법에 따르게 됩니다. 당시에는 호주제도가 있었는데, 호주가 사망한 경우 호주 상속을 한 장남은 전 호주의 유산 전부를 승계한 다음 2분의 1은 본인이 취득하고 나머지는 차남 이하에게 평등하게 나누어주었습니다(대법원 2007. 1. 25, 선고 2005다26284 판결). 그리고 호주 아닌 남자가 사망한 경우 자녀들이 균등한 비율로 상속하였습니다(대법원 2009. 3. 26, 선고 2006다38109 판결). 다만 출가한 여자는 상속권이 없고 서출(庶出) 자녀는 적출(嫡出) 자녀의 절반을 상속하는 것이 우리나라의 관습법이었습니다(대법원 1991. 2. 22, 선고, 90다15679, 판결).

1960년 민법이 시행된 이후에도 여전히 여자의 상속분은 차별받았습니다. 여자의 상속분은 남자의 상속분의 2분의 1로 하고 여자가 동일 가적(家籍) 내에 없을 경우(결혼한 경우)에는 남자의 상속분의 4분의 1이었습니다. 거기에 처의 상속분은 직계비속과 공동으로 상속할 때에는 남자의 상속분의 2분의 1로 하고, 직계존속과 공동으로 상속할 때에는 남자의 상속분과 같다는, 남녀평등에 반하는 규정이었습니다. 그리고 호주에게 상속분의 50퍼센트를 가산했습니다.

1977년에 민법이 개정되었는데, 이때에도 결혼하지 않은 여자의 상속분은 남자와 같았지만 결혼한 여자의 상속분은 여전히 다른 상속인의 상속분의 4분의 1이었습니다. 다만 이때 큰 변화가 있었는데, 처의 상속분을 다른 상속인들의 상속분에 50퍼센트를 가산하게 되었습니다.

1990년에 개정된 민법은 현행의 민법과 동일합니다. 기본적으로 결혼 여부를 불문하고 남녀평등 상속의 원칙을 확립했으며 호주의 상속권은 폐지되었습니다. 그리고 배우자의 상속분은 다른 상속인들의 상속분에 50퍼센트를 가산하도록 규정했습니다. 1977년 민법은 처의 상속분에만 50퍼센트를 가산했는데, 개정된 민법은 '처'가 아닌 '배우자'로 규정하여 아내가 먼저 사망한 경우 남편의 상속분에도 50퍼센트를 가산하도록 규정했습니다.

**<표 4> 법정상속분의 변천**

| 구분 | 민법 시행 이전 (1960년 전) | 1960.1.1~ 1978.12.31 | 1979.1.1~ 1990.12.31 | 1999.1.1~ 현재 |
|---|---|---|---|---|
| 처 | 없음 | · 직계비속과 공동상속: 0.5<br>· 직계존속과 공동상속: 1 | 1.5 | 1.5 (배우자) |
| 장남 (호주) | · 호주 사망(전 재산 상속)<br>· 호주 아닌 자 사망 (아들 평등상속) | 1.5 | 1.5 | 1 |
| 처남 | 분가시 분재청구권 (사망 호주 재산)<br>· 평등상속(비호주 사망) | 1 | 1 | 1 |
| 딸 (출가) | 없음 | 0.25 | 0.25 | 1 |
| 딸 (미혼) | 없음 | 0.5 | 1 | 1 |
| 직계 존속 | | 직계비속 없으면 처와 공동상속: 1 | 좌동 | 좌동 |
| 배우자 대습상속 | | · 처만 시부모 재산 대습상속권(재혼처에게는 인정 안 함) 인정<br>· 남편은 처의 부모 재산 대습상속권 없음 | 좌동 | 배우자 모두 대습상속권 인정(재혼자에게는 인정 안 함) |

### 아버지 명의로 된 종중 재산의 경우

이 경우는 조금 복잡합니다. 원칙적으로 부동산은 등기부상 명의자를 소유자로 보기 때문에 종중의 재산을 아버지의 상속재산에 포함하지 않으려면 일단 종중의 실체가 있다는 것이 증명되어야 하고 종중이 재산의 명의를 회수해가야 합니다. 등록된 종중이라면 종원 총회를 열어 종중 명의로 상속인들에게 소송을 제기하여 부동산을 종중의 명의로 바꾸는 절차가 필요할 수도 있습니다. 등록되지 않은 종중이라면 종중을 새로 등록해야 하는 등의 문제가 발생할 수도 있습니다. 너무 복잡한 경우라면 상속포기를 고려하는 것도 방법입니다.

종중을 등록하기 위해서는 창립총회의사록, 종중 규약, 도장, 부동산등기용 등록번호 부여신청서, 회의 참석자 명단, 회장직인, 대표자의 주민등록증, 도장, 주민등록초본, 고유번호증 등이 필요하며 관할 구청에 종중등록신청서를 작성하여 등록증명서를 첨부하여 부동산 명의 이전 등기를 신청하면 됩니다. 또한 등록증명서로 세무서에 고유번호등록을 신청하고 종중 명의로 계좌를 개설하면 됩니다.

### 경매 진행중인 부동산의 배당금

피상속인의 재산이 경매가 진행중인 경우라면 그 부동산을 그대로 첨부하고 경매 사실을 기재합니다(부동산등기부등본과 사건검색 기록도 함께 첨부). 경매가 종결되어 배당금이 있다면 그 배당금을 적극재산으로 기재합니다.

### 일부 토지에만 한정승인 가능 여부

일부 토지만 한정승인을 하는 것은 불가능합니다. 예를 들어 A, B, C, D 네 필지의 토지가 있는데, 근저당이 설정된 A, B 토지에만 한정승인을 하고 나머지 C, D 토지는 상속받을 수 없습니다. 한정승인은 전체 상속재산과 상속채무를 대상으로 합니다.

### 부동산의 시가 책정방법

부동산 시가는 세법상의 시가나 공시지가가 아니라 피상속인 사망 당시 감정평가액이 기준이 됩니다. 부동산 매각이 이루어졌을 때 합리적인 가격이라면 그 매각 금액이 채권 청산액의 기준이 됩니다.

### 공유지분이 있는 부동산이 있는 경우

한정승인 상속인은 공유지분의 처분 금액만큼 채권자에게 변제하면 됩니다. 먼저 채권자들의 압류 · 추심을 위한 경매신청을 유도해보기 바랍니다. 채권자가 먼저 경매를 신청하지 않으면 민사집행법 제274조 제1항에 따른 상속재산 청산을 위한 경매 절차를 진행해야 합니다. 이를 형식적 경매 절차라고 합니다. 한정승인신고를 수리한 심판서 등본과 목적 부동산이 상속재산임을 증명하는 자료를 첨부해서 신청합니다.

### 보험금

피상속인의 사망으로 인해 보험금이 지급되는 경우가 있습니다. 이 보험금을 상속재산으로 재산목록에 포함해야 할지, 빼야 할지 애매할 때 일단 보험계약서, 보험증서를 확인하고 그 유형에 따라 다음 절차에 따르면 됩니다.

**구체적인 보험 내역을 알 수 없는 경우**

사망자 등 재산 조회 통합 처리 서비스에서 보험의 존재 여부까지는 알 수 있습니다(구체적인 내용까지는 조회되지 않습니다). 상속재산 검색에서 나타난 보험사에 전화를 걸어 상속인이 보험 내역을 확인하는 데 필요한 서류가 무엇인지 확인하고 보험사에 방문하여 보험 내역을 확인해야 합니다.

**보험금의 수익자가 피상속인으로 되어 있는 경우**

수익자가 피상속인으로 되어 있다면 상속재산입니다. 한정승인 심판청구서에 재산목록으로 기재하고 상속채무를 변제하는 데 사용해야 합니다. 사망보험, 화재보험, 암보험, 손해보험 모두 마찬가지입니다. 보험회사로부터 보험금을 받을 수 있는 경우에는 그 보험금을 재산목록에 기재하고 해약환급금을 받는 경우에는 그 내역서를 첨부하여 재산목록에 기재해야 합니다.

**보험금의 수익자가 제3자로 되어 있는 경우**

보험금의 수익자가 제3자로 되어 있고 피상속인의 사망으로 보험금이 지급된다면 이 보험금은 상속재산이 아닙니다. 재산목록에 포함할 필요가 없습니다.

**해약환급금이 나오는 경우**

보험금이 지급되는 것이 아니라 해약환급금이 나오는 경우가 있습니다. 예를 들어 화재보험을 피상속인이 보험계약자로, 피상속인의 회사를 피보험자로 하여 가입할 수가 있습니다. 이러한 경우 화재가 발생하여 피상속인이 사망한 것이 아니라면 피상속인에게는 보험금이 나오지 않습니다. 하지만 보험계약자가 사망했으므로 해약환급금이 지급됩니다. 이 해약환급금은 피상속인의 재산이기 때문에 상속재산으로 재산목록에 포함하여 사후에 채권자들에게 정산을 해주어야 합니다.

**보험금의 수익자가 상속인으로 되어 있는 경우**

보험금의 수익자가 단순히 '상속인'으로 기재되어 있거나 '상속인' 중 한 명을 지정하여 계약이 체결된 경우라면 피상속인의 재산이 아닙니다. 즉 상속인의 고유재산이 되기 때문에 재산목록에 기재할 필요 없이 바로 보험금을 찾으면 됩니다.

보험사에서는 상속인이 여러 명이면 해당 상속인의 상속지분만큼만 보험금을 지급하는 것이 보통입니다. 다른 상속인들과 함께 보험금을 찾기 어렵다면 혼자서 본인의 상속지분에 해당하는 액수의 보험금을 받으면 됩니다.

**사망 전에 보험금 지급 사유가 발생했으나 사망 후에 보험금이 지급된 경우**

이 경우 역시 피상속인의 상속재산입니다. 상속인이 받았다고 하더라도 이는 상속재산이므로 한정승인 절차 완료 후 채권자들에게 배분해야 합니다.

### 보험금과 세금

앞서 말한 것처럼 상속인이 수익자로 지정된 보험금은 상속재산이 아닙니다. 하지만 이것은 상속법의 영역이고 세법의 영역에서는 조금 다릅니다. 한정승인이나 상속포기를 했더라도 세금이 부과될 수 있습니다.

다음 〈표 5〉에서 보는 바와 같이 보험금은 상속재산이 아니지만 세법상 간주상속재산으로 상속세가 부과되는 때도 있고 증여세가 부과되는 경우도 있습니다. 다음 표에 대한 상세한 설명은 7장의 '한정승인과 세금'을 참조하기 바랍니다.

<표 5> 보험수익자와 세금

| 계약자 | 피보험자 | 수익자 | 과세 내용 |
|---|---|---|---|
| 아버지 | 아버지 | 아버지 | 상속재산(상속) |
| 아버지 | 아버지 | 아들 | 간주상속재산(상속세, 상속세 및 증여세법 제8조) |
| 어머니 | 아버지 | 아들 | 증여세(어머니가 아들에게 증여한 것) |
| 아들 | 아버지 | 아들 | 비과세(아들이 자신의 수익이 있어서 보험금을 지급할 수 있었음을 증명 필요) |

**대법원 2013. 5. 23. 선고 2013두1041 판결**

**[양도소득세부과처분취소]**

상속세 및 증여세법 제8조가 규정하는 보험금이 국세기본법 제24조 제1항에서 정한 '상속으로 받은 재산'에 포함되는지 여부(소극)

상속세 및 증여세법(이하 '상증세법'이라 한다.) 제8조 제1항은 피상속인의 사망으로 인하여 지급받는 생명보험 또는 손해보험의 보험금으로서 피상속인이 보험계약자가 된 보험계약에 의하여 지급받는 보험금이 실질적으로 상속이나 유증 등에 의하여 재산을 취득한 것과 동일하다고 보아 상속세 과세대상으로 규정하고 있으나, 상증세법 제8조가 규정하는 보험금의 경우 보험수익자가 가지는 보험금지급청구권은 본래 상속재산이 아니라 상속인의 고유재산이므로, 상증세법 제8조가 규정하는 보험금 역시 국세기본법 제24조 제1항이 말하는 '상속으로 받은 재산'에는 포함되지 않는다고 보아야 한다.

**상속 및 증여세법**

**제8조(상속재산으로 보는 보험금)**

① 피상속인의 사망으로 인하여 받는 생명보험 또는 손해보험의 보험금으로서 피상속인이 보험계약자인 보험계약에 의하여 받는 것은 상속재산으로 본다.

② 보험계약자가 피상속인이 아닌 경우에도 피상속인이 실질적으로 보험료를 납부하였을 때에는 피상속인을 보험계약자로 보아 제1항을 적용한다.

### 연금, 퇴직금, 사망위로금

피상속인의 사망으로 인해 연금, 사망위로금 등이 지급된 경우 한정승인을 신고한 상속인이 해당 연금, 사망위로금 등을 받아도 되는지 판단하기 어려울 때가 있습니다. 기본적으로 다음 분류에 따르면 됩니다.

### 각종 유족연금

피상속인이 사망하여 공무원연금법, 사립학교교직원연금법, 군인연금법, 별정우체국법, 국민연금법 등에 의해 유족에게 지급되는 유족연금은 당해 법률에서 수급권자의 순위나 지급방법을 재산상속과 별개로 규정하고 있습니다. 따라서 유족연금, 유족연금부가금, 유족연금특별부가금, 유족연금일시금, 유족일시금, 유족보상금, 순직유족연금, 순직유족보상금 등은 수급권자의 고유권리로 상속재산에 해당하지 않습니다. 즉 유족의 고유재산이므로 한정승인 신고시 상속재산으로 신고할 필요가 없습니다.

**대법원 2014. 11. 27. 선고 2011다57401 판결**

구 국민연금법(2011. 12. 31. 법률 제11143호로 개정되기 전의 것. 이하 같다)에 의한 노령연금을 받던 사람이 타인의 불법행위로 인하여 사망한 경우 그 상속인들은 망인이 생존하고 있었으면 그 여명기간 동안 수령할 수 있었던 일실노령연금 상당의 손해배상채권을 상속하여 가해자에 대하여 그 배상을 청구할 수 있다.

한편 구 국민연금법 제72조 내지 제76조의 규정은 유족연금에 관하여 노령연금 수급권자 등이 사망할 당시 그에 의하여 부양되고 있던 유족의 생활보장과 복지향상을 목적으로 하여 민법의 상속제도와는 다른 입장에서 수급권자를 정한 것이므로, 유족연금의 수급권자는 상속인으로서가 아니라 이들 규정에 의하여 직접 자기의 고유의 권리로서 유족연금을 받을 권리를 취득하는 것이고, 그 유족연금의 수급권은 타인의 불법행위로 사망한 노령연금 수급권자 등의 상속재산에 포함되지 아니한다.

**퇴직금**

퇴직일시금, 퇴직연금 등 퇴직을 명목으로 지급되는 금액은 유족의 고유재산이 아니라 피상속인의 상속재산입니다. 따라서 이 돈을 수령한 경우에는 차후 피상속인의 채권자들에게 배당하는 절차를 거쳐야 합니다.

**사망조위금, 사망위로금**

공무원재해보상법 등 각종 연금 관련 법률에 따라 유족에게 지급되는 사망조위금이나 재직하던 회사나 상조회사의 내부 규정으로 지급하는 사망위로금은 유족에게 곧바로 지급되는 돈입니다. 유족의 고유재산이지, 피상속인의 상속재산이 아니므로 신고할 필요가 없습니다.

**공무원 재해보상법**

**제43조(사망조위금)**

① 공무원의 배우자나 부모(배우자의 부모를 포함한다) 또는 자녀가 사망한 경우에는 그 공무원에게 사망조위금을 지급한

다. 이 경우 사망조위금 지급대상이 되는 공무원이 2명 이상일 때에는 대통령령으로 정하는 1명의 공무원에게 지급하되, 부양하던 공무원이 따로 있으면 그 공무원에게 지급한다.

② 공무원이 사망한 경우에는 그 배우자에게 사망조위금을 지급하되, 배우자가 없는 경우에는 대통령령으로 정하는 바에 따라 장례를 치르고 제사를 모시는 사람에게 지급한다.

③ 제1항에 따른 사망조위금은 공무원 전체의 기준소득월액 평균액의 65퍼센트로 하고, 제2항에 따른 사망조위금은 해당 공무원의 기준소득월액의 2배로 한다.

### 자동차

한정승인 결정 후 신문 공고 및 채권신고 기간이 경과한 이후 한정승인을 받은 상속인이 자동차를 처리하는 방법은 크게 다섯 가지가 있습니다.

먼저 차량의 명의를 상속인으로 변경하지 않아도 되는 경우로 다음의 세 가지 방법이 있습니다.

- 차량이 노후하여(승용차의 경우 11년 이상) 상속 폐차하는 방법
- 상속재산 파산신청을 하여 법원이 정한 파산관재인을 통해

상속채무를 청산하는 방법

- 근저당권자 등 채권자들이 경매 청구를 하도록 유도하여 처리하는 방법

그리고 차량의 명의를 상속인으로 변경하는 절차를 거쳐야 하는 경우로 두 가지 방법이 있습니다. 이때는 명의 변경에 따른 취득세 등을 상속인이 부담해야 합니다.

- 상속인이 직접 청산 절차를 진행하여 채권자들에게 배당하는 방법
- 채권자들의 동의를 받아 매각하거나 폐차하여 채권자들에게 배당하는 방법

이중 상속재산 파산신청은 파산관재인 선임비용이 들어가는 대신 채권자가 많고 변제과정에서 불공평한 재산 배분 등의 위험부담이 있는 경우 유용한 방법이 될 수 있습니다. 최근 서울회생법원과 가정법원이 연계하여 상속재산 파산신청제도를 활성화하려는 방안이 활발히 논의되고 있습니다.

다음에서는 한정승인을 할 때 자동차와 관련된 다양한 문제와 함께 좀더 자세히 살펴보겠습니다.

**한정승인을 신고한 차량의 운행**

한정승인은 상속재산 범위 내에서 상속을 받은 것이므로 차를 운행하는 것은 문제가 없습니다. 그러나 최소한 책임보험 가입은 해야 합니다.

**차량의 가격 평가**

한정승인신고 재산목록에 포함된 자동차는 최대한 객관적으로 그 가격을 평가해야 합니다. 승용차의 경우에는 국토교통부에서 운영하는 '자동차 365(www.car365.go.kr)'를 참조하면 됩니다(현재는 승용자동차만 서비스되고 있습니다). 그 밖에 KB차차차, 전국자동차매매사업조합연합회, K Car 등에서 주로 시세를 확인합니다.

차량의 가격을 확인한 후 가격을 평가하여 재산목록에 기재하고 그 근거 자료를 한정승인 심판청구서에 첨부합니다. 가격을 평가할 때는 최대한 보수적으로, 채권자에게 유리한 방향으로 평가하는 것이 좋습니다. 단순히 평균 가격을 계산하는 것이 아니라 차량의 연식, 사양 등을 비교하며 채권자가 납득할 만한 가격으로 평가해야 합니다.

**자동차 명의 변경**

앞서 설명한 바와 같이 자동차 처분을 위해 상속인으로 명의변경이 필요한 경우는 두 가지입니다. 이러한 경우를 제외하고 자동차 명의를 함부로 상속인 앞으로 변경하는 것은 상속재산 이

전에 해당하여 단순승인으로 간주될 위험이 있습니다.

처분을 위해 상속인으로 명의 변경이 필요하더라도 신문 공고 및 채권신고 기간이 지나기 전에 명의를 변경해서는 안 됩니다. 이러한 사실을 잘 모르고 한정승인을 신고하기 전에 명의 변경을 했다면 한정승인 심판청구서에 명의 이전 사실과 변제 계획을 기재해야 합니다. 다만 이 경우 채권자들이 이의 제기를 할 가능성도 있습니다.

**자동차 명의 변경시 자주 발생하는 문제**

피상속인이 소유하던 자동차에는 각종 과태료나 세금 체납 등으로 인해 압류가 걸려 있을 가능성이 큽니다. 이때 자동차를 상속인 명의로 변경하기 위해서는 자동차에 부과된 각종 과태료나 세금 등을 모두 납부하고 압류를 해제해야 합니다. 따라서 한정승인을 신청할 때 자동차에 부과된 과태료나 세금 등을 구청을 통해 추가로 확인하고 미리 한정승인신청서의 상속채무에 포함하는 것이 좋습니다.

자동차에 체납된 세금, 과태료 등이 있다면 관련 기관이 압류하고 공매까지 진행하는 것이 가장 이상적입니다. 하지만 자동차를 매각해보았자 매각비용을 제하면 세금, 과태료 등이 충당이 되지 않는 경우가 많이 있습니다. 이러한 경우 구청 등 해당 관서에서는 공매 절차를 진행하지 않기 때문에 결국 상속인이 명의 이전을 위해 어쩔 수 없이 대신 세금, 과태료 등을 납부해야 합니다.

자동차는 상속개시, 즉 피상속인 사망 후 곧바로 (명의 변경을 하지 않아도) 상속인의 소유가 됩니다. 따라서 상속개시 이후 자동차 책임보험 가입의무, 검사의무는 상속자가 부담하게 됩니다. 두 의무 모두 위반시 과태료 부과 대상이라는 점을 염두에 두고 빠른 조치를 해야 합니다.

**자동차 명의 변경과 취득세**

한정승인 역시 상속을 받는 것이기 때문에 자동차 명의 변경시 한정승인을 하는 상속인에게 취득세가 부과됩니다.

**자동차 명의 변경과 종합보험**

한정승인을 신고한 후 자동차 명의를 상속인으로 변경할 때 기존의 자동차보험은 해약하고 해약환급금을 받아 상속재산에 포함하는 것이 원칙입니다. 그리고 상속인은 새로운 보험에 가입해야 합니다. 이 경우 종합보험까지 가입할 필요는 없으나 책임보험은 반드시 가입해야 합니다. 상속인이 자동차 책임보험에 가입하지 않으면 그로 인한 과태료가 상속인에게 부과됩니다.

**자동차 명의 이전을 하지 않은 경우**

상속인은 "상속개시일이 속하는 달의 말일부터 6개월 이내"에 등록 관청에 차량의 명의 이전 신청을 해야 합니다(자동차등록령 제26조, 자동차관리법 제12조 제1항). 이 시기까지 이전하지 않으면

"1년 이하의 징역 또는 1천만 원 이하의 벌금"으로 처벌받을 수 있습니다(자동차관리법 제12조 제1항, 제81조). 하지만 실무상 신문 공고 및 채권신고 기간이 지날 때까지 6개월 이상 소요되는 경우가 많은데, 관공서에서는 이러한 사정을 고려하지 않고 일률적으로 과태료를 부과합니다. 이때 개별적으로 관공서의 담당 부서에 이러한 사실을 밝혀 이의를 제기할 수는 있으나 받아줄지 그 여부는 일률적이지 않습니다. 이의 제기를 할 때는 한정승인을 신청한 날이나 한정승인 확정송달증명원에 기재된 날부터 6개월로 계산해달라고 주장해보는 것도 방법이 될 수 있습니다.

### 자동차를 폐차하려는 경우

자동차를 폐차(말소신청)하기 위해서는 상속인으로 명의를 변경하는 것이 원칙입니다. 2010년 2월 7일부터 시행된 자동차관리법 제13조 제1항에 자동차 소유자에 상속인이 포함됨에 따라 노후한 차량(승용차의 경우 11년 이상) 등의 경우에는 별도의 이전등록 절차를 거치지 않고도 말소등록이 가능해졌습니다. 이 경우에는 상속인으로 명의를 변경하지 않고도 폐차할 수 있습니다. 따라서 명의를 변경하기 위해 압류 금액을 납부하고 압류를 모두 풀어야 하는 부담을 덜 수 있게 되었습니다.

그러나 노후 차량에도 근저당권이 설정되어 있다면 문제가 발생할 수 있습니다. 자동차관리법령의 해석상 근저당권이 설정되어 있을 때도 압류와 마찬가지로 문제없이 말소등록이 가능해야 할 것 같지만 실제 자동차등록사업소 등에서는 내부 지침을 근거로 근저당권 등록을 말소해야만 폐차 처리를 할 수 있다고 하는 곳도 있습니다.

그리고 폐차 절차에서 받은 돈이 있는 경우 이는 상속재산이므로 채권자들에게 변제해야 합니다.

**자동차관리법**

**제13조(말소등록)**

① 자동차 소유자(재산관리인 및 상속인을 포함한다. 이하 이 조에서 같다)는 등록된 자동차가 다음 각 호의 어느 하나의 사유에 해당하는 경우에는 대통령령으로 정하는 바에 따라 자동차등록증, 등록번호판 및 봉인을 반납하고 시 · 도지사에게 말소등록(이하 "말소등록"이라 한다)을 신청하여야 한다. 다만, 제7호 및 제8호의 사유에 해당되는 경우에는 말소등록을 신청할 수 있다.

7. 제14조의 압류등록을 한 후에도 환가(換價) 절차 등 후속 강제집행 절차가 진행되고 있지 아니하는 차량 중 차령 등 대통령령으로 정하는 기준에 따라 환가가치가 남아 있지 아니하다고 인정되는 경우. 이 경우 시 · 도지사가 해당 자동차 소유자로부터 말소등록 신청을 접수하였을 때에는 즉시 그 사실을 압류등록을 촉탁(囑託)한 법원 또

는 행정관청과 등록원부에 적힌 이해관계인에게 알려야 한다.

**자동차등록령**

**제31조(말소등록 신청)**

② 법 제13조 제1항 제7호 전단에서 "차령 등 대통령령으로 정하는 기준에 따라 환가가치가 남아 있지 아니하다고 인정되는 경우"란 다음 각 호의 어느 하나에 해당하는 경우를 말한다.

1. 차령 11년 이상인 승용자동차
2. 차령 10년 이상인 승합자동차, 화물자동차 및 특수자동차(경형 및 소형)
3. 차령 10년 이상인 승합자동차(중형 및 대형)
4. 차령 12년 이상인 화물자동차 및 특수자동차(중형 및 대형)

**차량을 매각할 때 상속인이 부담해야 하는 공과금의 범위**

차량 이전등록시 자동차세 완납증명서가 필요합니다. 또한 과태료도 완납해야 합니다. 2011년 7월 6일부터 질서위반행위규제법 제56조에서 "자동차 관련 과태료와 관계된 자동차가 그 자동차 관련 과태료의 체납으로 인하여 압류 등록된 경우 그 자동차에 대하여 소유권 이전등록을 하려는 자는 압류등록의 원인이 된 자동차 관련 과태료(제24조에 따른 가산금 및 중가산금을 포함한다)를 납부한 증명서를 제출하여야 한다"라는 규정이 시행되고 있기 때문입니다.

**채권자에게 채권 분배시 세금 · 과태료 · 범칙금의 우선변제 여부**

차량에 과세된 세금은 경매로 매각시 우선변제 대상이나, 과태료와 범칙금은 그렇지 않습니다.

**차량을 폐차하거나 소유권 이전 신청을 하지 않았을 경우**

한정승인 상속인은 피상속인이 남긴 자동차가 손실되거나 운행할 수 없는 경우 폐차 신청을 해야 하고 운행할 수 있는 경우 상속인의 명의로 변경하는 이전신고를 해야 합니다. 법에 정한 기간 내에 하지 않으면 과태료가 부과되거나 벌금 등의 처벌을 받을 수 있습니다(자동차관리법 제12조, 제80조). 상속인이 불법 자동차(일명 대포차)로 신고한 경우라 하더라도 이전등록, 말소등록 기간을 넘긴 경우에는 과태료 등이 부과됩니다(국토교통부 전자민원처리 공개). 다만 질서위반행위규제법 제7조에 따라 고의 또는 과실 없는 질서위반행위로 인정되어 과태료가 부과되지 않을 수도 있습니다. 자세한 내용은 관할 차량 등록지의 시 · 군 · 구청 교통업무 부서(대개는 차량등록사업소)에 문의하면 됩니다.

### 불법 자동차

피상속인의 차량이 있기는 하지만 그 차량이 어디에 있는지, 누가 운행하는지 알 수 없는 경우가 있습니다. 이러한 차를 일명 대포차라고 하는데, 대포차 처리는 큰 문제입니다. 차량을 빨리 찾아서 명의를 이전하거나 차량을 회수하지 못하면 차량이 폐차될 때까지 한정승인을 받은 상속인이 책임보험료, 자동차세, 각종 과태료 등을 떠안아야 할 수도 있습니다. 특히 그 차량을 몰고 다니는 사람이 사고를 낸 경우에도 한정승인 상속인까지 소송에 휘말리는 등 여러 가지 문제가 발생할 수 있습니다.

한정승인을 하고 대포차의 문제가 원만하게 해결될 때까지 드는 비용과 수고, 그리고 만약 해결되지 않았을 때 발생할 위험을 고려하면 친척들의 협조를 받아 관련인 모두가 상속포기를 신청하는 것도 고려해볼 만합니다. 다만 상속포기를 하더라도 상속포기자는 대포차에 대해서는 상속재산 관리인의 지위를 갖는다고 볼 수 있습니다.

#### 대포차 처리방법

먼저 차량 점유자가 누구인지 모를 경우에는 다음의 단계에 따라 처리하면 됩니다.

**-1단계** 자동차 민원 대국민 포털 사이트(www.ecar.go.kr)에 접속하여 민원신청-불법 자동차 신고로 들어가서 대포차를 신고(운행 정지 요청)합니다. 대포차로 신고했더라도 이전 등록,

말소 등록 기간을 넘긴 경우에는 과태료 등이 부과됩니다(국토교통부 전자민원처리 공개).

**-2단계** 차량등록사업소에 방문하여 피상속인의 대포차에 대해 멸실신청을 합니다. 보통은 '자동차 멸실 사실 인정서'라는 서류를 제출하게 됩니다. 대포차라는 상속재산의 재산 관리인 자격으로 멸실 인정 신청을 하면 됩니다.

**-3단계** 자동차의 멸실을 인정받고 나서 자동차말소등록신청을 해야 합니다. 그런데 문제는 자동차등록원부에 근저당, 압류 같은 것이 있다면 해제해야 하고 이해관계가 있는 제3자가 있을 때는 말소등록신청서에 그 사람의 승낙서 또는 그에 대항할 수 있는 판결문 등본을 첨부해야 합니다. 자세한 말소등록 요건은 거주하고 있는 지자체의 차량등록사업소에 문의하기 바랍니다.

다음으로 차량의 운전자를 알고 있는 경우에는 다음의 상황에 따라 처리해야 합니다.

**- 차량 운전자가 차량을 매수했는데 아직 명의 이전을 하지 않은 경우** 매수자에게 명의를 이전하라 통보하고 명의가 이전되면 이 사실을 한정승인 상속신청서에 상세히 기재합니다. 만약 매수인이 명의를 이전하지 않는다면 자동차 명의 이전 소송을 제기하여 소유권 이전등록 절차를 이행하라는 판결을 받아 차량 소유권을 매수자에게 이전하면 됩니다(하지만 번거롭습니

다). 자동차 명의가 이전되면 자동차에 부과된 각종 압류 등의 처분도 함께 명의자에게 넘어가게 됩니다.

- **차량 운전자가 차량을 운행할 권한이 없는 경우** 자동차 인도청구 소송을 하여 차량을 회수해야 합니다. 만약 운전자가 차량을 운행하면서 부과된 과태료 · 범칙금 등을 상속인이 대신 납부했다면 상속인은 운전자에게 불법행위 또는 자동차 소유권 이전 등록 절차 미이행을 이유로 손해배상 또는 부당이득 청구를 할 수 있습니다.

- **공매가 진행되는 경우** 압류, 세금 등의 체납을 이유로 피상속인 소유의 차량에 대해 공매가 진행될 수 있습니다. 한정승인신고서에 공매에 대한 사실과 함께 적극재산목록에 기재합니다. 하지만 대포차의 경우 공매하기가 쉽지 않습니다. 공매를 하려면 자동차를 인도받아야 하는데 자동차를 인도받기 쉽지 않고 관련 관청에서는 밀린 세금(당해세)이 있어도 민원 발생을 염려하여 공매 절차를 진행하지 않는 경우가 대부분입니다. 더구나 과태료는 배당에서도 우선순위가 없으므로 체납 과태료를 이유로 공매하는 경우는 거의 없습니다.

### 세금 · 과태료 · 보험료 등의 책임

자동차 자체에 붙은 세금 · 과태료 · 보험료 등은 일단 자동차등록원부상의 소유주에게 책임이 있습니다. 이 부분은 상속인이 부담해야 합니다. 다만 운행중에 부과된 범칙금 · 과태료 등은 운전자가 책임을 져야 합니다. 그런데 운전자를 찾기 어려운 경우 결국 상속인이 부담해야 하는 곤란한 상황이 됩니다.

### 장애인 차량

피상속인이 장애인으로 LPG 차량을 운행했던 경우에 장애인이 아닌 상속인도 상속받아 사용할 수 있습니다. 2019년 3월 26일 이전에는 차량 취득 후 5년이 지나지 않으면 LPG 차량을 비장애인에게 명의 이전을 하는 것이 불가능했습니다(액화석유가스의 안전관리 및 사업법 제28조). 현재는 해당 규정이 삭제되어 제한 없이 취득과 매매를 할 수 있습니다.

예를 들어 부모가 장애인일 때 아들이 장애인 차량 구매 혜택을 받기 위해 차량의 99퍼센트의 지분은 아들 명의로, 1퍼센트의 지분은 부모 명의로 하여 장애인 혜택을 받고 차량을 구매하는 경우가 있습니다. 이때도 상속 문제가 발생합니다. 이 경우 차량의 1퍼센트에 해당하는 지분을 한정승인 상속인이 인수하고, 1퍼센트만큼의 차량 가격을 한정승인 신청서의 적극재산에 포함해서 배당 절차를 진행해야 합니다.

### 공동 소유의 차량

피상속인과 한정승인 상속인이 차량을 공동 소유하는 경우가 있습니다. 일단 차량을 어떻게 처리하든지 채권자들이 이의를 제기하지 않으면 큰 문제는 없습니다. 그래서 공유 차량의 처리는 채권자가 이의를 제기하지 않을 방식으로 처리해야 합니다.

차량이 노후되어 별 가치가 없거나 앞서 설명한 장애인 차량의 경우처럼 피상속인의 지분이 1퍼센트에서 2퍼센트 정도로 적으면 별문제가 없습니다. 피상속인의 지분을 한정승인 상속인이 인수하고 해당 지분만큼의 차량 가격을 한정승인 재산목록의 적극재산에 포함하여 배당 절차를 진행하면 됩니다. 문제되는 금액이 많지 않기 때문에 이런 경우까지 채권자가 차량의 처분에 대해 이의를 제기하는 경우는 거의 없습니다.

차량이 신차이거나 가격이 높은 경우라면 차량 가격 평가를 어떻게 하는지가 좀더 중요해집니다. 배당 절차에서 최대한 이의가 없게 하려면 너무 낮지 않은 적정 가격으로 하는 것이 좋습니다. 그 이후에 마찬가지로 배당 절차를 진행하면 됩니다.

차량에 아직 할부 대금이 남아 있을 수가 있습니다. 이런 경우에는 차량의 중고 시세에서 남은 할부금을 공제해서 차량 가격을 평가하는 것이 원칙입니다. 그런데 채권자들이 이의를 제기하는 것을 막기 위해 한정승인 상속인이 남은 할부금을 부담하고(즉 중고 시세에서 할부금을 공제하지 않고) 차량의 중고 시세에서 피상속인의 지분에 해당하는 금액을 배당할 수도 있습니다.

서류상으로는 차량의 공동 소유이지만, 실제로는 명의 신탁인 경우가 많습니다. 하지만 명의 신탁 약정을 증명하기가 쉽지 않고 채권자가 문제삼으면 한정승인 과정이 복잡해질 수 있어 주의해야 합니다.

## 장례비와 부의금

### 장례비

앞서 말씀드린 바와 같이 장례비는 상속비용이지만 재산목록을 작성할 때는 적극재산, 소극재산 항목 외에 별도로 장례비 항목을 만들어서 기재하는 것이 좋습니다. 이렇게 하면 추후 청산절차에서 채권자들이 장례비에 들어간 비용에 대해서는 이의를 제기하지 않는 경우가 많습니다. 장례비와 관련한 내용은 7장 '상속에 관한 비용 변제' 부분을 참조하기 바랍니다.

### 부의금

부의금(조의금)은 상호부조를 목적으로 유족에게 지급되는 돈입니다. 상속재산이 아닌 유족들의 고유재산입니다. 사용해도 단순승인으로 간주되지 않습니다. 한정승인신고시 상속재산으로 신고할 필요가 없습니다.

### 유품-가전제품, 옷가지, 책, 기타 물건

피상속인의 유품이 특별히 고가가 아닌 경우 처리하기 참 모호합니다. 그냥 갖다 버리자니 불안하고 하나하나 기재하자니 물건의 시세를 알 수도 없고 절차만 번거로워집니다. 그래서 통상 가구, 가전제품 등은 유체동산으로 기재하지 않는 경우가 많습니다.

피상속인의 유품을 폐기하고자 할 때 특별히 고가가 아닌 물건은 채권자들의 합의 없이 폐기해도 상관없습니다. 또한 보통의 유체동산은 아주 고가가 아닌 한 재산목록에 기재하지 않습니다. 통상 중고가 50만 원이 넘는 것을 기재하는데, 피상속인의 유산이 명백한 것만 기재하면 됩니다. 중고가액과 사진을 첨부하여 재산목록에 첨부합니다.

### 휴대전화

피상속인이 남긴 휴대전화는 애물단지입니다. 요금 약정이 되어 있어 그냥 버릴 수도 없고 계속 사용하자니 이것 때문에 한정승인이 거절되면 어쩌나 하는 걱정도 생깁니다. 피상속인 명의의 휴대전화는 원칙적으로 유체동산으로 재산목록에 기재해야 합니다. 그런데 보통 휴대전화의 미납 요금 변제를 직접 한 후에 한정승인 목록에서 빼는 것이 간편합니다. 채무 변제는 단순승인으로 간주되지 않기 때문입니다.

### 피상속인 명의의 휴대전화를 명의 이전하여 계속 쓰고 싶은 경우

상속재산을 처분하는 것은 단순승인으로 간주하지만 사실상 휴대전화 사용자가 없어 해지하는 것까지는 단순승인으로 보지 않습니다. 휴대전화가 특별히 고가가 아닌 한 휴대전화 미납 요금, 남은 할부금 또는 위약금을 내고 해지한 후 명의 이전을 해도 별 문제는 없습니다. 다만 해지하면서 명의 변경시 피상속인의 금융 재산을 사용해서는 안 됩니다. 다시 말해 상속재산에서 변제하는 것이 아니라 상속인의 재산(고유재산)에서 미납 요금이나 위약금을 지급해야 불필요한 오해를 방지할 수 있습니다. 그러면 단순승인이 되지 않습니다.

### 한정승인 전에 상속인이 피상속인의 휴대전화 요금을 납부한 경우

다른 채권자들이 모두 동의하지 않는 한 상속인이 납부한 요금을 피상속인의 재산에서 우선변제를 받을 권리는 없습니다. 피상속인의 재산을 절대 사용해서는 안 됩니다. 물론 한정승인 심판 청구서에 소극재산으로 기재하는 것은 가능하지만 불필요한 오해를 방지하기 위해서는 기재하지 않는 것을 권합니다.

### 특허권

한정승인을 할 경우 특허권도 재산목록에 포함해야 합니다. 특허에 대한 저작권 수입이 발생할 때도 이 저작권 수입을 채권으로 보아 재산목록에 기재해야 합니다.

특허권과 관련하여 매각 절차가 필요할 경우 민사집행법 제241조에 의한 특별현금화로서 매각하거나(매각명령) 채권자에게 양도하거나(양도명령) 관리인을 선임하여 관리를 명하는 명령을 신청합니다. 특허권을 강제집행할 시 다음의 절차에 따라 이루어집니다.

- 특허권에 대해 압류를 해야 합니다.
- 압류명령이 있게 되면 법원 사무관 등은 직권으로 특허청장에게 압류등록을 촉탁합니다.
- 특허권을 현금화하는 절차, 즉 매각명령, 양도명령, 관리명령 등의 절차를 진행해야 합니다.
- 특별현금화 절차가 진행되는 과정에서 보통 감정이 이루어집니다(감정비용 소요).
- 매각 대금이 제출되면 배당 절차가 개시됩니다.
- 양도나 매각 절차가 종료한 때는 법원 사무관 등은 특허청장에 대해 압류채권자 또는 매수인이 취득한 권리의 이전등록과 압류 기입등록 및 소멸할 부담의 말소등록을 촉탁합니다.

**민사집행법**

**제241조(특별한 현금화방법)**

① 압류된 채권이 조건 또는 기한이 있거나 반대의무의 이행과 관련되어 있거나 그 밖의 이유로 추심하기 곤란할 때에는 법원은 채권자의 신청에 따라 다음 각호의 명령을 할 수 있다.

1. 채권을 법원이 정한 값으로 지급함에 갈음하여 압류채권자에게 양도하는 양도명령
2. 추심에 갈음하여 법원이 정한 방법으로 그 채권을 매각하도록 집행관에게 명하는 매각명령
3. 관리인을 선임하여 그 채권의 관리를 명하는 관리명령
4. 그 밖에 적당한 방법으로 현금화하도록 하는 명령

② 법원은 제1항의 경우 그 신청을 허가하는 결정을 하기 전에 채무자를 심문하여야 한다. 다만, 채무자가 외국에 있거나 있는 곳이 분명하지 아니한 때에는 심문할 필요가 없다.

③ 제1항의 결정에 대하여는 즉시항고를 할 수 있다.

④ 제1항의 결정은 확정되어야 효력을 가진다.

⑤ 압류된 채권을 매각한 경우에는 집행관은 채무자를 대신하여 제3채무자에게 서면으로 양도의 통지를 하여야 한다.

⑥ 양도명령에는 제227조 제2항 · 제229조 제5항 · 제230조 및 제231조의 규정을, 매각명령에 의한 집행관의 매각에는

제108조의 규정을, 관리명령에는 제227조 제2항의 규정을, 관리명령에 의한 관리에는 제167조, 제169조 내지 제171조, 제222조 제2항 · 제3항의 규정을 각각 준용한다.

### 법인의 재산

피상속인이 대표이사로 있던 법인의 자산과 부채는 상속재산이 아닙니다. 따라서 법인의 재산을 재산목록에 기재할 필요는 없습니다. 다만 피상속인이 법인의 주식을 갖고 있는 경우라면 이를 적극재산으로 기재해야 합니다. 피상속인이 법인의 대출 채무에 대표이사로서 연대보증을 했다면 이 연대보증채무를 소극재산으로 기재해야 합니다.

### 보증금

피상속인의 명의로 임대차보증금 등 각종 보증금이 있는 경우에 보증금을 돌려받았다면 이를 적극재산으로 채권목록에 기재해야 합니다. 이때 보증금을 잘 보관하고 있다가 나중에 채권자에게 배분하면 됩니다.

아직 보증금을 돌려받지 못했다 하더라도 적극재산으로 재산목록에 기재해야 합니다. 나중에 계약 해지를 통해 보증금을 돌려받은 후 채권자에게 배분할 수도 있고 채권자들이 직접 보증금을 돌려줄 사람에게 압류 · 추심을 하도록 유도할 수도 있습니다.

국민임대주택보증금도 동일합니다. 임차 계약이 해지되어 임대차보증금을 돌려받았다면 적극재산으로 채권목록에 기재해야 합니다. 다만 국민임대주택의 임차 명의인이 사망하면 함께 거주하던 배우자, 직계혈족, 형제자매, 직계혈족의 배우자, 배우자의 직계혈족 및 형제자매의 경우 임차권을 상속 또는 승계할 수 있습니다(서울특별시 공공임대주택 운영 및 관리 규칙 등). 이 경우에도 임대주택보증금은 상속재산이므로 임차권을 상속, 승계한 자가 보증금에 해당하는 금액을 한정승인 상속인에게 주어 적극재산으로 재산목록에 기재해야 합니다.

주택임대차보호법이나 민사집행법상 임대보증금 중 소액보증금의 경우 압류금지 채권입니다(민사집행법 제246조 제1항). 하지만 압류금지 채권이라도 상속재산에는 포함되기 때문에 적극재산에 채권목록으로 기재해야 합니다. 이 보증금 채권은 압류가 금지된다는 것일 뿐 한정승인 상속인이 채권자에게 갚지 않아도 된다는 뜻은 아닙니다.

### 상속인의 고유재산

한정승인을 하는 가장 중요한 이유는 '상속인의 고유재산'을 지키기 위해서입니다. 피상속인의 빚은 피상속인의 재산에서만 갚고 피상속인의 채권자가 상속인의 고유재산에 손대지 못하도록 하기 위한 것입니다. 즉 상속인의 재산으로 피상속인의 빚을 갚을 필요가 없습니다.

상속인이 재산이 있건 없건 피상속인의 빚을 갚을 능력이 되더라도 한정승인을 하는 데는 문제없습니다. 한정승인이란 피상속인의 상속재산 범위 내에서 변제하는 것일 뿐 상속인의 재산으로 변제하는 것이 아닙니다.

한정승인 심판청구서 샘플 서류 중에 "청구원인 부분에 청구인(상속인)들이 망인이 진 부채를 변제할 능력이 없다"라는 문구가 있는 것이 있습니다. 그러나 상속인들의 변제 능력은 한정승인과는 무관한 부분입니다. 한정승인은 피상속인의 상속재산 내에서 변제하겠다는 뜻이지 상속인의 고유재산으로 변제하겠다는 뜻이 아닙니다. 샘플 서류의 문구는 무시해도 좋습니다. 상속인의 변제 능력을 한정승인 심판청구서에 적을 필요도 없습니다.

# 재산목록을 잘못 작성한 경우

## 심판경정신청방법

한정승인 심판청구서를 제출했는데 새로운 채권자가 나타나거나 한정승인 심판 결정이 나왔는데 새로운 채권자가 나타나면 어떻게 해야 할까요? 한정승인을 처음부터 다시 해야 하는 것은 아닌지 걱정됩니다. 하지만 우려하지 않아도 됩니다. 한정승인 결정이 나기 전이라면 재산목록을 정정하면 되고, 한정승인 결정이 난 후라면 기존의 재산목록 내역에 대해 심판경정신청을 하고 새로운 채권자들에게 채권 통지 및 배당 통지를 하면 됩니다.

### 한정승인 심판청구서 제출 후 결정 전에 새로운 채권이나 채무가 발견된 경우

재산목록에 누락된 채권을 정정 기재하여 법원에 제출하면 됩니다. 법원은 특별한 문제가 없는 한 정정된 재산목록을 기준으로 한정승인 결정을 합니다.

### 한정승인 결정 후 재산목록에 기재된 적극재산이나 소극재산에서 오류를 발견한 경우

한정승인 결정문을 받고 채권자인 은행에 보냈을 때 은행에서 일부 채무가 빠졌다고 연락을 받았다면(주로 보증채무가 누락되는 경우가 많습니다) 심판경정신청서를 제출하여 재산목록을 정정하면 됩니다. 또한 한정승인 결정 후에 피상속인의 적극재산이 발견된 경우에도 심판경정신청을 하여 재산목록을 정정할 수 있습니다. 실무상 비상장회사의 주식이나 지분, 보험환급금 등이 많이 누락됩니다.

### 한정승인 결정 후 새로운 채권자가 나타난 경우

한정승인 후 신문 공고를 하는 이유는 몰랐던 채권자를 확인하기 위함입니다. 이 경우 신문 공고 기간이 종료된 후 기존에 알고 있던 채권자들에게 새로운 채권자가 나타났음을 통지하고 안분배당을 하겠다는 뜻을 알리면 됩니다. 그리고 처음에 한정승인 결정문에 나타난 채권자와 새로 나타난 채권자 모두를 합쳐 잔존 상속재산에 대한 정산을 진행합니다.

▶ **심판경정신청**

# 심판경정 신청

**대상사건** : 서울○○법원 20 느단 상속한정승인

**신 청 인** 성 명 :

주민등록번호 :

주 소 :

연 락 처 :

**사건본인** 성 명 : 망 (생년월일 : )

등록 기준지 :

최 후 주 소 :

## 신 청 취 지

위 사건에 대하여 서울가정법원에서 20 . . . 결정한 망 의 상속한정승인심판의 재산목록을 별지목록으로 경정한다.

라는 결정을 구합니다.

## 신 청 이 유

1. 위 사건에 관하여 상속한정승인심판을 받은 후 새로이 피상속인의 재산이(별지목록에 추가) 발견되어 경정신청에 이르게 된 것입니다.

## 소명방법 및 첨부서류

1. 심판결정문 사본 1통
1. 청구인들의 가족관계증명서, 주민등록등본, 인감증명서 각1통
1. 사건본인(망인)의 주민등록(말소자) 초본 1통
1. 상속재산 별지목록(청구인 수 + 1통)

20 . . .

위 신청인 (인감날인)

**서울○○법원 귀중**

※ 해당란에 체크☑한 후 내역을 기재하시기 바랍니다. [작성례]

# 상 속 재 산 목 록

## 1. 적극재산(피상속인 소유 재산)

❑ **부동산 :** ☑ 아래와 같이 있음 ☐ 없음(찾지 못함)

1. 서울 광진구 아차산로 00 대지 500㎡
2. 위 지상 3층 건물
   이상 시가 : 6억원
3. 서울 광진구 아차산로 ○○아파트 115동 207호 (전용면적 84㎡) 시가 5억원

❑ **금전채권**(예금 등) **:** ☑ 아래와 같이 있음 ☐ 없음(찾지 못함)

| 금융기관 등<br>(은행, 임대인 등) | 채권의 종류<br>(예금, 대여금 등) | 채권액 | 비 고 |
|---|---|---|---|
| 우리은행 | 보통예금 | 4,100,000원 | |
| 김채권 | 대여금 | 1,000,000원 | |
| | | 원 | |

등록번호 : 서울 123가0000 차종(종류) : 카니발 ( 2010 년식) 시가 500만 원

❑ **유체동산 등 :** ☐ 아래와 같이 있음 ☑ 없음(찾지 못함)

## 2. 소극재산(피상속인의 채무)

☑ 아래와 같이 있음 ☐ 모름(현재까지 파악되지 않음)

| 채권자<br>(은행, 카드사, 세무서 등) | 채무의 종류<br>(대출금, 카드대금 등) | 채무액 | 비 고 |
|---|---|---|---|
| 우리카드 | 신용카드이용대금 | 3,000,000원 | |
| 우리은행 | 대출금 | 10,000,230원 | |
| 광진세무서 | 부가가치세 | 123,450원 | |
| 광진구청 | 재산세 | 230,000원 | |
| 김채무 | 대여금 | 100,000,000원 | |

## 3. 기타

실무상 장례비 내역을 여기에 적는 것도 괜찮습니다.

6장

# 채권자의 소송과 추심에 대응하기

# 일반적인 채권 추심

금융기관에서 대출을 받은 후 채무자가 사망했다면 금융기관에서는 채권을 회수해야 합니다. 이때 해당 금융기관은 채무자가 당행에서 개설한 계좌 외에는 피상속인의 재산이나 다른 금융기관의 계좌 등은 검색할 수 없습니다. 기껏해야 피상속인의 주소지 부동산등기부등본을 발급받아 보거나 신용 정보를 조회하고 카드 사용 내역 등을 확인하여 피상속인과 관련된 금융기관을 찾는 정도입니다.

돈을 빌려준 금융기관에서 가장 먼저 할 수 있는 조치는 계좌에 남아 있는 돈을 상계 처리하는 것입니다. 그러고 나서 남은 채권을 직접 받아낼 것인지, 채권 추심회사에 채권을 매각할 것인지 선택을 합니다. 어떤 방법으로 채권을 회수할지는 결국 비용의 문제입니다. 금융기관이 직접 채권을 추심하는 경우에는 비용이 들기 때문에 비용 대비 추심률이 좋은 방법을 선택합니다.

필자들이 여러 곳의 시중 금융기관에 직접 확인해본 바에 따르면 어떤 방법으로 채권을 회수할지는 해당 금융기관의 성과지표와 실무자의 재량에 따라 달라지는 것으로 보입니다. 예를 들어 현재 해당 금융기관이 채권 회수율을 높이는 것이 목표라면 비용이 들더라도 직접 채권 추심에 나섭니다. 반대로 수익률을 높이는 것이 목표라면 채권을 매각하는 쪽으로 진행합니다. 하지만 특별히 일정 금액 이상이 연체되면 금융기관에서 직접 채권 추심을 한다는 등의 일률적인 기준은 없는 것으로 확인되었습니다. 그러므로 실무자의 재량이나 각 금융기관별 지침에 따라 채권 회수방법이 달라질 것입니다.

### 한정승인신고 후 '상속재산의 범위가 아닌' 채권 추심을 할 때

채권자 또는 채권 추심회사가 최초에 독촉장 등을 발송한 이후 내용증명우편 또는 팩스로 한정승인을 했다는 결정문을 보내면 됩니다. 내용증명우편이나 팩스를 보낼 곳이 마땅하지 않으면 (채권 추심자의 휴대전화 번호를 알 경우) 일단 문자를 보내 통보하고 추후 상대방의 주소가 파악되는 대로 내용증명우편을 보냅니다. 그러고 나서 '상속재산의 범위가 아닌' '상속인의 고유재산을 대상으로' 하는 채권 추심행위가 발생하면 불법 추심으로 신고하면 됩니다.

종종 추심회사가 합의를 요구하기도 합니다. 그러나 한정승인을 신고하거나 한정승인 결정문을 받은 이후에는 추심회사와 합의할 필요가 없습니다. 상속인은 상속재산 범위 내에서 배당 절차만 진행하면 됩니다.

**채권의 공정한 추심에 관한 법률**

**제11조(거짓 표시의 금지 등)**

채권추심자는 채권추심과 관련하여 채무자 또는 관계인에게 다음 각 호의 어느 하나에 해당하는 행위를 하여서는 아니 된다.

1. 무효이거나 존재하지 아니한 채권을 추심하는 의사를 표시하는 행위

상속인이 한정승인 결정문을 채권자 또는 채권 추심회사에게 보냈다면 그들은 상속받은 재산 범위 내에서 추심하기 위해 독촉장을 발송하거나 민사 소송을 제기할 수 있습니다. 이는 상속재산 범위 내에서 추심하는 것이므로 불법이 아닌 합법입니다. 다만 민사 소송이 제기되면 상속인은 소장이 송달된 날로부터 30일 이내에 답변서와 함께 한정승인 결정문을 첨부 서류로 제출하면 상속재산 범위 내에서 책임지라는 판결이 선고될 것입니다.

### 금융기관이 채권을 매각했을 때

금융기관에서는 종종 연체한 채권을 채권 추심회사에 매각, 양도를 해서 추심을 합니다. 채권자들이 서로 채권을 매각, 양도하는 것은 합법입니다. 이를 통해 채권을 넘겨받은 양수 채권자 역시 독촉장이나 민사 소송 등을 통해 한정승인을 받은 상속인들에게 상속재산 범위 내에서만 청구할 수 있습니다. 그러므로 상속인들은 이 채권 추심회사에도 한정승인 결정문을 보내는 것이 좋습니다.

### 상속인의 고유재산에 가압류 · 압류 등 집행이 이루어졌을 때

피상속인의 채권자가 상속인의 집에 있는 가구에 압류 딱지를 붙이고 간다고 해도 상속인의 고유재산에는 추심행위를 할 수 없습니다. 이 경우 제3자 이의의 소와 강제집행정지신청을 진행하면서 상속재산 범위가 아니라고 주장해야 합니다.

### 한정승인 결정 전 소송이 제기되었을 때

피상속인이 사망하고 나서 3개월이란 기간은 정말 짧습니다. 잠시 다른 일을 처리하는 동안 훌쩍 지나갑니다. 한정승인을 망설이고 있을 때 채권자들이 피상속인에 대해 소송을 제기하는 경우가 있습니다. 채권자들은 주로 피상속인에게 소송을 제기한 후에 피고를 상속인으로 변경(수계)하는 방식을 취합니다. 이 경우 자칫 잘못 대응하면 큰 사고가 날 수 있습니다. 법원에서 소장, 지급명령, 이행 권고 결정 등을 받았다면 다음과 같은 절차로 진행하면 됩니다.

**한정승인신고 전**

법원에서 소장, 지급명령, 이행 권고 결정 등이 날아왔을 때 소장의 경우에는 30일 이내에 답변서를 제출해야 하고, 지급명령이나 이행 권고 결정의 경우에는 2주 이내에 이의신청을 해야 합니다. 소장에 대한 답변서는 하루 이틀 늦어도 큰 문제 없지만 지급명령이나 이행 권고 결정은 기간이 지나면 패소 판결로 확정됩니다. 반드시 2주 이내에 이의신청을 해야 합니다. 이와 같이 이의신청이나 답변서를 제출한 경우 최대한 빨리 준비하여 한정승인을 신고하고 한정승인신고 사실과 사건 번호를 법원에 제출해야 합니다. 이후 한정승인 결정이 나오면 한정승인 결정문을 복사하여 증거로 제출하면 됩니다. 만약 채권자가 소송을 제기했다는 사실을 알고는 있는데, 아직 소장이나 지급명령장을 받지 못했다면 한정승인 심판청구서에 "민사 소송이 제기된 것이 있는데 소장을 받지 못하여 특정할 수 없다"고 기재하면 됩니다. 그러고 나서 차후 법원에서 서류를 받은 후에 이 부분을 보정하면 됩니다.

▶ **소장, 이행 권고 결정에 대응하는 절차**(한정승인 결정 전)

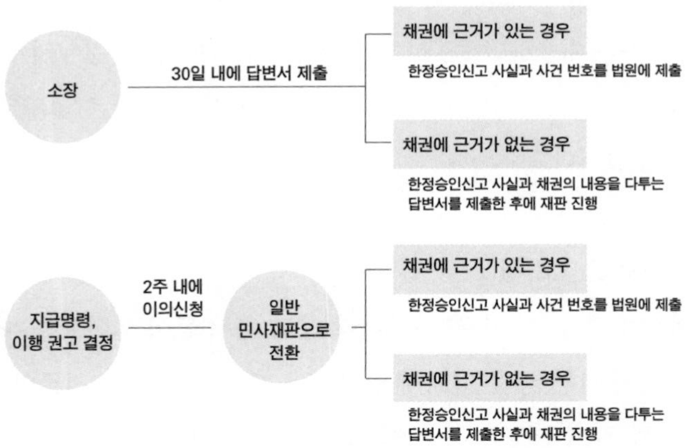


### 한정승인신고 후 결정이 내려지기 전

앞의 경우와 절차가 동일합니다. 소송의 경우 답변서를 제출하면서 한정승인신고 사실과 사건 번호를 법원에 제출하고, 지급명령이나 이행 권고 결정의 경우 2주 이내에 이의신청을 제기한 후에 민사재판으로 전환되면 한정승인신고 사실과 사건 번호를 법원에 제출합니다.

### 근거 없는 채권자의 청구

채권자의 소송 제기, 지급명령, 이행 권고 결정이 명백히 존재하는 채권에 근거한 것이라면 앞과 같이 처리하면 됩니다. 그러나 피상속인이 작성한 차용증도 없고 피상속인이 돈을 빌린 내역도 전혀 없는 상태에서 소송이 제기되었다면 제대로 대응해야 합니다. 한정승인을 신고했다고 해서 피상속인이 갚지 않아도 될 돈을 갚아야 하는 것은 아닙니다.

일단 재산목록에 소극재산으로 "소송중"이라고 기재한 후에 소송에 적극적으로 대응하여 승소 판결을 받아 재산목록을 정정하거나 채권자 배당시 배당받을 채권자에서 제외해야 합니다.

### 한정승인 결정 후 소송이 제기된 경우

앞서 설명한 절차와 거의 동일하지만 세부적으로 조금 다른 부분이 있으므로 주의하여 대응해야 합니다. 확실히 기억해야 할 것은 채권자들로부터 소송이 제기되면 번거롭더라도 일일이 한정승인 사실을 조속히 알려 대응해야 합니다. 답변하지 않으면 법원에서는 한정승인 사실을 알 수 없기 때문에 상속인이 패소하는 판결이 나오고 상속인이 고유재산으로 채무를 변제해야 할 수도 있습니다.

그 밖에도 지급명령, 이행 권고 결정을 받은 경우에도 적극적으로 대응해야 합니다. 소장의 경우에는 30일 이내에 답변서를 제출해야 하고, 지급명령이나 이행 권고 결정의 경우에는 2주 이내에 이의신청을 해야 합니다. 소장에 대한 답변서는 하루 이틀 늦어도 큰 문제가 없는데, 지급명령이나 이행 권고 결정은 기간이 지나면 패소 판결로 확정됩니다. 꼭 2주의 기간 이내에 이의신

▶ **소장, 이행 권고 결정에 대응하는 절차**(한정승인 결정 후)

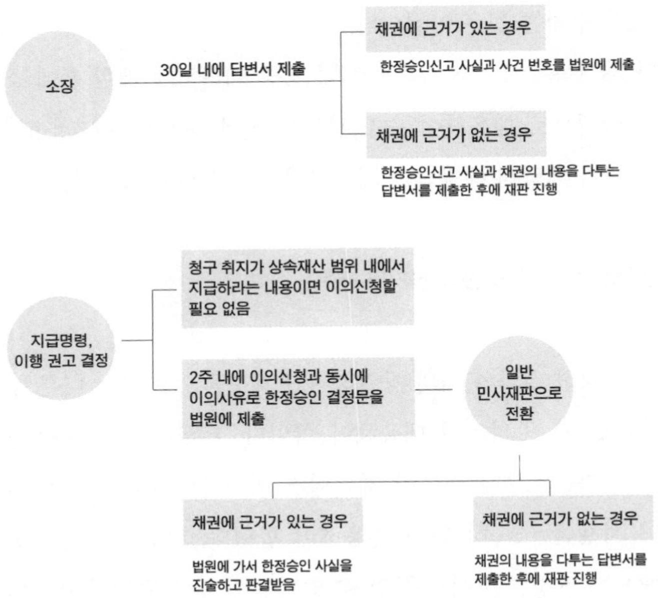


청을 해야 합니다.

소송의 경우 답변서를 제출하면서 한정승인 결정문을 법원에 제출하면 되고, 지급명령이나 이행 권고 결정의 경우 2주 이내에 이의신청을 제기한 후 한정승인 결정문을 법원에 증거로 제출합니다.

**근거 없는 채권자의 청구**

채권자의 소송 제기, 지급명령, 이행 권고 결정이 명백히 존재하는 채권에 근거한 것이라면 앞과 같이 처리하면 됩니다. 그러나 피상속인이 작성한 차용증도 없고, 피상속인이 돈을 빌린 내역도 전혀 없는 상태에서 소송이 제기되었다면 제대로 대응해야 합니다. 한정승인을 신고했다고 해서 피상속인이 갚지 않아도 될 돈을 갚아야 하는 것은 아닙니다.

일단 재산목록에 소극재산으로 "소송중"이라고 기재한 후 소송에 적극적으로 대응하여 승소 판결을 받아 재산목록을 정정하거나 채권자 배당시 배당받을 채권자에서 제외해야 합니다(이는 한정승인 결정 전에 소송이 제기된 경우와 같습니다).

# 불법 추심

**사례 1** 아버지가 돌아가신 후 한정승인을 신고했습니다. 아직 결정이 나기 전인데, 아버지의 채권자들이 계속 집으로 찾아와서 행패를 부립니다. 어떻게 해야 할까요?

채권을 추심하는 기관에서 다음과 같이 불법적으로 추심행위를 하는 경우가 있습니다.

**불법 채권추심행위 예시**(금융감독원)

① 채권추심자가 신분을 밝히지 않고 추심

② 무효이거나 존재하지 않는 채권을 추심

③ 반복적으로 전화 또는 주거지 방문

④ 야간(저녁9시~아침8시)에 전화 또는 방문

⑤ 가족·관계인 등 제3자에게 채무 사실 고지

⑥ 가족 · 관계인 등 제3자에게 채무 변제 요구
⑦ 협박 · 공포심 · 불안감을 유발하는추심
⑧ 금전을 차용하여 변제 자금을 마련토록 강요
⑨ 개인회생 및 파산진행자에게 추심
⑩ 법적 절차 진행 사실을 거짓으로 안내 등

**채권 추심자가 소속을 밝히지 않거나 다른 기관을 사칭하는 경우**

채권추심자가 이름을 밝히지 않고 허가를 받은 신용정보회사 대표라고 거짓으로 소개한 뒤 채권을 추심하거나 법무사, 법률 담당관, 법원 집행관, 소송대리인 등으로 허위로 기재한 명함을 사용하거나 이들의 명의로 채무 독촉장을 발송하는 행위는 불법입니다(채권의 공정한 추심에 관한 법률 제6조).

**채권 추심자가 제3자에게 채무자의 채무 내용
또는 신용에 관한 사실을 알게 하거나 협박하는 경우**

결혼식장, 장례식장, 직장 등에 찾아오겠다고 협박하는 경우 당황하지 말고 협박 내용을 녹취하고 채권 추심자에게 즉시 중단 요청을 해야 합니다. 또한 채권 추심자가 가족 등에게 채무 사실을 알리겠다고 협박할 때도 즉시 중단 요청을 해야 합니다. 만약 가족 등 제3자에게 채무 사실을 알렸다면 가족 등의 도움을 받아 채권 추심자의 제3자 고지행위 일자, 내용 등을 상세히 기록하고 진술 자료 등을 확보한 후 신고합니다(채권의 공정한 추심에 관한 법률 제8조의 3).

**채무자 외의 제3자에게 변제를 요구하는 경우**

"아드님이 평생 취직도 못 하고 빚쟁이로 살도록 내버려두실 겁니까? 부모님께서라도 갚으셔야지요"라며 부모에게 대위 변제를 요구하거나 가족의 회사로 채무 독촉장을 발송하는 것은 모두 불법 추심행위입니다(채권의 공정한 추심에 관한 법률 제9조).

**불법추심 대응방법**

채권 추심자의 불법 채권 추심에 대응하기 위해서는 신고 전에 증거 자료 확보가 중요합니다. 휴대전화 등의 녹음 및 촬영 기능을 활용하여 불법 채권 추심을 당하면 통화 내용을 녹취하거나 사진이나 동영상을 촬영하는 등 증거 자료를 확보하여 경찰서나 금융감독원 콜센터(1332)에 신고합니다.

# 채권자의 소송에 대한 판결

채권자의 소장을 받고도 "나는 이미 한정승인 결정을 받았으니까 아무 책임 없어"라고 생각하고 소송에 대응하지 않으면 패소 판결이 선고될 수 있습니다. 이와 같은 실수를 하지 않으면 위해 소송과 관련하여 가장 많이 하는 질문을 살펴보겠습니다.

**소송에 대응하지 않아 패소했을 때**

채권자의 지급명령, 소송에 대응하지 않아(한정승인 결정문을 법원에 제출하지 않아) 법원이 한정승인 사실을 모른 채 판결을 내릴 수 있습니다. 판결이 확정되기 전이라면 항소를 해야 하고 확정된 후라면 청구 이의의 소, 강제집행정지신청을 하여 채권자가 한정승인 상속인 고유의 재산을 압류할 수 없도록 대응해야 합니다. 상속포기와는 달리 한정승인 결정을 받으면 청구 이의의 소가 가능합니다.

대법원도 이러한 경우에 청구 이의의 소송을 제기할 수 있다고 판단하고 있습니다(대법원 2009. 5. 28. 선고 2008다79876 판결).

**대법원 2009. 5. 28. 선고 2008다79876 판결[청구이의]**

**[판시사항]**

[1] 채무자가 상속포기를 하였으나 채권자가 제기한 소송에서 사실심변론종결시까지 이를 주장하지 않은 경우, 채권자의 승소판결 확정 후 청구이의의 소를 제기할 수 있는지 여부(소극)

[2] 집행채무자가 청구이의의 소에 의하여 실체적 권리관계에 배치되는 확정판결의 집행을 배제할 수 있는 경우

**[판결요지]**

[1] 채무자가 한정승인을 하였으나 채권자가 제기한 소송의 사실심 변론종결시까지 이를 주장하지 아니하는 바람에 책임의 범위에 관하여 아무런 유보 없는 판결이 선고·확정된 경우라 하더라도 채무자가 그 후 위 한정승인 사실을 내세워 청구에 관한 이의의 소를 제기하는 것이 허용되는 것은, 한정승인에 의한 책임의 제한은 상속채무의 존재 및 범위의 확정과는 관계없이 다만 판결의 집행 대상을 상속재

산의 한도로 한정함으로써 판결의 집행력을 제한할 뿐으로, 채권자가 피상속인의 금전채무를 상속한 상속인을 상대로 그 상속채무의 이행을 구하여 제기한 소송에서 채무자가 한정승인 사실을 주장하지 않으면 책임의 범위는 현실적인 심판대상으로 등장하지 아니하여 주문에서는 물론 이유에서도 판단되지 않는 관계로 그에 관하여는 기판력이 미치지 않기 때문이다. 위와 같은 기판력에 의한 실권효 제한의 법리는 채무의 상속에 따른 책임의 제한 여부만이 문제되는 한정승인과 달리 상속에 의한 채무의 존재 자체가 문제되어 그에 관한 확정판결의 주문에 당연히 기판력이 미치게 되는 상속포기의 경우에는 적용될 수 없다.

[2] 확정판결의 내용이 실체적 권리관계에 배치되는 경우, 그 판결에 의하여 집행할 수 있는 것으로 확정된 권리의 성질과 내용, 판결의 성립 경위, 판결 성립 후 집행에 이르기까지의 사정, 그 집행이 당사자에게 미치는 영향 등 여러 사정을 종합하여 볼 때, 그 확정판결에 기한 집행이 현저히 부당하고 상대방에게 그 집행을 수인하도록 하는 것이 정의에 반함이 명백하여 사회생활상 용인할 수 없다고 인정되는 경우에 그 집행은 권리남용으로서 허용되지 않고, 그러한 경우 집행채무자는 청구이의의 소에 의하여 그 집행의 배제를 구할 수 있다.

**민사집행법**

**제44조(청구에 관한 이의의 소)**

① 채무자가 판결에 따라 확정된 청구에 관하여 이의하려면 제1심 판결법원에 청구에 관한 이의의 소를 제기하여야 한다.

② 제1항의 이의는 그 이유가 변론이 종결된 뒤(변론 없이 한 판결의 경우에는 판결이 선고된 뒤)에 생긴 것이어야 한다.

③ 이의이유가 여러 가지인 때에는 동시에 주장하여야 한다.

### 상속재산 범위 내에서 갚으라는 판결을 받았을 때

일반적으로 채권자가 소송을 제기하고 한정승인 상속인이 법원에 한정승인 사실을 증명하는 서류를 제출했을 때 재판부는 다음과 같은 판결을 내립니다.

**주문**

1. 피고는 원고에게 망 OOO으로부터 상속받은 재산 범위 내에서 금 1,000,000원 및 그에 대하여 소 제기 날부터 다 갚는 날까지 연 12퍼센트의 비율로 계산한 돈을 지급하라.
2. 소송비용은 피고가 부담한다.
3. 제1항은 가집행할 수 있다.

이를 대법원 사이트에서 '나의 사건 검색'으로 검색하면 '원고 승'이라고 된 것을 확인할 수 있습니다. 즉 한정승인 상속인이 패소한 것으로 나오는데, 놀라지 않아도 됩니다. 이 판결은 상속재산 범위 내에서만 강제집행이 가능하다는 판결입니다. 한정승인 상속인들의 고유재산에 대해서는 강제집행을 할 수 없습니다. 판결 이후 채권자들은 상속재산이 있다면 강제집행 절차에 들어가고, 배당 절차가 진행중이라면 배당 절차에 참여하고, 남은 상속재산이 없다면 더이상 추심행위를 하지 못합니다. 물론 숨겨둔 피상속인의 재산이 발견되면 압류 · 추심 행위가 가능합니다.

**대법원 2003. 11. 14. 선고 2003다30968 판결**

상속의 한정승인은 채무의 존재를 한정하는 것이 아니라 단순히 그 책임의 범위를 한정하는 것에 불과하기 때문에, 상속의 한정승인이 인정되는 경우에도 상속채무가 존재하는 것으로 인정되는 이상, 법원으로서는 상속재산이 없거나 그 상속재산이 상속채무의 변제에 부족하다고 하더라도 상속채무 전부에 대한 이행판결을 선고하여야 하고, 다만, 그 채무가 상속인의 고유재산에 대해서는 강제집행을 할 수 없는 성질을 가지고 있으므로, 집행력을 제한하기 위하여 이행판결의 주문에 상속재산의 한도에서만 집행할 수 있다는 취지를 명시하여야 한다.

'주문' 내용의 제2항에 "소송비용은 피고가 부담한다"라고 되어 있습니다. 보통 한정승인의 채권자가 제기한 소송에서 한정승인 상속인이 한정승인을 한 것을 증명하면 소송비용은 피고가 부담하라는 주문이 나옵니다. 이 소송비용에 대한 재판 주문에 대해서는 항소해도 변경되지 않습니다. 일반적으로 이러한 경우 소송비용까지 청구할 것인지는 원고측에서 결정할 부분입니다.

다만 최근의 경향은 '소송비용은 각자 부담'하는 것으로 선고되기도 합니다. 이 경우에는 준비서면이나 답변서를 통해 한정승인하게 된 사정을 재판부에 설명하고 '소송비용을 각자 부담 또는 원고가 부담'하게 해달라는 내용을 적극적으로 호소해야 합니다.

#### 상속인의 고유재산에 집행이 들어왔을 때

채권자들이 "상속받은 재산의 한도에서 지급하라"라는 판결의 집행문을 받아 상속인의 고유재산에 강제집행을 시도하는 경우가 있습니다. 이는 책임재산이 될 수 없는 재산에 대한 강제집행이 이루어진 것이므로 상속인은 제3자 이의의 소를 제기할 수 있으며 (민사집행법 제48조) 앞의 판결을 집행권원으로 하여 상속인의 고유재산인 채권에 대한 압류 및 전부명령이 발령된 경우에는 그 자체에 대한 즉시항고가 가능합니다(민사집행법 제227조 제4항, 제229조 제6항). 그러나 집행권원의 집행력을 문제삼는 것이 아니므로 청구이의의 소(민사집행법 제44조)에 의해 불복할 수는 없습니다.[5]

**민사집행법**

**제48조(제3자이의의 소)**

① 제3자가 강제집행의 목적물에 대하여 소유권이 있다고 주장하거나 목적물의 양도나 인도를 막을 수 있는 권리가 있다고 주장하는 때에는 채권자를 상대로 그 강제집행에 대한 이의의 소를 제기할 수 있다. 다만, 채무자가 그 이의를 다투는 때에는 채무자를 공동피고로 할 수 있다.

② 제1항의 소는 집행법원이 관할한다. 다만, 소송물이 단독판사의 관할에 속하지 아니할 때에는 집행법원이 있는 곳을 관할하는 지방법원의 합의부가 이를 관할한다.

③ 강제집행의 정지와 이미 실시한 집행처분의 취소에 대하여는 제46조 및 제47조의 규정을 준용한다. 다만, 집행처분을 취소할 때에는 담보를 제공하게 하지 아니할 수 있다.

**제227조(금전채권의 압류)**

④ 압류명령의 신청에 관한 재판에 대하여는 즉시항고를 할 수 있다.

**제229조(금전채권의 현금화방법)**

⑥ 제1항의 신청에 관한 재판에 대하여는 즉시항고를 할 수 있다.

---

5) 『민법』(제5판), 421쪽.

7장

# 한정승인 결정 후의 절차

## 한정승인신고 수리의 효과

가정법원은 한정승인신고의 적법성만 심리할 뿐 그 내용의 타당성은 심리하지 않습니다. 따라서 신고서에 한정승인의 요건이 갖추어졌고 특별히 부적합한 사유가 없다면 가정법원은 한정승인신고를 수리합니다.

즉 가정법원의 한정승인신고 수리 심판은 일단 한정승인의 요건을 갖춘 것으로 인정한다는 것일 뿐 그 효력을 확정하는 것이 아닙니다. 상속한정승인의 효력이 있는지의 최종 판단은 실체법에 따라 민사 소송에서 결정될 문제입니다(대법원 2002. 11. 8. 선고 2002다21882 판결). 그러므로 한정승인신고는 접수된 때가 아니라 수리 심판이 당사자에게 고지된 때부터 효력이 발생합니다(대법원 2016. 12. 29. 선고 2013다73520 판결).

한정승인신고가 '각하'된 경우 신고를 수리하지 않은 심판에 대해서는 청구인이 즉시항고를 할 수 있습니다(가사소송규칙 제

27조). 그러나 신고를 수리한 심판에 대해서는 불복할 수 없습니다.

### 책임의 한정-물적유한책임

한정승인신고가 완료되었다면 취득한 상속재산의 한도에서 피상속인의 채무와 유증을 변제하면 됩니다(민법 제1028조). 즉 피상속인의 채무와 유증이 아무리 많더라도 상속인이 상속받은 재산만큼만 갚고 상속인이 원래 갖고 있던 고유재산으로는 갚을 필요가 없다는 말입니다. 이를 법률 용어로 '물적유한책임(物的有限責任)'이라고 합니다.

주의해야 할 점은 상속채무는 상속인이 전액을 승계하지만 그 책임의 범위(갚아야 할 범위)는 상속받은 재산만큼으로 한정된다는 것입니다(즉 상속채무가 줄어드는 것이 아니라 책임의 축소). 그러므로 상속채권자는 한정승인 상속자에게 그 채무의 전액을 청구할 수 있으며 한정승인 상속자가 고유재산으로 임의로 갚았다면 유효한 변제로 간주되어 돌려받을 수 없습니다.

### 보증인의 책임

한정승인은 상속인의 책임만을 제한할 뿐 상속채무 보증인(피상속인의 채무에 대해 보증을 서준 사람)의 책임은 줄어들지 않습니다. 보증인은 피상속인의 빚을 모두 갚아야 합니다. 피상속인의 채권자는 보증인에게 별도로 소송을 제기하여 자신의 채권을 받아내기도 합니다.

### 고유재산과 상속재산의 분리 – 혼동 규정의 배제

일반적으로 상속을 하게 되면 피상속인과 상속인 사이의 권리의무가 상속인에게 귀속하여 소멸합니다. 이를 법률 용어로 혼동(混同)이라고 합니다. 그런데 한정승인의 경우 피상속인에 대한 상속인의 재산상의 권리의무는 소멸하지 않습니다(민법 제1031조). 예를 들어 단순승인을 한 상속인이 피상속인에게 갖는 채권이 있다고 하면 이 채권은 상속으로 소멸합니다(상속채무가 변제된 것과 같은 효과). 피상속인이 상속인에 대해 갖고 있던 채권도 상속으로 소멸합니다(상속인이 다른 상속채권자나 수증자에 우선하여 변제받는 효과).

그런데 한정승인을 한 경우에는 피상속인의 상속인에 대한 채권 · 채무, 상속인의 피상속인에 대한 채권 · 채무는 소멸하지 않고 그대로 남아 있게 됩니다. 예를 들어 아버지가 아들에게 1000만 원을 빌렸는데 갚지 않고 돌아가신 경우 아들이 단순승인을 하면 이 돈은 갚지 않아도 됩니다. 반대도 마찬가지입니다. 하지만 단순승인이 아니라 한정승인을 하면 아버지의 재산목록에 아들이 빌린 1000만 원도 포함하여 작성해야 하며 아들은 이 1000만 원을 갚아 채권자들에게 배당해야 합니다.

### 상속재산의 관리

한정승인을 한 경우 한정승인 상속자는 상속을 시작한 날부터 청산이 종료되는 날까지 상속재산을 관리해야 합니다(민법 제1022조). 이에 관해서는 4장의 '상속재산의 보존과 관리'를 참고하기 바랍니다.

### 사해행위

상속인들이 피상속인으로부터 과거에 증여받은 사실이 있는 경우 채권자들이 사해행위 소송을 제기할 뜻을 비치는 경우가 있습니다. 사해행위란 채무자가 고의로 재산을 처분하여 채권자가 충분한 변제를 받지 못하게 하는 행위를 말합니다. 물론 과거의 증여행위로 피상속인의 재산이 줄었을 수도 있습니다. 하지만 증여 당시 부채가 없었고 피상속인의 부채가 증여 이후에 발생한 부채라면 대부분의 경우 사해행위로 보기 어렵습니다.

# 신문 공고

한정승인 상속인은 한정승인을 한 날로부터 5일 이내에 일반 상속채권자와 유증받은 자에 대해 한정승인의 사실과 일정한 기간 내에 그 채권 또는 수증을 신고할 것을 2개월 이상 공고해야 합니다(민법 제1032조 제1항). 다만 상속재산 관리인이 선임된 경우 '관재인이 그 선임을 안 날'로부터 5일 이내에 공고하면 됩니다(민법 제1040조 제3항 단서).

공고에는 채권자 등이 기간 내에 신고하지 않으면 청산으로 제외된다는 것을 반드시 표시해야 합니다(민법 제1032조 제2항). 채권신고 기간을 2개월보다 짧게 정한 공고는 무효입니다.[6] 일반적으로 신문 공고 형식으로 합니다.

하지만 신문 공고를 하지 않았다고 해서 한정승인이 무효가 되

6) 「상속」, 『민법』(제5판), 440쪽.

▶ **한정승인 신문 공고**(예시)

**상속한정승인공고**

**망 (58 -1******) 2021.2.4. 사망**

최후주소 : 서울

민법 제1032조 및 비송사건절차법 제65조의2에 의거하여 다음과 같이 공고함. 공고일로부터 2개월 내에 채권 또는 수증을 신고하지 아니하면 청산에서 제외함.

◎ 사건번호 : 2021느단 상속한정승인 (서울가정법원)
◎ 한정승인수리(심판결정)일 : 2021. 6. 16.
◎ 청 구 인 :
◎ 공고기간 : 2021. 6. 22 ~ 8. 22.
◎ 신 고 처 : 서울

2021. 6. 22.

는 것은 아닙니다. 다만 그로 인해 손해를 입은 채권자에 대해서는 손해배상 책임을 져야 합니다(민법 제1038조 제1항). 변제받지 못한 상속채권자가 그 사실을 알게 되면 변제받은 상속채권자 등에게 구상권을 행사할 수 있습니다(민법 제1038조 제2항). 예를 들어 적극재산이 2만 원인데, 한정승인 결정 후 신문 공고를 하지 않았을 때 이후 제3의 채권자가 나타나 1000만 원의 채무 변제 소송을 제기하면 상속인이 변제해야 하는 금액은 2만 원입니다. 그러나 그것으로 끝나는 것이 아니라 소송비용도 부담하라는 판결을 함께 받습니다. 그런데 그 비용이 신문 공고 비용보다 많습니다. 따라서 비용을 아까워하지 말고 신문 공고를 하는 것이 좋습니다.

이때 신문 공고 비용은 신문사에 따라 다르지만 대략 11만 원에서 15만 원 정도를 지불해야 합니다. 이 비용은 상속인이 지급해야 합니다. 한정승인 비용은 상속인의 몫이기 때문입니다. 그러므로 다른 채권자들이 동의하지 않는 한 신문 공고 비용은 피상속인의 재산에서 우선변제를 받을 수 없습니다.

그러면 일부 상속인은 상속포기를 하고 일부 상속인은 한정승인을 한 경우 신문 공고 비용은 누가 내야 할까요? 가령 상속인 네 명 중에 세 명은 상속포기하고 한 명만 한정승인을 했다면 신문 공고는 한정승인신고를 한 사람이 하면 됩니다.

# 채권자들에 대한 통지

한정승인을 신고하여 결정문을 받았다면 상속인이 모르는 상속채권자들로부터 상속채무를 신고받기 위한 신문 공고를 하는 것과 별개로 이미 알고 있는 채권자들에게 내용증명우편 형식으로 한정승인 결정문을 보내 한정승인 사실을 통보하고 채권을 신고할 것을 최고해야 합니다(민법 제1032조 제2항). 그래야만 불필요하게 상속채무를 이행하라는 소송이나 통지문을 받지 않습니다. 주의할 점은 신문 공고를 하더라도 이미 알고 있는 채권자들에게는 별도로 통지를 해야 한다는 것입니다.

**내용증명우편**

채권자들에게 내용증명우편을 보낼 때는 굳이 '피상속인의 예금 인출이 어렵다' 또는 '채권자들의 지분이 어떻게 된다' 등의 내용은 언급할 필요가 없습니다. 한정승인 결정을 받아 상속재산 범위 내에서만 변제할 수 있다는 내용만 기재한 후 한정승인 결정문 복사본을 첨부하여 보내면 됩니다. 구체적인 안분 배당은 신문 공고를 마친 후에 다시 통지해야 합니다.

### 한정승인 후 상속인의 주소가 변경된 경우

채권자들이 법원에 소송을 제기한 경우 법원을 통해 상속인의 주민등록상 주소지를 파악하고 서류를 송달합니다. 그런데 소송을 제기하지 않은 다른 채권자들은 상속인의 주소 파악이 어려워 채권 처리에 시간이 걸립니다. 어차피 치러야 할 일이라면 한번에 간명하게 처리하는 편이 좋습니다. 이 경우 변경된 주소를 채권자들에게 내용증명우편을 통해 보내면 채권자들이 알아서 상속인의 새 주소로 서류를 송달할 것입니다.

### 채권자가 재산목록을 요구하는 경우

상속재산목록은 상속재산인 적극재산과 상속채무인 소극재산으로 구성됩니다. 채권자들이 이 목록을 알아야 상속재산 범위 내에서 상속채권을 행사할 수 있으므로 채권자가 재산목록을 요청하면 적극적으로 알려주는 것이 좋습니다. 그러면 채권자들이 피상속인의 재산보다 부채가 더 많은 것을 알고 추심을 포기할 수도 있습니다. 다만 어떠한 경우에도 상속인의 고유재산에 대한 재산목록이나 재산 내역은 채권자들에게 제공할 필요가 없습니다.

### 한정승인신고 당시 몰랐던 채권자가 변제를 요구할 경우

한정승인신고 당시에 몰랐던 채권자가 나타나면 한정승인 결정문을 제시하면 됩니다. 만약 신문 공고 기간이 지나기 전에 변제를 요구했다면 채권으로 파악하고 채권자 배당 절차에서 배당하면 되고, 신문 공고 기간 이후 상속재산의 채권자 배당이 모두 끝난 다음에 변제를 요구했다면 원칙적으로 상속인은 면책됩니다. 다만 잔여재산이 있다면 그 잔여재산으로 변제하면 되고 추가로 변제할 필요는 없습니다. 예외적으로 상속재산에 대해 특별담보권이 있는 채권자는 그 담보권 범위 내에서 우선변제를 받습니다(민법 제1039조).

일부 금융기관이나 통신사의 경우 채권 추심 대행기관에 의뢰하여 채권 추심을 하기도 합니다. 한정승인 재산목록에 금융기관·통신사의 채권을 모두 넣어 승인 결정을 받았더라도 이 채권 추심회사(대개 'OO 신용정보사'라는 이름을 사용합니다)는 모르고 있을 때도 있습니다. 이 경우 이 채권 추심회사에도 한정승인 결정문을 보내면서 신문 공고 기간이 경과한 이후 채권자 각각의 채권액 비율에 따라 안분 배당될 수 있음을 통지하면 됩니다.

### 같은 채무에 대해
### 여러 군데서 독촉장이나 내용증명우편이 온 경우

이를테면 비씨카드 본사와 비씨카드 대구지점, 신한 비씨카드, 외환 비씨카드에서 각각 독촉장이 왔다면 본사에 내용증명우편으로 한정승인 결정문을 보내고 본사에 보낸 내용증명우편을 각 지점에 팩스나 우편으로 통보하면 됩니다. 그리고 각각 채권자 은행(앞의 경우에는 신한은행, 외환은행)들에도 개별적으로 한정승인 결정문을 내용증명우편으로 보내면 됩니다.

보증보험회사에 최고장을 보낼 때는 보통 본사 주소로 보냅니다. 그리고 같은 채무에 대해 신용정보회사에서도 계속 독촉을 해왔다면 이러한 경우에는 두 군데 모두 내용증명우편으로 한정승인 결정문을 보내면 문제없습니다.

### 이메일

최근에는 채권자가 금융기관, 통신사 등인 경우 담당자가 이메일로 한정승인 결정문을 보내달라고 하는 경우가 있습니다. 오히려 내용증명우편을 보내는 것보다 저렴하고 간편합니다. 다만 이 경우에는 이메일 발송 내역을 잘 보관해야 합니다.

# 청산 및 배당

상속재산을 상속채권자들에게 배분해주는 절차를 청산이라고 합니다. 이러한 청산은 한정승인 심판 결정이 나오기 전까지는 절대로 착수해서는 안 됩니다. 자칫 피상속인의 재산을 무단 처분한 것이 되어 단순승인으로 간주될 수 있기 때문입니다. 앞에서 이미 설명했지만 너무 중요한 내용이기 때문에 다시 한번 강조해도 지나치지 않습니다.

**대법원 2016. 12. 29. 선고 2013다73520 판결**

상속인이 가정법원에 상속포기의 신고를 하였으나 이를 수리하는 심판이 고지되기 전에 상속재산을 처분한 경우, 민법 제1026조 제1호에 따라 상속의 단순승인을 한 것으로 보아야 하는지 여부(적극)

민법 제1026조 제1호는 상속인이 상속재산에 대한 처분행위를 한 때에는 단순승인을 한 것으로 본다고 규정하고 있다. 그런데 상속의 한정승인이나 포기의 효력이 생긴 이후에는 더 이상 단순승인으로 간주할 여지가 없으므로, 이 규정은 한정승인이나 포기의 효력이 생기기 전에 상속재산을 처분한 경우에만 적용된다. 한편 상속의 한정승인이나 포기는 상속인의 의사표시만으로 효력이 발생하는 것이 아니라 가정법원에 신고를 하여 가정법원의 심판을 받아야 하며, 심판은 당사자가 이를 고지받음으로써 효력이 발생한다. 이는 한정승인이나 포기의 의사표시의 존재를 명확히 하여 상속으로 인한 법률관계가 획일적으로 처리되도록 함으로써, 상속재산에 이해관계를 가지는 공동상속인이나 차순위 상속인, 상속채권자, 상속재산의 처분 상대방 등 제3자의 신뢰를 보호하고 법적 안정성을 도모하고자 하는 것이다. 따라서 상속인이 가정법원에 상속포기의 신고를 하였더라도 이를 수리하는 가정법원의 심판이 고지되기 이전에 상속재산을 처분하였다면, 이는 상속포기의 효력 발생 전에 처분행위를 한 것이므로 민법 제1026조 제1호에 따라 상속의 단순승인을 한 것으로 보아야 한다.

또한 한정승인 심판 결정이 난 이후 신문 공고 기간이 지나기 전에는 굳이 청산에 착수할 필요가 없습니다. 신문 공고 기간에 새로운 채권자가 나타날 수도 있기 때문입니다. 그래서 민법은 신문 공고, 최고 기간 내에는 상속채권의 변제를 거절할 수 있다고 규정하고 있습니다(민법 제1033조). 한정승인 상속인이 미리 변제를 해도 상관없지만 그로 인해 다른 상속채권자나 유증을 받은 자에게 손해를 준다면 그 손해를 배상해야 합니다(민법 제1038조 제1항). 그리고 변제받지 못한 상속채권자는 그 사실을 알고 변제받은 상속채권자 등에게 구상권을 행사할 수 있습니다(민법 제1038조 제2항).

**민법**

**제1033조(최고기간 중의 변제거절)**

한정승인자는 전조 제1항의 기간만료전에는 상속채권의 변제를 거절할 수 있다.

**제1038조(부당변제 등으로 인한 책임)**

① 한정승인자가 제1032조의 규정에 의한 공고나 최고를 해태하거나 제1033조 내지 제1036조의 규정에 위반하여 어느 상속채권자나 유증받은 자에게 변제함으로 인하여 다른 상속채권자나 유증받은 자에 대하여 변제할 수 없게 된 때에는 한정승인자는 그 손해를 배상하여야 한다. 제1019조 제3항의 규정에 의하여 한정승인을 한 경우 그 이전에 상속채무가 상속재산을 초과함을 알지 못한 데 과실이 있는 상속인이 상속채권자나 유증받은 자에게 변제한 때에도 또한 같다. 〈개정 2005. 3. 31.〉

② 제1항 전단의 경우에 변제를 받지 못한 상속채권자나 유증받은 자는 그 사정을 알고 변제를 받은 상속채권자나 유증받은 자에 대하여 구상권을 행사할 수 있다. 제1019조 제3항의 규정에 의하여 한정승인을 한 경우 그 이전에 상속채무가 상속재산을 초과함을 알고 변제받은 상속채권자나 유증받은 자가 있는 때에도 또한 같다.

③ 제766조의 규정은 제1항 및 제2항의 경우에 준용한다.

따라서 청산은 신문 공고 기간이 지난 후에 상속채권자들에게 상속재산을 배분하는 절차라고 할 수 있습니다. 상속채권자가 여러 명이면 그들에게 상속재산을 나누어주어야 합니다. 이때 누구에게 우선권이 있는지, 우선권이 없는 같은 순위자가 여럿일 때는 어떤 비율로 나누어야 하는지의 문제를 '배당'이라고 합니다.

그러면 청산과 배당에 관해 자세히 살펴보겠습니다.

### 변제방법 – 청산과 배당

기본적인 변제방법은 다음과 같이 크게 네 가지가 있습니다.

첫째, 한정승인 상속인은 신문 공고 기간 만료 후 상속재산으로서 그 기간 내에 신고한 채권자와 한정승인 상속인이 알고 있는 채권자에 대하여 각 채권액의 비율로 변제해야 합니다(민법 제

1034조).

둘째, 금전채권의 경우 원금뿐 아니라 배당변제를 하는 시점까지 발생한 이자 및 지연손해금도 포함하여 배당변제를 합니다.

셋째, 변제 만료 기간이 남아 있는 채권도 변제해야 하고 조건이 있는 채권이나 존속 기간의 불확정한 채권은 법원이 선임한 감정인의 평가에 따라 변제해야 합니다(민법 제1035조).

넷째, 변제를 하기 위해 필요한 경우에는 경매해야 합니다(민법 제1037조). 이때 경매는 '담보권 실행을 위한 경매' 방식으로 실시됩니다(민사집행법 제274조 제1항). 이 경매를 형식적 경매라고 부릅니다.

**변제 순서**

우선권 있는 상속채권자, 상속에 관한 비용, 일반 상속채권자, 유증을 받은 사람 순으로 변제합니다(민법 제1034조, 제1036조). 특히 민법은 "한정승인 상속인은 상속채권자에 대한 변제를 완료한 후가 아니면 유증받은 자에게 변제하지 못한다"라고 규정하고 있습니다. 상속채권자들이 예상하지 못한 손해를 입는 것을 방지하기 위한 규정입니다.

그리고 유증을 받은 사람에 대한 변제가 완료된 이후에도 남은 재산이 있으면 신고 기간 내에 신고하지 않은 상속채권자 및 유증받은 자로서 '한정승인자가 알지 못한 자'에게 변제합니다(민법 제1039조 본문).

### 우선권 있는 상속채권자에 대한 변제

상속재산에 대해 질권, 저당권 등의 담보물권을 설정한 경우 또는 조세채권, 우선권 있는 임대차보증금 반환채권 등 우선권을 갖고 있는 상속채권자는 우선변제를 받습니다. 우선권 있는 채권자들은 채권신고 기간에 채권을 신고하지 않았거나 한정승인을 한 상속인이 채권의 존재에 대해 알지 못해도 우선변제를 받습니다(민법 제1039조 단서).

우선권 있는 상속채권자는 상속인이 변제를 하지 않더라도 직접 우선권을 실행하여 당해 상속재산에서 채권을 회수할 수도 있습니다. 채권신고 기간 만료 전에도 우선권 실행이 가능합니다. 다만 우선권이 있는 채권자라 할지라도 우선권에 의해 담보된 범위가 그의 채권액 전부보다 적으면 그 부족액 부분은 다른 일반 상속채권자와 같은 지위에서 배당변제를 받습니다.

### 상속에 관한 비용 변제

상속에 관한 비용이란 상속재산을 관리하고 청산하는 데 드는 비용을 말합니다. 상속에 관한 비용은 일반 상속채무보다 우선하여 상속재산에서 변제합니다. 상속비용에는 상속채무에 관한 공고 · 최고 또는 변제비용, 상속재산 경매비용, 상속재산의 관리 · 보존을 위한 소송비용, 보존등기비용, 재산목록 작성비용, 관리인 선임비용, 수리비 등의 필요비와 유익비, 관리비, 상속재산에 대한 조세와 공과금 등이 해당됩니다.[7] 다만 양도소득세가 상속비용인가에 대해서는 논의가 있습니다(7장 '한정승인과 세금' 참조).

**장례비와 관련한 문제**

한정승인과 관련하여 실무상 상속에 관한 비용으로 주로 문제되는 것은 장례비입니다. 엄밀히 말해 장례비는 상속에 관한 비용으로 보기 모호한 면이 있습니다. 그러나 대법원은 장례비 역시 피상속인이나 상속인의 사회적 지위와 그 지역의 풍속 등에 비추어 합리적인 금액 범위 내라면 상속비용으로 보아야 한다고 판단하고 있습니다. 따라서 장례비는 상속비용으로 보고 우선하여 상속재산에서 변제할 수 있습니다. 먼저 상속인이 자신의 비용으로 장례비를 지출하고 피상속인의 상속재산을 처분하여 얻은 금액에서 우선하여 받을 수도 있다는 말입니다.

다만 과도한 비용을 장례비라고 주장하는 경우에는 또다른 분쟁을 일으킬 수 있으므로 계약서, 영수증 등 가능한 한 모든 증빙 자료를 확보해두어야 합니다. 이때 장례식장, 납골당, 장례용품 계약 등을 모두 상속인이 직접 하지 않았어도 상관없으며 상속인의 위임을 받은 사람이 계약과 대금 집행을 했으면 문제될 것이 없습니다.

실무에서 문제가 많이 되는 것은 피상속인이 사망한 후 사망

7) 「상속」, 『민법』(제5판), 23쪽.

신고를 하기 전에 피상속인의 계좌에서 돈을 인출하거나 카드를 사용하거나 현금서비스를 받아 장례비를 사용하는 경우입니다. 이 경우에는 단순승인이 되지 않도록 증빙을 더욱 철저하게 해두어야 합니다.

**인정받을 수 있는 장례비 액수**

장례비는 가급적 500만 원이 넘지 않도록 기재하는 것이 좋습니다. 경험에 따르면 증빙 자료가 확실하면 1000만 원 정도까지는 큰 문제가 되지 않습니다. 하지만 가급적 장례비는 법원과 채권자들이 문제삼지 않을 정도의 액수로 기재하는 것이 좋습니다.

최근의 손해배상 사건에서는 다수의 하급심 판결에서 "건전가정의례의 정착 및 지원에 관한 법률(가정의례법)과 건전가정의례준칙의 규정 내용, 일반적인 장례식장의 임대비용 등에 비추어볼 때 장례비 중 500만 원을 초과하여 지출한 부분은 이 사건 사고와 상당인과관계가 있는 비용이라고 보기 어렵다"라고 하여 장례비의 기준을 제시하고 있습니다. 손해배상 판결에서 나온 기준이지만 한정승인 사건에서도 참고할 만한 기준입니다.

**대법원 1997. 4. 25. 선고 97다3996 판결**

장례비용, 상속재산 관리를 위한 소송비용이 민법 제998조의

2 소정의 상속에 관한 비용에 해당하는지 여부(적극)

상속에 관한 비용은 상속재산 중에서 지급하는 것이고, 상속에 관한 비용이라 함은 상속재산의 관리 및 청산에 필요한 비용을 의미한다고 할 것인바, 장례비용은 피상속인이나 상속인의 사회적 지위와 그 지역의 풍속 등에 비추어 합리적인 금액 범위 내라면 이를 상속비용으로 보는 것이 옳고, 묘지구입비는 장례비용의 일부라고 볼 것이며, 상속재산의 관리·보존을 위한 소송비용도 상속에 관한 비용에 포함된다.

일반 상속채권자에 대한 변제

우선권 있는 상속채권자에 대한 변제를 마치고 상속에 관한 비용을 충당하고 남은 상속재산을 일반 상속채권자에게 변제하면 됩니다. 즉 채권신고 기간 내에 채권을 신고한 상속채권자의 채권과 신고가 없더라도 한정승인신고를 한 상속인이 알고 있는 상속채권자에게 배당하면 됩니다.

여기서 민법 제1034조 제1항에 따라 배당변제를 받을 수 있는 '한정승인자가 알고 있는 채권자'에 해당하는지는 한정승인자가 채권신고의 최고를 하는 시점이 아니라 배당변제를 하는 시점을 기준으로 판단해야 합니다. 따라서 한정승인자가 채권신고의 최고를 하는 시점에는 알지 못했더라도 그 이후 실제로 배당변제를 하기 전까지 알게 된 채권자가 있다면 그 채권자는 민법 제1034조 제1항에 따라 배당변제를 받을 수 있는 '한정승인자가 알고 있는 채권자'에 해당합니다(대법원 2018. 11. 9. 선고 2015다75308 판결).

**대법원 2018. 11. 9. 선고 2015다75308 판결**

한정승인자는 한정승인을 한 날로부터 5일 내에 일반상속채권자와 유증받은 자에 대하여 한정승인의 사실과 일정한 기간(이하 '신고기간'이라고 한다) 내에 그 채권 또는 수증을 신고할 것을 공고하여야 하고, 알고 있는 채권자에게는 각각 그 채권신고를 최고하여야 한다(민법 제1032조 제1항, 제2항, 제89조). 신고기간이 만료된 후 한정승인자는 상속재산으로서 그 기간 내에 신고한 채권자와 '한정승인자가 알고 있는 채권자'에 대하여 각 채권액의 비율로 변제(이하 '배당변제'라고 한다)하여야 한다(민법 제1034조 제1항 본문). 반면 신고기간 내에 신고하지 아니한 상속채권자 및 유증받은 자로서 '한정승인자가 알지 못한 자'는 상속재산의 잔여가 있는 경우에 한하여 변제를 받을 수 있다(민법 제1039조 본문). 여기서 민법 제1034조 제1항에 따라 배당변제를 받을 수 있는 '한정승인자가 알고 있는 채권자'에 해당하는지 여부는 한정승인자가 채권신고의 최고를 하는 시점이 아니라 배당변제를 하는 시점을 기준으로 판단하여야 한다. 따라서 한정승인자가 채권신고의 최고를 하는 시점에는 알지 못했더라도 그 이후 실제로 배당변제를 하기 전까지 알게 된 채권자가 있다면 그 채권자는 민법 제1034조 제1항에 따라 배당변제를 받을 수 있는 '한정승인자가 알고 있는 채권자'에 해당한다.

이와 같이 확인된 채권자들을 모두 합쳐 안분 계산을 한 후 내용증명우편이나 팩스(최근에는 이메일, 문자 등으로도 활용)로 배분액을 알리면서 입금 계좌를 보내달라는 요청을 하고 연락이 오는 채권자들에게 송금합니다.

### 유증을 받은 자(수증자)에게 변제

앞서 이야기한 우선권 있는 상속채권자에 대한 변제, 상속에 관한 비용 변제, 일반 상속채권자에 대한 변제가 모두 끝난 후에 잔여재산이 있으면 유증을 받은 사람에게 변제합니다. 이때의 유증을 받은 자는 특정유증을 받은 자를 말합니다. 상속인과 동일한 지위에 있는 포괄수증자에 대해서는 별도의 변제 절차가 필요하지 않기 때문입니다.[8]

### 신고하지 않은 채권자에 대한 변제

채권신고 기간 내에 신고하지 않았고 상속인도 그의 존재를 몰랐던 상속채권자와 유증을 받은 사람은 잔여재산이 있는 한도 내에서 변제를 받을 수 있습니다(민법 제1039조). 변제 순서와 방법에 대해서는 아무 규정이 없으므로 한정승인을 한 상속인은 어느 채권자에게 먼저 변제해도 무방합니다. 다만 유증을 받은 자에 대한 변제는 상속채권자에 대한 변제 후에 해야 합니다.

---

8) 「상속」, 『민법』(제5판), 457쪽.

민법 제1039조에 의한 변제는 한정승인에 따른 절차가 종료된 이후에 이루어지는 것이므로 한정승인을 한 상속인, 상속채권자, 유증을 받은 자 누구라도 잔여재산의 범위 내에서는 자신의 채권을 자동채권으로 하여 상계를 할 수 있습니다.[9]

**민법**

**제1034조(배당변제)**

① 한정승인자는 제1032조 제1항의 기간만료후에 상속재산으로서 그 기간 내에 신고한 채권자와 한정승인자가 알고 있는 채권자에 대하여 각 채권액의 비율로 변제하여야 한다. 그러나 우선권 있는 채권자의 권리를 해하지 못한다.

② 제1019조 제3항의 규정에 의하여 한정승인을 한 경우에는 그 상속인은 상속재산 중에서 남아있는 상속재산과 함께 이미 처분한 재산의 가액을 합하여 제1항의 변제를 하여야 한다. 다만, 한정승인을 하기 전에 상속채권자나 유증받은 자에 대하여 변제한 가액은 이미 처분한 재산의 가액에서 제외한다.

**제1035조(변제기전의 채무 등의 변제)**

① 한정승인자는 변제기에 이르지 아니한 채권에 대하여도 전

9) 「상속」, 『민법』(제5판), 468쪽.

조의 규정에 의하여 변제하여야 한다.

② 조건있는 채권이나 존속기간의 불확정한 채권은 법원의 선임한 감정인의 평가에 의하여 변제하여야 한다.

**제1036조(수증자에의 변제)**

한정승인자는 전2조의 규정에 의하여 상속채권자에 대한 변제를 완료한 후가 아니면 유증받은 자에게 변제하지 못한다.

**제1037조(상속재산의 경매)**

전3조의 규정에 의한 변제를 하기 위하여 상속재산의 전부나 일부를 매각할 필요가 있는 때에는 민사집행법에 의하여 경매하여야 한다.

**제1039조(신고하지 않은 채권자 등)**

제1032조 제1항의 기간내에 신고하지 아니한 상속채권자 및 유증받은 자로서 한정승인자가 알지 못한 자는 상속재산의 잔여가 있는 경우에 한하여 그 변제를 받을 수 있다. 그러나 상속재산에 대하여 특별담보권있는 때에는 그러하지 아니하다.

**민사집행법**

**제274조(유치권 등에 의한 경매)**

① 유치권에 의한 경매와 민법 · 상법, 그 밖의 법률이 규정하는 바에 따른 경매(이하 "유치권등에 의한 경매"라 한다)는 담보권 실행을 위한 경매의 예에 따라 실시한다.

### 변제 절차 위반

일단 민법에 규정된 변제방법을 지키지 않고 변제를 하더라도 해당 변제는 유효합니다. 그러나 법에 규정된 청산 · 배당 절차를 위반하여 특정 상속인, 유증자, 채권자가 부당하게 변제를 받아 다른 채권자에게 손해를 입혔다면 피해자는 한정승인 상속인을 상대로 손해배상을 청구하고 부당하게 변제를 받은 사람을 상대로 구상권을 행사할 수 있습니다(민법 제1038조 제2항). 이 구상권과 한정승인 상속인에 대한 손해배상청구권은 모두 손해와 가해자를 안 날로부터 3년, 부당변제의 날로부터 10년 안에 행사해야 합니다(민법 1038조 제3항, 제766조 제2항).

**민법**

**제1038조(부당변제 등으로 인한 책임)**

① 한정승인자가 제1032조의 규정에 의한 공고나 최고를 해태하거나 제1033조 내지 제1036조의 규정에 위반하여 어느 상속채권자나 유증받은 자에게 변제함으로 인하여 다른 상속채권자나 유증받은 자에 대하여 변제할 수 없게 된 때에는 한정승인자는 그 손해를 배상하여야 한다. 제1019조 제3항의 규정에 의하여 한정승인을 한 경우 그 이전에 상속채무가 상속재산을 초과함을 알지 못한 데 과실이 있는 상속인이 상

속채권자나 유증받은 자에게 변제한 때에도 또한 같다.

② 제1항 전단의 경우에 변제를 받지 못한 상속채권자나 유증받은 자는 그 사정을 알고 변제를 받은 상속채권자나 유증받은 자에 대하여 구상권을 행사할 수 있다. 제1019조 제3항의 규정에 의하여 한정승인을 한 경우 그 이전에 상속채무가 상속재산을 초과함을 알고 변제받은 상속채권자나 유증받은 자가 있는 때에도 또한 같다.

③ 제766조의 규정은 제1항 및 제2항의 경우에 준용한다.

### 변제와 관련된 문제

#### 채권자들이 입금 계좌를 보내지 않을 경우

채권자가 입금 계좌를 보내지 않는다면 수령 거절로 간주하고 그 채권자에 대한 배당액은 법원에 공탁합니다. 채권자 주소지 관할 법원 공탁계에 가서 공탁 사유를 수령 거절로 작성한 뒤 공탁하면 되는데, 비용이 발생합니다. 금액이 큰 경우에는 공탁해야 차후에 문제가 생기지 않습니다.

입금해야 할 금액이 거의 없거나 소액이라면 공탁을 하지 않고 그 채권자들에 대한 금원을 계속 보관하고 있다가 연락이 오면 그때 지급하는 방법도 있습니다. 만약 계속 연락이 오지 않고 10년이 지나서 소멸시효가 완성되면 그 이후에는 변제하지 않아도 됩니다.

만약 상속인이 상속예금을 전혀 인출하지 않았다면 채권자에게 스스로 상속재산에 대한 압류 · 추심을 하라고 통지하는 방법도 있습니다.

### 상속인의 재산으로 변제하는 경우

피상속인의 예금 계좌에서 돈을 인출하기 어려운 사정이 있을 때가 있습니다. 예를 들어 상속인이 연로하여 은행 거래 처리가 쉽지 않으면 상속재산 범위 내에서 상속인의 개인 재산으로 변제해도 무방합니다. 주로 갚아야 할 금액이 크지 않고 번잡스러운 것을 싫어하는 경우에 이와 같이 진행합니다.

### 부채 금액의 변동이 있는 경우-이자가 늘어났을 때

신문 공고 당시 금융기관이나 채권자가 보내온 채권신고액이 한정승인을 받을 때부터 이자가 붙어 금액이 커지는 경우가 있습니다. 이 경우 그 금액을 별도로 법원에 신고할 필요 없이 변제 시점까지의 채권신고액을 기준으로 안분 변제하면 됩니다.

### 보증인의 구상권

할부금 채무가 있는데, 그 할부금에 대해 보증인이 있는 경우가 있습니다. 보증인이 할부금을 대신 냈다면 구상권을 취득하고 구상금채권자가 됩니다. 따라서 채권자들에게 안분 배당을 할 때

보증인의 구상채권에도 배분해야 합니다. 구체적으로 보증인이 할부금을 얼마나 냈는지가 쟁점이 될 텐데, 이때는 보증인과 협의하여 배분 절차를 확정해야 합니다.

**은행 계좌에 가압류 · 압류 결정이 내려진 경우**

채권자가 피상속인의 은행 계좌에 가압류 · 압류 결정을 받은 경우가 있습니다. 이때 한정승인 상속인은 예금을 인출할 수 없습니다. 단순 가압류 상태면(아직 돈이 그대로 남아 있다면) 이 사실을 다른 채권자들에게 통지하여 스스로 압류 · 추심을 유도하는 것이 좋습니다. 이미 압류 · 추심이 완료되었다면(이미 돈이 빠져나갔다면) 이러한 사실을 채권 배분시 고려하여 안분 배당을 해야 합니다.

**금융기관에서 상계를 주장하는 경우**

사망자 등 재산 조회 통합 처리 서비스 조회를 했을 때 하나의 금융기관에 적금 · 예금과 함께 대출이 있는 경우가 있습니다. 또는 보험회사에 보험 해약환급금이 있으면서 대출이 있는 경우가 있기도 합니다. 이 경우 해당 금융기관은 상계를 주장하면서 대출금을 상계한 남은 차액만 지급합니다.

일반적으로 금융기관이나 보험회사에서 피상속인이 가진 예금 · 적금 · 보험 등을 담보로 제공하고 대출을 받은 경우 금융기관 · 보험회사에서 먼저 상계를 합니다. 그리고 별도로 담보로 제공하지 않은 경우에도 은행여신거래기본약관 제10조에 따라 상계를 합니다. 보통 재산목록을 작성하면서 부채증명서 등을 발급 받을 때 금융기관 등에서는 관련 대출 등을 상계하고 남은 금액을 부채증명서에 기재합니다.

**은행여신거래기본약관(기업용)**

**제10조(은행으로부터의 상계 등)**

① 기한의 도래 또는 제7조에 의한 기한 전 채무변제의무, 제9조에 의한 할인어음의 환매채무의 발생 기타의 사유로, 은행에 대한 채무를 이행하여야 하는 경우에는, 그 채무와 채무자의 제예치금 기타의 채권과를 그 채권의 기한도래 여부에도 불구하고, 은행은 서면통지에 의하여 상계할 수 있습니다.

② (삭제)

③ 제1항에 있어서와 같이 은행에 대한 채무를 이행하여야 하는 경우에는, 은행은 사전의 통지나 소정의 절차를 생략하고, 채무자를 대리하여 채무자가 담보로 제공한 채무자의 제 예치금을 그 기한도래 여부에 불구하고 환급받아서 채무의 변제에 충당할 수 있습니다. 이 경우 은행은 대리환급 변제충당 후 그 사실을 지체 없이 채무자에게 통지합니다.

④ 제1항에 따라 채무자의 채무와 채무자 및 보증인의 제 예치금 기타 채권(이하 "제 예치금 등" 이라 합니다)과를 상계할 경우, 은행은 상계에 앞서 채무자 및 보증인의 제 예치금

등에 대하여 일시적인 지급정지 조치를 취할 수 있기로 하되, 채무자와 보증인의 제 예치금 등에 대하여 지급정지 조치를 취한 경우에는 그 사실을 지체 없이 해당 제 예치금 등의 명의인에게 통지하여야 합니다.

⑤ 제1항에 의한 상계나 제3항에 의한 대리환급변제충당을 실행하는 경우에는 채무자 · 보증인 · 담보제공자의 정당한 이익을 고려하여 신속히 실행하여야 하며, 채권 · 채무의 이자 등과 지연배상금의 계산기간은, 은행의 상계통지가 채무자에게 도달한 날, 은행이 대리환급변제충당을 위한 계산을 하는 날까지로 하되, 그 율은 은행이 정하는 바에 따르며, 외국환시세는 은행이 계산 실행할 때의 시세에 의하기로 합니다.

만약 금융기관, 보험회사가 상계하고 남은 예금이나 보험환급금 등이 있다면 상계하고 남은 채권을 채권자들에게 배당해야 합니다. 금융기관, 보험회사가 상계를 하고도 채권을 모두 변제받지 못해 배당 절차에 참가하는 경우에는 이미 상계로 변제된 금액을 고려하여 채권자에게 배당하는 절차를 진행해야 합니다.

**부동산에 가압류 · 가처분 결정이 내려진 경우**

이 경우에는 부동산을 처분하기 어렵습니다. 임의로 처분하면 안 되고 일단 민사집행법 제274조에 따른 '상속채권자에 대한 변제를 위한 경매'를 신청해야 합니다. 뒤에서 좀더 자세히 살펴보겠습니다.

### 부동산 경매가 진행중인 경우

채권자의 압류 · 추심 절차가 진행되어 이미 부동산 경매 절차에 들어갔으면 다른 채권자들에게 이 사실을 통보하여 경매 절차에서 배당을 받을 것을 유도합니다. 차후 배당을 할 때 이때 각 채권자가 받아간 돈을 반영하여 배분해야 합니다.

보통 채권자가 상속인의 명의로 대위등기(피상속인의 부동산을 상속인의 명의로 상속등기를 강제로 진행하는 것)를 한 후 경매를 진행합니다. 한정승인 상속인은 채무자의 지위에서 경매를 진행하는 것이기 때문에 원칙적으로 경매에 참여하여 낙찰을 받을 수 없고, 우선하여 배당을 받을 권리도 없습니다. 다만 한정승인 상속인의 배우자나 가족은 낙찰을 받을 수 있습니다.

### 상속부동산을 경매할 경우

상속받은 부동산의 가치가 높다면 보통 가만히 있어도 상속채권자가 경매신청을 하여 배당을 가져가는 경우가 대부분입니다. 특히 근저당권과 같이 우선권을 확보하고 있는 채권자가 있다면 직접 경매를 신청할 가능성이 큽니다. 경매를 신청하는 데는 비용도 들어가고 신청 서류도 준비해야 하는 등 번거로우므로 상속인은 채권자가 직접 경매를 신청할 때까지 기다리거나 채권자가 직접 경매를 신청하도록 유도하는 것이 편합니다.

문제는 채권자들이 경매를 신청하지 않는 경우입니다. 그냥 놔두자니 계속 세금이 발생하고 어떻게든 매각하여 청산해야 하는 상황이 발생할 수 있습니다. 그런데 임의로 매도하여 그 대금을 배분하면 채권자들이 부당히 낮은 가격으로 매도하였다고 주장하며 이의를 제기할 수도 있습니다. 가처분, 압류 등으로 임의로 처분하기 곤란한 경우도 있습니다.

일단 상속재산에 부동산이 있다면 청산 절차 자체가 어렵습니다. 그래서 부동산 처리를 편하게 하려고 상속재산 파산을 신청하는 경우까지 있습니다. 결국 부동산은 채권자들이 매도 가격에 이의를 할 수 없는 공신력 있는 절차에 따라 처분해야 합니다. 바로 경매입니다.

상속인이 상속재산인 부동산을 돈으로 바꾸기 위해 신청하는 경매를 '환가를 위한 경매' 또는 '형식적 경매'라고 합니다. 이러한 경매는 부동산을 돈으로 바꾸는 것이기 때문에 경매를 통해 매각되면 법원은 매각 대금을 모두 우선 상속인에게 지급합니다. 대금을 받은 상속인은 그 대금을 채권자들에게 배분해야 합니다.

**대법원 2013. 9. 12. 선고 2012다33708 [배당이의]**

**[사실관계]**

상속채권자 A는 망인의 부동산을 가압류하였고, 망인의 사망 후 한정승인이 이루어지자 상속인들을 상대로 소를 제기하여 승소 판결까지 받았습니다. 이후, 상속재산관리인은 상속채권자에 대한 변제를 위하여 청산을 목적으로 해당 부동산에 대하여 민법 제1037조에 따라 형식적 경매를 신청하였습니다. 집행법원은 경매 절차에서 가압류권자인 A에게 가압류 금액을 1순위로 배당하는 내용의 배당표를 작성하였고, 상속재산관리인이 배당이의 소를 제기한 사안입니다.

**[판결요지]**

민법 제1037조에 근거하여 민사집행법 제274조에 따라 행하여지는 상속재산에 대한 형식적 경매는 한정승인자가 상속재산을 한도로 상속채권자나 유증받은 자에 대하여 일괄하여 변제하기 위하여 청산을 목적으로 당해 재산을 현금화하는 절차이므로, 제도의 취지와 목적, 관련 민법 규정의 내용, 한정승인자와 상속채권자 등 관련자들의 이해관계 등을 고려할 때 일반채권자인 상속채권자로서는 민사집행법이 아닌 민법 제1034조, 제1035조, 제1036조 등의 규정에 따라 변제받아야 한다고 볼 것이고, 따라서 그 경매에서는 일반채권자의 배당요구가 허용되지 아니한다.

**[해설]**

경매개시결정 전에 상속채권자가 상속재산을 가압류하였고 집행권원까지 확보하였다 하더라도, 민법 제1037조에 근거하여

행하여지는 형식적 경매는 관리하는 물건을 돈으로 바꾸어 상속채권자들에게 평등하게 변제하겠다는 목적이 있을 뿐이므로, 상속채권자는 민사집행법이 아닌 민법 제1034조 이하의 절차에 따라 채권자들에게 일괄하여 변제하도록 상속재산관리인에게 교부하는 것이 제도의 취지에 부합하다고 판단하였습니다. 결국, 상속채권자 A에 대한 배당액을 삭제하는 것으로 배당표를 경정한다는 판결이 이루어졌습니다.

이러한 형식적 경매가 이루어지는 중에 근저당권과 같은 담보권 있는 채권자가 담보권 실행을 위한 경매를 신청하면 형식적 경매 절차는 정지되고 담보권 실행을 위한 경매 절차가 진행됩니다. 그러면 한정승인 절차에서 상속채권자로 신고한 자라 하더라도 집행권원을 얻어 그 경매 절차에서 배당요구를 함으로써 일반채권자로서 배당받을 수 있습니다(대법원 2010. 6. 24. 선고 2010다14599 판결).

**대법원 2010. 6. 24. 선고 2010다14599 판결**

상속부동산에 관하여 민사집행법 제274조 제1항에 따른 형식적 경매절차가 진행된 것이 아니라 담보권 실행을 위한 경매절차가 진행된 경우에는 비록 한정승인 절차에서 상속채권자로 신고한 자라고 하더라도 집행권원을 얻어 그 경매절차에서 배당요구를 함으로써 일반채권자로서 배당받을 수 있다고 할 것이다.

상속부동산에 관한 경매에 관해서는 민사집행법의 복잡한 법리가 개입되기 때문에 여기서 자세한 내용을 모두 설명하기는 어렵습니다. 실제 경매와 관련된 문제에 처해 있다면 더 고려해야 할 사항이 많으므로 전문가와 상의할 것을 권합니다.

**청산 절차가 종료되기 전에 상속재산분할청구의 가능 여부**

한정승인에 따른 청산 절차가 종료되지 않은 경우에도 상속인들이 상속재산분할청구를 할 수 있습니다. 대법원도 청산 절차가 종결되지 않은 경우에 상속재산분할청구가 가능하다고 판결했습니다(대법원 2014. 7. 25. 자 2011스226 결정).

> **대법원 2014. 7. 25. 자 2011스226 결정**
>
> 상속재산분할청구 절차를 통하여 분할의 대상이 되는 상속재산의 범위를 한꺼번에 확정하는 것이 상속채권자의 보호나 청산절차의 신속한 진행을 위하여 필요하다는 점 등을 고려하면, 한정승인에 따른 청산절차가 종료되지 않은 경우에도 상속재산분할청구가 가능하다고 할 것이다.

**자동차 매각 대금의 경우**

채권자의 동의를 얻어 자동차를 매각하는 방법으로 처분하기로 한 경우 그 매각 대금을 채권자에게 통지하고 배당하면 됩니다. 차량이 공매되거나 경매되는 경우 채권자들에게 공매 · 경매에 참여할 것을 유도합니다. 공매 · 경매 결과 세금 · 채권 같은 선순위 채권에 배당되고 남은 매각 대금이 있는 경우 이를 채권자들에게 통지하고 배당해야 합니다. 주의할 점은 차량에 과세된 세금은 경매로 매각할 때 우선변제 대상입니다. 그러나 과태료 · 범칙금의 경우 벌과금으로 조세나 국세에 해당하지 않으므로 우선순위가 아닙니다.

### 한정승인의 청산 사례

민법 제107조에서는 "한정승인 후 상속채권자들에게 변제를 하기 위하여 상속재산의 전부나 일부를 매각할 필요가 있는 때에는 민사집행법에 의하여 경매하여야 한다"고 규정하고 있습니다. 이렇게 이루어지는 경매 절차에서 피상속인의 채권자인 상속채권자 및 한정승인을 한 상속인의 채권자의 권리관계에 대해 판례 위주로 살펴보겠습니다.

#### 상속채권자가 상속재산을 가압류한 경우

상속채권자가 민법 제1037조에 따른 경매개시결정 이전에 상속재산을 가압류하고 집행권원까지 확보한 경우라 하더라도 상속재산인 부동산의 매각 대금을 전체 상속채권자에게 평등하게 변제합니다. 상속채권자에게 별도의 우선권을 인정할 근거가 없습니다.

### 피상속인이 생전에 설정해준 근저당권

피상속인이 자신의 채권자에게 생전에 근저당권을 설정해주었다면 피상속인이 사망한 이후에 상속인들이 한정승인이나 상속포기를 하더라도 해당 근저당권의 효력에는 영향이 없습니다. 즉 근저당권을 가진 상속채권자는 해당 근저당에 기한 경매에서는 다른 상속채권자에 우선하여 변제받을 수 있습니다.

### 한정승인 상속인이 제3자에게 상속재산에 저당권을 설정해준 경우

한정승인신고 수리 후에 한정승인 상속인이 자신의 채권자에게 피상속인의 상속재산에 대해 근저당을 설정해준 경우 상속채권자(피상속인의 채권자)라 하더라도 이 근저당권자에 대해 우선적 지위를 주장할 수 없습니다. 즉 상속인이 자신의 채권자를 위해 상속재산에 근저당을 설정해주면 민법 제1037조에 의한 경매절차에서도 그 채권자가 우선하여 변제받을 수 있게 됩니다. 물론 한정승인 상속인은 상속채권자에게 손해배상 책임을 져야 합니다.

이는 대법원 전원합의체 판결의 다수 의견이며 이에 대해 상속재산은 상속채권자의 채권에 대한 책임재산으로서 상속채권자에게 우선적으로 변제되고 청산되어야 한다는 입장에서 상속인의 채권자가 상속채권자에 우선하여 상속재산에 대해 강제 집행할 수 없다는 반대 의견이 있습니다.

**대법원 2010. 3. 18. 선고 2007다77781 전원합의체 판결**

**[판시사항]**

한정승인이 이루어진 경우 상속채권자가 상속재산에 관하여 한정승인자로부터 담보권을 취득한 고유채권자에 대하여 우선적 지위를 주장할 수 있는지 여부(소극)

**[판결요지]**

〈다수의견〉 법원이 한정승인신고를 수리하게 되면 피상속인의 채무에 대한 상속인의 책임은 상속재산으로 한정되고, 그 결과 상속채권자는 특별한 사정이 없는 한 상속인의 고유재산에 대하여 강제집행을 할 수 없다. 그런데 민법은 한정승인을 한 상속인(이하 '한정승인자'라 한다)에 관하여 그가 상속재산을 은닉하거나 부정소비한 경우 단순승인을 한 것으로 간주하는 것(제1026조 제3호) 외에는 상속재산의 처분행위 자체를 직접적으로 제한하는 규정을 두고 있지 않기 때문에, 한정승인으로 발생하는 위와 같은 책임 제한 효과로 인하여 한정승인자의 상속재산 처분행위가 당연히 제한된다고 할 수는 없다. 또한 민법은 한정승인자가 상속재산으로 상속채권자 등에게 변제하는 절차는 규정하고 있으나(제1032조 이하), 한정승인만으로 상속채권자에게 상속재산에 관하여 한정승인자로부터 물권을 취득한 제3자에 대하여 우선적 지위를 부여하는 규정은 두고 있지 않으며, 민법 제1045조 이하의 재산분리 제도와 달리 한정승인이 이루어진 상속재산임을 등기하여 제3자에 대항할 수 있게 하는 규정도 마련하고 있지 않다. 따라서 한정승인자로부터 상속재산에 관하여 저당권 등의 담보권을 취득한 사람과 상속채권자 사이의 우열관계는 민법상의 일반원칙에 따라야 하고, 상속채권자가 한정승인의 사유만으로 우선적 지위를 주장할 수는 없다. 그리고 이러한 이치는 한정승인자가 그 저당권 등의 피담보채무를 상속개시 전부터 부담하고 있었다고 하여 달리 볼 것이 아니다.

〈대법관 김영란, 박시환, 김능환의 반대의견〉 한정승인자의 상속재산은 상속채권자의 채권에 대한 책임재산으로서 상속채권자에게 우선적으로 변제되고 그 채권이 청산되어야 한다. 그리고 그 반대해석상, 한정승인자의 고유채권자는 상속채권자에 우선하여 상속재산을 그 채권에 대한 책임재산으로 삼아 이에 대하여 강제집행할 수 없다고 보는 것이 형평에 맞으며, 한정승인제도의 취지에 부합한다. 이와 같이, 상속채권자가 한정승인자의 고유재산에 대하여 강제집행할 수 없는 것에 대응하여 한정승인자의 고유채권자는 상속채권자에 우선하여 상속재산에 대하여 강제집행할 수 없다는 의미에서, 상속채권자는 상속재산에 대하여 우선적 권리를 가진다. 또한 한정승인자가 그 고유채무에 관하여 상속재산에 담보물권 등을 설정한 경우와 같이, 한정승인자가 여전히 상속재산에 대한 소유권을 보유하고 있어 상속채권자가 그 재산에 대하여 강제집행할 수 있는 한에 있어서는, 그 상속재산에 대한 상속채권자의 우선적 권리는 그대로 유지되는 것으로 보아야 한다. 따라서 한정승인자의 고유채무를 위한 담보물권 등의 설정등기에 의하여 상속채권자의 우선적 권리가 상실된다고 보는 다수의견은 상속채권자의 희생 아래 한정승인자로부터 상속재산에 관한 담보물권 등을 취득한 고유채권자를 일방적으로 보호하려는 것이어서, 상속의 한정승인 제도를 형해화시키고 제도적 존재 의미를 훼손하므로 수긍하기 어렵다.

### 실제 청산 사례

**부동산과 자동차는 없고 적극재산으로 예금 500만 원, 장례비에 600만 원이 소비된 경우**

청산이 가장 간단한 경우입니다. 장례비는 상속에 관한 비용으로 상속재산에서 먼저 지출할 수 있으므로 장례비 600만 원을 지출하면 분배할 재산이 하나도 남지 않는 경우입니다. 따라서 신문 공고 기간이 끝난 후 채권자들에게 배분할 적극재산이 없다는 사실을 내용증명우편 등으로 알리면 됩니다. 실무에서는 굳이 알리지 않는 경우도 많습니다. 이의가 있는 채권자가 있다면 상속인에게 소송을 제기할 것이나 장례비도 충당할 수 없을 정도의 재산만 남긴 경우 소송비도 회수하기 어려워서 실제 소송까지 제기하는 경우는 많지 않습니다.

**부동산과 자동차는 없고 적극재산으로 예금, 보험 등 현금성 자산 5000만 원, 장례비 600만 원이 소요되었고 채권자가 한 명이고 채권액이 1억 원인 경우**

신문 공고 기간이 지날 때까지 다른 채권자가 신고하지 않는지 확인한 후에 장례비 600만 원을 공제한 나머지 4400만 원을 채권자에게 교부하면 됩니다.

그런데 똑같은 조건에서 채권자가 네 명이고 각 채권액이 1억 원으로 동일한 경우라면 신문 공고 기간이 지날 때까지 다른 채권자가 신고하지 않는지 확인한 후에 장례비 600만 원을 공제한 나머지 4400만 원을 채권자들 채권액 비율인 1:1:1:1로 똑같이 나눈 각 1100만 원씩을 교부하면 됩니다.

예를 더 살펴봅시다. 앞의 조건에 채권자가 두 명인데, 채권자 A가 2억 원, 채권자 B가 6억 원의 채권을 갖고 있는 경우 신문 공고 기간이 지날 때까지 다른 채권자가 신고하지 않는지 확인한 후 장례비 600만 원을 공제한 나머지 4400만 원을 채권자들 채권액 비율인 2억 원 : 6억 원 = 1 : 3의 비율로 나누어 A에게 1100만 원, B에게 3300만 원을 교부하면 됩니다.

## 실무에서 이루어지는 청산 절차

### 청산 착수 계기

실제 실무에서는 상속인 혼자서 미리 깔끔하게 청산 절차를 이행하는 경우를 보기 어렵습니다.

한정승인만 신청하면 다 끝나는 것으로 알고 청산에 착수하지 않거나 상속인도 사정이 어려워서 알아도 착수하지 못하는 경우가 많기 때문입니다. 청산에 착수하지 않아도 채권자가 아무런 조치를 취하지 않으면 그대로 지나가는 경우도 있습니다. 하지만 은행이나 카드사 같은 금융권 채권자들은 절차상 절대 그대로 지나가지 않습니다. 이러한 경우 청산 절차의 실질적인 시작은 채권자들의 최고서가 상속인에게 도착하거나 채권자로부터 소장을 받게 되는 경우에야 비로소 시작됩니다.

그런데 금융권 채권자들은 연체가 시작된 부실채권을 채권 추심회사에 양도하는 경우가 많습니다. 채권을 양도받은 회사는 소송비용을 절약하기 위해 바로 소송에 착수하기보다는 먼저 통지서나 최고서를 보냅니다.

다음과 같은 최고서가 그 예입니다. 이러한 최고서를 받고 나서야 부랴부랴 청산에 관해 알아보는 경우가 많습니다.

**채권자들에 대한 채권계산서 요청**

최고서에는 담당자의 연락처가 기재되어 있습니다. 따라서 최고서를 받으면 먼저 담당자에게 연락해야 합니다. 담당자에게 채무자가 사망했고, 한정승인을 신청한 단계면 신청중인 사실, 이미 한정승인신고가 수리되었으면 한정승인을 한 사실을 알려주면 됩니다. 만약 장례비로 사용하고 남는 금액이 없어 배당할 재

▶ **방문실태조사 예정 통지서**(최고서)

# 법조치 진행을 위한 방문실태조사(예정) 통지서

김 (58( ******) 귀하

귀하의 건승과 발전을 기원합니다.

귀하의 우리카드 연체대금과 관련하여 당사는 채권양수도계약에 의해 채권을 양수 받은 최종 양수인으로서, 연체대금에 대해 그동안 채무상환을 독촉한 바 있으나, 아직까지 채무가 정리되지 않고 있습니다.

귀하께서 **2021년 09월 24일(금)까지** 채무를 계속해서 상환하지 않을 경우, 부득이 법적조치를 통해 채권을 회수할 수 밖에 없고, 강제집행 등 법적절차를 진행하기 위하여 주소지 방문 등 실태조사 착수와 동시에, 임대차보증금, 유체동산, 부동산, 자동차, 보험, 증권, 기타 재산권에 대하여 (가)압류등 채권보전 조치 및 집행권원 확보 후 강제경매 등 집행절차를 신청, 진행할 예정입니다. 이미 법적절차를 진행중인 경우가 있으며, 채무가 상환될때 까지 계속 법적절차를 진행할 것이므로, 이점 양지하시어 과중한 법비용이 발생하기 전에 상호 원만히 해결되기를 바랍니다.

> 어려운 사정은 이해하겠으나,회피만으로 채무가 해결될수 없음을 주지하시고, 담당자와 상의하여 적극적으로 해결 방안을 강구하시기 바랍니다. 변제기한 전에 미리 연락주시면, 당사 감면기준 한도내에서 최대한 협조 하겠습니다.

■ 채무내역.( 2021. 09. 07일 기준)

※ 변제기한 : 2021. 09. 24일(금) 까지. (단위:원)

| 원채권자 | 총채무액 | 종결가능금액 | 법비용등 | 비고 |
|---|---|---|---|---|
| 우리카드 | 금 161,895,967원 | 담당문의 | 담당문의 | |

※ 결제 입금계좌 : 우리은행, , 예금주: ㈜한국채권관리대부

※ 입금계좌는 법인계좌로, 입금한 경우 담당자에게 필히 연락주셔야 정상 처리됩니다.

■ 변제기한내 당사자간 합의금액 입금시, 나머지 전액 탕감후 종결처리. 완제확인서 발급.

■ 변제기한에 불구하고, 당사가 필요한 경우 법적절차를 진행하므로 바로 연락주시기 바랍니다.

■ 상환시 법조치건에 대한 해제나 취하가 필요한 경우 필히 담당자에게 요청하시기 바랍니다. {개인회생/파산 및 신용회복 중 이신분은 관계서류 팩스(02- ) 바랍니다

■ 담당자 : 팀장, 직통:

산이 없는 경우에는 그러한 사실도 알려주면 됩니다. 그러면 상대측에서 한정승인신청서나 심판문을 보내달라고 하여 사실을 확인한 후 종결이나 보류 처분을 하게 됩니다. 금융권 채권자는 내부 절차에 따라 부실채권을 정리하는 절차를 진행합니다.

장례비로 사용하고도 남는 금액이 있어 배당이 필요할 때는 정확한 채권 금액을 신고해달라고 요청하면 됩니다. 그러면 상대측에서 한정승인신청서나 심판문을 보내달라고 하여 사실을 확인한 후에 이자까지 계산한 채권계산서 또는 채권신고서를 보냅니다. 실제 배당일까지 발생하는 이자가 있으므로 한정승인신청시 제출한 재산목록에 있는 채권과 실제 배당 금액에는 약간의 차이가 발생할 수 있습니다. 채권계산서를 보낼 때는 배당금을 입금받을 계좌도 같이 표시하여 보내는 경우가 대부분입니다(계좌가 표시되어 있지 않을 때는 보내달라고 요청하는 것이 앞으로의 일을 줄이는 데 도움이 됩니다).

### 채권 안분액 계산이 표시된 청산 통지 및 입금

모든 채권자로부터 채권계산서를 받게 되면 남은 재산을 채권액별로 나누어(안분) 계산한 배당표나 계산표를 작성하여 채권자들에게 통지하고, 배당표상의 금액을 각각 입금해줍니다. 배당표를 작성한 이후에 바로 입금하지 않고 먼저 이의를 받은 후에 입금할 수도 있습니다.

▶ **채권신고서**

# 채 권 신 고 서

사건번호 2020느단OOOO
피상속인 망 OOO
상 속 인 OOO
채 권 자 OOO

피상속인 망 OOO에 관한 상속인 OOO의 상속한정승인 공고에 대하여 아래와 같이 채권을 신고합니다.

**아 래**

| 순번 | 채권내용 | 금액 | 지연이자 | 합계 | 비고 |
|---|---|---|---|---|---|
| 1 | 202 . . . 대여금 | 10,000,000원 | | | |
| 2 | 202 . . . 대여금 | 20,000,000원 | | | |

20 . . .
위 채권자 OOO (인)

**망 OOO의 상속인 OOO 귀중**

### ▶ 채권 안분액 계산서

| | |
|---|---|
| 채무자 | |
| 잔존 예금채권금액 | 양수인 한국채권관리대부 |

| | 채권자 | | 채권금액 | 안분금액 | 비고 |
|---|---|---|---|---|---|
| 채무액 | 한국자산관리공사 | 한국자산관리공사 | 203,403,999 | **1,042,753** | 금 1,042,753원<br>(203,403,999원/497,125,621원 × 2,548,520원) |
| | | 주식회사<br>국민행복기금 | 131,825,685 | **675,806** | 금 678,806원<br>(131,825,685원/497,125,651원 × 2,548,520원) |
| | 한국채권관리대부(우리카드 양수인) | | 161,895,967 | **829,961** | 금 829,961원<br>(161,895,967원/497,125,651원 × 2,548,520원) |
| | **합계** | | **497,125,651** | **2,548,520** | |

| 채권자 | 추상대리인 | 입금액 | 입금계좌 | 예금주 | 담당자 연락처 |
|---|---|---|---|---|---|
| 한국자산관리공사 | KTB신용정보 | 1,042,753 | (신한은행) | (가상계좌) | |
| 주식회사 국민행복기금 | IBK신용정보 | 675,806 | (신한은행) | (가상계좌) | |
| 우리카드 | 양수인 한국채권관리대부 | **829,961** | (우리은행) | (주)한국채권관리대부 | |

## 금융회사의 내부 처리

보통 금융회사들은 배당으로 변제받은 금액 외의 나머지 채권을 바로 소멸 처리하지 않습니다. 그들 내부에서 '보류 처리'라고 부르는 형식으로 정리하여 실질적으로는 소멸한 것처럼 보고 별도로 추심 절차를 밟지 않는 방식으로 처리하는 경우가 많습니다.

# 한정승인과 세금

한정승인을 했다고 해서 세금에서 자유로워지는 것은 아닙니다. 한정승인과 관련하여 문제가 될 수 있는 세금에 대해 알아보겠습니다.

## 상속세

### 일반적인 상속세

한정승인을 했다고 해서 상속세 부담에서 완전히 벗어나는 것은 아닙니다. 한정승인을 해도 여전히 상속인이기 때문입니다. 국세기본법에 규정된 상속세, 증여세의 제척 기간(법률상 정해진 존속 기간)은 최장 15년입니다(국세기본법 제26조의2 제4항).

그러므로 통상 세무서는 상속과 관련하여 조사하는 경우 최대 15년 정도까지의 재산 변동을 확인합니다. 이 기간 내에 피상속인으로부터 증여받은 재산과 처분 용도가 불분명한 재산이 있다면 이를 상속재산의 가액에 포함할 수 있습니다. 이러한 절차를 거쳐 과세 당국이 한정승인 상속인에게 상속세를 부과할 수 있습니다.

> **부산고등법원 2005. 5. 13. 선고 2003누3369 판결**
> 상속의 한정승인은 채무의 존재를 한정하는 것이 아니라 단순히 그 책임의 범위를 한정하는 것에 불과할 뿐이고 상속세부과처분은 적극재산에서 소극재산을 공제한 상속재산에 대하여만 행해지는 것이므로, 상속의 한정승인이 있다 하더라도 이를 이유로 상속세의 부과처분이 위법하게 되는 것은 아니다.

### 보험금

한정승인, 상속포기에서 상속세가 문제되는 전형적인 경우가 바로 보험금입니다. 〈표 6〉과 같이 보험금은 상속재산이 아니지만 세법상 간주상속재산으로 상속세가 부과되는 때도 있고, 증여세가 부과되는 때도 있습니다.

첫째, 보험계약자와 피보험자, 보험수익자 모두 피상속인인 경우 보험금은 상속재산입니다. 당연히 상속세 부과 대상입니다.

두째, 보험계약자와 피보험자가 피상속인이고 보험수익자가 상속인이면 보험금은 상속재산이 아닙니다. 따라서 이 보험금으

**<표 6> 보험수익자와 세금**

| 계약자 | 피보험자 | 수익자 | 과세 내용 |
|---|---|---|---|
| 아버지 | 아버지 | 아버지 | 상속재산(상속) |
| 아버지 | 아버지 | 아들 | 간주상속재산(상속세, 상속세 및 증여세법 제8조) |
| 어머니 | 아버지 | 아들 | 증여세(어머니가 아들에게 증여한 것) |
| 아들 | 아버지 | 아들 | 비과세(아들이 자신의 수익이 있어서 보험금을 지급할 수 있었음을 증명 필요) |

로 아버지의 빚을 갚을 의무는 없습니다. 아버지의 사망으로 받는 보험금은 상속인이 아니라 보험수익자의 지위에서 받는 것이기 때문입니다.

하지만 이것은 상속법의 영역이고 세법의 영역에서는 조금 다릅니다. 피상속인(아버지) 사망 후 상속인(아들)이 받는 보험금은 상속 및 증여세법 제8조의 '간주상속재산'에 해당합니다. 따라서 상속인이 상속포기, 한정승인을 하더라도 이 보험금을 받은 이상 상속세를 내야 합니다. 이는 보험을 통해 자식에게 편법으로 상속하려는 것을 막기 위한 것입니다.

정리하면 보험계약자가 보험수익자를 막연하게 '상속인'으로만 지정했거나 상속인 중 한 명을 특정하여 지정한 경우 해당 보험금을 받은 자가 한정승인이나 상속포기를 했다면 받은 보험금으로 아버지의 빚을 갚을 필요는 없지만 해당 보험금에 대한 상속세는 내야 합니다.

셋째, 보험계약자와 피보험자, 보험수익자가 각각 다른 경우에는 증여세가 문제될 수 있습니다. 이 경우 보험계약자가 보험수익자에게 보험금 상당액을 증여한 것이나 마찬가지라고 보아 증여세가 부과될 수 있습니다.

넷째, 보험계약자와 보험수익자가 상속인(아들)이고, 피보험자가 피상속인(아버지)이면 별도의 세금을 납부할 의무가 없습니다. 다만 이 경우에는 상속인이 자신이 실제로 보험료를 지급했다는 점을 증명할 수 있어야 합니다.

**국세기본법**

**제26조의2(국세의 부과제척기간)**

④ 제1항 및 제2항에도 불구하고 상속세 · 증여세의 부과제척기간은 국세를 부과할 수 있는 날부터 10년으로 하고, 다음 각 호의 어느 하나에 해당하는 경우에는 15년으로 한다. 부담부증여에 따라 증여세와 함께 「소득세법」 제88조 제1호 각 목 외의 부분 후단에 따른 소득세가 과세되는 경우에 그 소득세의 부과제척기간도 또한 같다.

1. 납세자가 부정행위로 상속세 · 증여세를 포탈하거나 환급 · 공제받은 경우

2. 「상속세 및 증여세법」 제67조 및 제68조에 따른 신고서를 제출하지 아니한 경우
3. 「상속세 및 증여세법」 제67조 및 제68조에 따라 신고서를 제출한 자가 대통령령으로 정하는 거짓신고 또는 누락신고를 한 경우(그 거짓신고 또는 누락신고를 한 부분만 해당한다)

**상속세 및 증여세법**

**제8조(상속재산으로 보는 보험금)**

① 피상속인의 사망으로 인하여 받는 생명보험 또는 손해보험의 보험금으로서 피상속인이 보험계약자인 보험계약에 의하여 받는 것은 상속재산으로 본다.

② 보험계약자가 피상속인이 아닌 경우에도 피상속인이 실질적으로 보험료를 납부하였을 때에는 피상속인을 보험계약자로 보아 제1항을 적용한다.

**제15조(상속개시일 전 처분재산 등의 상속 추정 등)**

① 피상속인이 재산을 처분하였거나 채무를 부담한 경우로서 다음 각 호의 어느 하나에 해당하는 경우에는 이를 상속받은 것으로 추정하여 제13조에 따른 상속세 과세가액에 산입한다.

1. 피상속인이 재산을 처분하여 받은 금액이나 피상속인의 재산에서 인출한 금액이 상속개시일 전 1년 이내에 재산

종류별로 계산하여 2억원 이상인 경우와 상속개시일 전 2년 이내에 재산 종류별로 계산하여 5억원 이상인 경우로서 대통령령으로 정하는 바에 따라 용도가 객관적으로 명백하지 아니한 경우

12. 피상속인이 부담한 채무를 합친 금액이 상속개시일 전 1년 이내에 2억원 이상인 경우와 상속개시일 전 2년 이내에 5억원 이상인 경우로서 대통령령으로 정하는 바에 따라 용도가 객관적으로 명백하지 아니한 경우

② 피상속인이 국가, 지방자치단체 및 대통령령으로 정하는 금융회사등이 아닌 자에 대하여 부담한 채무로서 대통령령으로 정하는 바에 따라 상속인이 변제할 의무가 없는 것으로 추정되는 경우에는 이를 제13조에 따른 상속세 과세가액에 산입한다.

③ 제1항 제1호에 규정된 재산을 처분하여 받거나 재산에서 인출한 금액 등의 계산과 재산 종류별 구분에 관한 사항은 대통령령으로 정한다.

### 피상속인의 생전 납세의무

피상속인이 소득세, 재산세, 지방세 등 각종 세금을 체납한 상태에서 사망했다면 이 세금을 한정승인신고를 마친 상속인이 승

계하는지가 문제됩니다.

### 납세의무의 승계 여부

국세기본법 제24조 제1항에서는 "피상속인에게 부과되거나 그 피상속인이 납부할 국세 및 강제징수비를 상속으로 받은 재산의 한도에서 납부할 의무를 진다"라고 규정하고 있습니다. 한정승인 신고를 마친 상속인은 피상속인이 내지 않은 세금을 '상속재산의 범위'에서 납부할 의무를 집니다.

**국세기본법**

**제24조(상속으로 인한 납세의무의 승계)**

① 상속이 개시된 때에 그 상속인[「민법」 제1000조, 제1001조, 제1003조 및 제1004조에 따른 상속인을 말하고, 「상속세 및 증여세법」 제2조 제5호에 따른 수증자(受遺者)를 포함한다. 이하 이 조에서 같다] 또는 「민법」 제1053조에 규정된 상속재산관리인은 피상속인에게 부과되거나 그 피상속인이 납부할 국세 및 강제징수비를 상속으로 받은 재산의 한도에서 납부할 의무를 진다.

② 제1항에 따른 납세의무 승계를 피하면서 재산을 상속받기 위하여 피상속인이 상속인을 수익자로 하는 보험계약을 체결하고 상속인은 「민법」 제1019조 제1항에 따라 상속을 포

기한 것으로 인정되는 경우로서 상속포기자가 피상속인의 사망으로 인하여 보험금(「상속세 및 증여세법」 제8조에 따른 보험금을 말한다)을 받는 때에는 상속포기자를 상속인으로 보고, 보험금을 상속받은 재산으로 보아 제1항을 적용한다.

**국세기본법 시행령**

**제11조(상속재산의 가액)**

① 법 제24조 제1항에 따른 상속으로 받은 재산은 다음 계산식에 따른 가액(價額)으로 한다.

상속받은 자산총액 − (상속받은 부채총액 + 상속으로 인하여 부과되거나 납부할 상속세)

② 제1항에 따른 자산총액과 부채총액의 가액은 「상속세 및 증여세법」 제60조부터 제66조까지의 규정을 준용하여 평가한다.

③ 제1항을 적용할 때 법 제24조 제1항에 따른 상속인이 받은 자산 · 부채 및 납부할 상속세와 같은 조 제2항에 따라 상속재산으로 보는 보험금 및 그 보험금을 받은 자가 납부할 상속세를 포함하여 상속으로 받은 재산의 가액을 계산한다.

④ 법 제24조 제3항 전단에서 "대통령령으로 정하는 비율"이란 각각의 상속인(법 제24조 제1항에 따른 수증자와 같은 조 제2항에 따른 상속포기자를 포함한다. 이하 이 항에서 같다)이 제1항에 따라 계산한 상속으로 받은 재산의 가액을 각각의

상속인이 상속으로 받은 재산 가액의 합계액으로 나누어 계산한 비율을 말한다.

### 상속인의 책임 범위

국세기본법 제24조 제1항에 규정된 상속으로 인한 납세의무의 승계는 한정승인과 유사해 보이지만 다른 의미를 갖고 있고 상속인의 한정승인은 납세의무의 승계에 아무런 영향을 미치지 못한다는 것이 대법원과 과세관청의 입장입니다.

대법원에 따르면 국세기본법 규정은 상속인이 (상속으로 인하여 얻은 자산 총액에서 부채 총액과 그 상속세를 공제하고 남은) 상속재산 '가액의 한도' 내에서 피상속인의 국세 등 납세의무를 승계한다는 뜻입니다. 과세관청이 '상속재산 한도'로만 상속인으로부터 징수할 수 있다는 것이 아닙니다.

그 결과 한정승인신고 수리를 마친 상속인이 (상속재산의 한도 내에서) 승계한 피상속인의 체납 국세의 납부의무를 이행하지 않는 경우 과세관청은 체납 국세의 징수를 위해 상속재산뿐 아니라 상속인의 고유재산에 대해서도 압류할 수 있습니다. 결국 상속인의 고유재산으로 피상속인의 체납 세금을 내야 합니다.

**대법원 1991. 4. 23. 선고 90누7395 판결**

국세기본법 제24조 제1항은 상속인은 피상속인이 납부할 국세 등을 상속으로 인하여 얻은 재산을 한도로 하여 납부할 의무를 진다고 규정하고 있는바, 위 규정의 취지는 상속인이 피상속인의 국세 등 납세의무를 상속재산의 한도에서 승계한다는 뜻이고 상속인은 피상속인의 국세 등 납세의무 전액을 승계하나 다만 과세관청이 상속재산을 한도로 하여 상속인으로부터 징수할 수 있음에 그친다는 뜻은 아니다.

**대법원 1982. 8. 24. 선고 81누162 판결**

국세기본법 제24조 제1항 및 동법 시행령 제11조에 의하면 상속인은 상속으로 인하여 얻은 자산총액에서 부채총액과 그 상속세를 공제하고 남은 상속재산가액의 한도에서 상속에 인하여 피상속인으로부터 승계한 국세 등 납세의무를 이행할 의무가 있는 것이므로 피상속인으로부터 승계되는 체납국세액은 위 부채총액에 포함되지 아니한다.

상속인이 상속재산의 한도 내에서 승계한 피상속인의 체납국세의 납부의무를 이행하지 아니하는 경우 그 징수를 위해서 하는 압류는 반드시 상속재산에만 한정된다고 할 수 없고 상속인의 고유재산에 대해서도 압류할 수 있다.

### 피상속인 사후에 발생한 세금

#### 납부의무

피상속인 사망 이후에 발생한 재산세의 경우 한정승인 상속인이 부담해야 합니다. 마찬가지로 상속세, 취득세, 양도소득세 등도 상속으로 인해 발생한 세금이기 때문에 한정승인 상속인이 부담해야 합니다. 그 밖에 상속개시일이 속한 달의 말일부터 6개월 이내에 부동산의 명의 변경을 하지 않으면 취득세와 20퍼센트의 무신고 가산세, 납부불성실가산세가 부과될 수 있습니다(지방세법 제20조, 제53조의2, 제53조의4).

#### 상속부동산의 양도세

부동산 소유자가 한정승인을 한 상속인이라도 양도소득의 귀속자로 보아야 하고(대법원 2012. 9. 13. 선고 2010두13630 판결) 한정승인으로 부동산을 상속받은 자에게 취득세 납부의무가 있다는 것이 판례입니다(대법원 2007. 4. 12. 선고 2005두9491 판결). 만약 한정승인을 신고했는데, 상속받은 부동산이 경매 절차를 통해 매각되고 매각 대금이 전액 상속채무 변제로 사용된 경우에도 한정승인 상속인은 양도소득세를 내야 합니다.

대법원도 기본적으로 "저당권의 실행을 위한 부동산의 임의 경매는 양도소득세의 과세 대상인 '자산의 양도'에 해당하고, 이 경우 양도소득인 매각 대금은 부동산의 소유자에게 귀속되며, 그 소유자가 한정승인을 한 상속인이라도 그 역시 상속이 시작된 때로부터 피상속인의 재산에 관한 권리의무를 포괄적으로 승계하여 해당 부동산의 소유자가 된다는 점에서는 단순승인을 한 상속인과 다르지 않다"라는 입장입니다(대법원 2012. 9. 13. 선고 2010두13630 판결). 다시 말해 한정승인을 한 뒤 상속재산이 처분된 경우 그로 인한 양도소득세는 상속인이 부담해야 합니다.

그렇다면 상속인은 상속재산이 아닌 고유재산으로 양도소득세를 내야 할까요? 양도소득세에 한정승인의 효력이 미쳐 상속재산의 한도 내에서만 책임을 져야 하는 것은 아닐까요? 일단 이 문제에 대해 대법원은 아직 결론을 내리지 않았습니다.

다만 대법원은 판결 이유에서 "…… 따라서 이 사건 양도소득세 채무가 상속채무의 변제를 위한 상속재산의 처분과정에서 부담하게 된 채무로서 민법 제998조의2에서 규정한 상속에 관한 비용에 해당하고, 상속인의 보호를 위한 한정승인제도의 취지상 이러한 상속비용에 해당하는 조세채무에 대하여는 상속재산의 한도 내에서 책임질 뿐이라고 볼 여지가 있음은 별론으로 하고……"라고 하여 양도소득세가 상속비용에 해당할 수 있다는 점을 언급하고 있습니다(대법원 2012. 9. 13. 선고 2010두13630 판결). 하지만 명확히 양도소득세가 상속비용에 해당한다고 본 것은 아닙니다.

대법원의 명확한 입장이 없어서 이 문제에 대해 조세심판원의 결론은 엇갈리고 있습니다. 양도소득세를 상속에 관한 비용으로 보아 상속재산 범위 내에서 지급해야 한다는 결정(조심 2018광

3600)이 있는가 하면, 양도소득세를 상속인의 고유재산으로 납부해야 한다는 취지의 결정(2018구838)도 있습니다. 법원의 경우 하급심 판결에서 양도소득세를 상속에 관한 청산비용으로 본 경우(부산지방법원 2017. 3. 31. 선고 2016구합25063 판결)가 있지만 이 문제는 결국 대법원이 결론을 내리기 전까지는 조심스럽게 접근해야 할 문제입니다.

일단 한정승인신고 대상 재산 중에 부동산이 있는 경우에는 이러한 문제까지 생각하고 접근해야 합니다.

**부산지방법원 2017. 3. 31. 선고 2016구합25063 판결**

민법 제998조의2에서는 '상속에 관한 비용은 상속재산 중에서 지급한다.'라고 규정하고 있고, '상속에 관한 비용'은 조세 기타 공과금, 관리비용, 청산비용 등을 의미하며, 상속인은 상속이 개시되면 민법 제1022조에 따라 상속인이 한정승인을 할 때까지 상속재산 관리를 하여야 할 뿐만 아니라, 나아가 상속재산에 대한 청산이 종료할 때까지 관리를 계속하여야 한다고 해석하여야 함이 상당한바, 상속재산 청산이 종료되는 시점에 발생하게 되는 비용, 즉 이 사건 양도소득세와 같이 상속재산이 강제경매절차에 따라 매각됨에 따라 발생하는 양도소득세는 '상속에 관한 비용' 중 청산비용에 해당한다고 봄이 상당하다.

위와 같이 '상속에 관한 비용'을 '상속재산'의 범위 내에서 지급하도록 하는 민법 제998조의2 규정은 상속재산과 고유재산이 분리되는 한정승인의 경우에 있어 그 의미를 가지는데, 이 사건 양도소득세와 같이 상속재산의 매각 등으로 인하여 발생하는 조세 채무의 성격을 '상속에 관한 비용'으로 해석하지 아니할 경우, 상속인이 한정승인을 하였음에도 불구하고 실질적으로 상속을 받은 재산의 범위를 초과하여 상속으로 인한 채무를 부담하게 되는 결과가 발생하게 되어 한정승인의 취지에 반하게 된다.

# 한정승인의 취소와 무효

법원에 한정승인신고를 했더라도 그 신고가 수리되기 전까지는 한정승인신고를 취소할 수 있습니다. 하지만 일단 신고가 수리된 이후에는 '한정승인 기간인 3개월 이내라 하더라도' 한정승인신고를 취소할 수 없는 것이 원칙입니다.

한정승인은 특정재산을 지정해서 하는 것이 아니라 피상속인의 상속재산에 대해 포괄적으로 하는 것이기 때문에 한정승인신고 수리 후에 몰랐던 상속재산이 발견되어도 수리된 한정승인은 취소할 수 없습니다. 다만 착오, 사기, 강박 등으로 한정승인의 의사표시를 하게 된 경우에는 취소할 수 있습니다. 취소가 가능한 기간은 추인할 수 있는 날로부터 3개월, 한정승인 또는 상속포기한 날로부터 1년입니다.

하지만 실무상 의사표시의 하자를 이유로 한정승인행위를 취소하기란 쉬운 일이 아닙니다. 한정승인을 할 때는 이 점을 명심하고 신중하게 해야 합니다.

**민법**

**제1024조(승인, 포기의 취소금지)**

① 상속의 승인이나 포기는 제1019조 제1항의 기간내에도 이를 취소하지 못한다.

② 전항의 규정은 총칙편의 규정에 의한 취소에 영향을 미치지 아니한다. 그러나 그 취소권은 추인할 수 있는 날로부터 3월, 승인 또는 포기한 날로부터 1년 내에 행사하지 아니하면 시효로 인하여 소멸된다.

### 한정승인의 취소

가사소송법은 한정승인의 취소를 가사비송사건으로 다루고 있습니다. 한정승인을 신고한 가정법원에 취소신고를 해야 합니다.

**가사소송법**

**제2조(가정법원의 관장 사항)**

① 다음 각 호의 사항(이하 "가사사건"이라 한다)에 대한 심리(審

理)와 재판은 가정법원의 전속관할(專屬管轄)로 한다.

2. 가사비송사건

32) 「민법」 제1024조 제2항, 제1030조 및 제1041조에 따른 상속의 한정승인신고 또는 포기신고의 수리(受理)와 한정승인 취소신고 또는 포기 취소신고의 수리

**가사소송규칙**

**제76조(한정승인 · 포기의 취소)**

① 상속의 한정승인 또는 포기의 취소는, 제75조 제3항의 심판을 한 가정법원에 신고인 또는 대리인이 기명날인 또는 서명한 서면으로 신고함으로써 한다.

② 제1항의 신고서에는 제75조 제1항 제1호 및 제2호의 사항 외에 다음 각호의 사항을 기재하여야 한다.

1. 상속의 한정승인 또는 포기신고가 수리된 일자
2. 상속의 한정승인 또는 포기를 취소하는 원인
3. 추인할 수 있게 된 날
4. 상속의 한정승인 또는 포기의 취소를 하는 뜻

③ 제75조 제2항 및 제3항의 규정은 제1항의 신고 및 그 수리에 이를 준용한다.

### 한정승인의 무효

민법상의 무효 사유를 주장하여 한정승인신고 자체의 무효를 주장하는 것도 가능합니다. 예를 들어 한정승인신고가 의사무능력자에 의해 이루어졌다면 상속의 한정승인은 무효입니다.

### 한정승인 결정문의 분실

한정승인을 한 후에 한정승인 결정문을 분실했을 때는 심판받은 법원에서 한정승인 결정문을 재발급받으면 됩니다.

8장

# 특별한정승인

# 특별한정승인 요건

**사례 1** 항상 사업으로 바쁘셨던 아버지, 갑작스레 세상을 떠나 남은 가족들은 경황이 없습니다. 장례를 끝내고 유일한 상속재산인 집 한 채를 상속받아 상속세도 냈고, 돌아가신 후 3개월의 기간이 지났습니다. 그런데 어느 날 상속인들에게 집값이 넘는 거액의 채무를 갚으라며 소장이 송달되었습니다.

아버지가 돌아가신 후 상속을 받았는데, 나중에 아버지에게 거액의 빚이 있음을 알게 되었다면? 이러한 상황이라면 누구라도 눈앞이 캄캄해질 것입니다. 바로 이러한 경우를 구제하기 위해 민법 제1019조 제3항은 "상속채무가 상속재산을 초과하는 사실을 중대한 과실 없이 알지 못하고 단순승인을 한 경우에는 그 사실을 안 날로부터 3월 내에 한정승인을 할 수 있다"라고 규정하고 있습니다. 상속인들은 아버지에게 상속재산을 넘는 상속채무가 있다는 것을 안 날로부터 3개월 이내에 한정승인을 할 수 있습니다. 이를 특별한정승인이라고 합니다.

특별한정승인의 요건은 다음과 같습니다.

첫째, 상속채무가 상속재산을 초과한다는 사실을 중대한 과실 없이 민법 제1019조 제1항의 기간 내에 알지 못해야 합니다. 상속채무가 상속재산을 초과하는지를 판단하는 기준 시점은 '상속개시가 될 때(피상속인의 사망시)'입니다. 상속개시 당시에는 채무초과가 아니었으나 그뒤 상속재산의 시가가 하락하여 채무초과가 된 경우에는 특별한정승인을 할 수 없습니다. 반대로 상속개시가 될 때는 채무초과 상태였으나 이후 채무초과 상태가 아니게 되었더라도 이미 이루어진 특별한정승인의 효력에는 영향이 없습니다.[10]

이때 '상속채무가 상속재산을 초과하는 사실을 중대한 과실로 알지 못한다'는 것은 상속인이 조금만 주의를 기울였다면 상속채무가 상속재산을 초과한다는 사실을 알 수 있었는데도 이를 게을리함으로써 그러한 사실을 알지 못한 것을 의미합니다. 사망자 등 재산 조회 통합 처리 서비스로 조회 당시 소극재산이 있었는데, 제대로 확인하지 않고 있다가 3개월의 기간이 경과한 경우 특별한정승인이 불가능할 수도 있습니다.

그리고 "상속인이 상속채무가 상속재산을 초과하는 사실을 중대한 과실 없이 민법 제1019조 제1항의 기간 내에 알지 못했다"

---

10) 「상속」, 『민법』(제5판), 374쪽.

라는 점에 대한 입증 책임은 특별한정승인을 신고하는 상속인에게 있습니다(대법원 2010. 6. 10. 선고 2010다7904 판결 등 참조).

상속인에게 중대한 과실이 있는지에 대한 판단 기준은 상속인의 나이, 상속인과 피상속인과의 동거 여부, 상속인과 피상속인의 관계, 연락 빈도, 상속채무의 종류 등 구체적 사정을 종합적으로 고려하여 판단해야 합니다. 만약 상속인이 제한능력자라면 법정대리인을 기준으로 중과실 여부를 판단합니다.

**상속인에게 중과실이 없다고 판단한 사례**

**대법원 2013. 6. 14. 선고 2013다15869 판결**

피상속인의 처와 자녀가 상속을 포기하여 피상속인의 손자녀가 상속인이 된 경우

선순위 상속인인 피상속인의 처와 자녀들이 모두 적법하게 상속을 포기한 경우 누가 상속인이 되는지는 상속의 순위에 관한 민법 제1000조 제1항 제1호, 제2항과 상속포기의 효과에 관한 민법 제1042조 내지 제1044조의 규정들에 따라서 정해질 터인데, 일반인의 처지에서 피상속인의 처와 자녀가 상속을 포기한 경우 피상속인의 손자녀가 그로써 자신들이 상속인이 된다는 사실까지 안다는 것은 이례에 속하므로, 그와 같은 과정을 거쳐 피상속인의 손자녀가 상속인이 된 경우에는 상속개시의 원인사실을 아는 것만으로 손자녀가 자신이 상속인이 되었다는 사실까지 알았다고 보기는 어렵다고 할 것이다. 이러한 경우에 법원

이 상속이 개시되었음을 안 날을 확정함에 있어서는 상속개시의 원인사실뿐 아니라 더 나아가 그로써 손자녀가 상속인이 된 사실을 안 날이 언제인지까지도 심리, 규명하여야 한다.

(……) 피고들의 법정대리인들은 당초 망인의 처, 그리고 법정대리인 자신들을 포함한 망인의 자녀들이 상속포기를 함으로써 그 다음 상속순위에 있는 피고들이 상속인이 된다는 사실을 알지 못하고 있다가 망인의 채권자가 신청한 지급명령정본을 송달받고서 그제야 피고들 이름으로 상속한정승인신고를 한 것이라고 볼 여지가 충분하다.

**대법원 2010. 06. 10. 선고 2010다7904 판결**

피상속인을 상대로 한 손해배상 청구소송의 제1, 2심에서 모두 소멸시효 완성을 이유로 원고 패소 판결이 선고된 후 상고심 계속 중에 피상속인이 사망함으로써 상속인들이 소송을 수계한 사안에서, 소멸시효 항변이 신의칙에 반하여 권리남용이 되는 것은 예외적인 법 현상인 점, 상속인들로서는 제1, 2심 판결의 내용을 신뢰하여 원고의 피상속인에 대한 채권에 관하여 소멸시효가 완성된 것으로 믿을 수도 있어 법률전문가가 아닌 상속인들에게 제1, 2심의 판단과는 달리 상고심에서 소멸시효 항변이 배척될 것을 전제로 미리 상속포기나 한정승인을 해야 할 것이라고 기대하기는 어려운 점 등의 사정들을 비추어 보면, 그 후 상고심에서 위 소멸시효 항변이 신의성실의 원칙에 반하여 권리남용에 해당함을 이유로 원고 승소 취지의 파기환송 판결이 선고되었다고 하여 위 소송수계일 무렵부터 위 파기환송 판결 선고일까지 사이에 상속인들이 위 원고의 채권이 존재하거나 상속채무가 상속재산을 초과하는 사실을 알았다거나 또는 조금만 주의를 기울였다면 이를 알 수 있었음에도 이를 게을리 한 '중대한 과실'로 그러한 사실을 알지 못하였다고 볼 수는 없다.

**대법원 2004. 03. 12. 선고 2003다58768 판결**

피고는 소외 망 박04(이하 '망인'이라 한다)을 상대로 판시 대여금청구의 소를 제기하여 1995. 5. 12. '박04은 피고에게 금 38,000,000원 및 이에 대한 1994. 9. 11.부터 완제일까지 연 25%의 비율에 의한 금원을 지급하라.'는 내용의 승소 판결을 선고받아 그 판결이 1995. 7. 1. 확정된 사실, 망인은 1998. 9. 19. 사망하여 원고와 소외 박05, 박02, 박06, 박01, 박07, 박03 및 박기순이 공동상속인이 된 사실, 망인이 사망한 지 1년여가 경과한 1999. 10. 23.경에서야 비로소 망인 소유의 삼척시 원덕읍 노경리 산 150 임야 18,843㎡(1998. 4. 29. 산 150 임야 18,678㎡와 산 150-1 임야 165㎡로 분할되었음) 중 18,743/18,843 지분(이하 '삼척 부동산'이라 한다)에 관하여 근저당권자로서 상속채권자인 피고의 신청에 의한 임의경매절차가 개시되어 그 경매개시결정이 1999. 12. 10.경 원고에게 송달되었고, 그 경매절차에서 피고의 아들인 지용현이 낙찰받아 2000. 4. 25. 그 낙찰대금을 납부한 사실, 그 후 망인 소유의 충북 청원군 강외면 오송리 258-1 대 120㎡ 중 112/120 지분 및 위 지상 목조시멘기와지붕단층주택 81.22㎡(이하 '청원 부동산'이라 한다)에 관하여 근저당권자로서 상속채권자인 강외농업협동조합의 신청에 의한 임의경매절차가 개시되어 2001. 3. 27.경 그에 따른 배당이 종료된 사실, 피고는 2002. 3. 18.경 위 확정판결에 원고와 공동상속인 전원에 대한 승계집행문을 부여받은 후, 2002. 4. 30.경 원고 소유의 이 사건 각 동산에 대하여 판시 압류집행을 한 사실, 한편 원고는 승계집행문을 송달받을 무렵 청주지방법원 2002느단166호 상속으로 인하여 취득한 재산의 한도에서 망인의 채무를 변제할 것을 조건으로 하는 한정승인을 신고하여 2002. 4. 8. 이를 수리하는 심판을 받은 사실을 알 수 있는바, 이처럼 상속채권자들이 망인이 사망한 날로부터 1년이 경과한 후에서야 그 권리를 행사하기 시작한 점에 비추어 보면, 원고로서는 민법 제1019조 제1항의 기간, 즉 상속개시 있음을 안 날로부터 3월 내에는 상속채무가 상속재산을 초과한다는 사실을 알지 못하였고, 이를 알지 못한 데에 중대한 과실이 없었다고 봄이 상당하다고 할 것이다.

**상속인에게 중과실이 있다고 인정한 사례**

**대법원 2003. 9. 26. 선고 2003다30517 판결**

기록에 의하면, 피고들이 피상속인인 소외 3의 상속채무가 상속재산을 초과하는 사실을 중대한 과실 없이 민법 제1019조 제

> 1항의 기간 내에 알지 못하였다는 점을 인정할 수 있는 자료가 없는 반면, 오히려 원심이 인정한 사실과 피고들의 가족관계 및 거주관계, 소외 3이 사망 직전 암으로 투병생활을 하다가 치료비도 다 못내고 사망한 점 등의 사정을 종합하면 피고들이 조금만 주의를 기울였다면 소외 3의 상속채무가 상속재산을 초과한다는 사실을 위 기간 내에 알 수 있었다고 보여지므로 이를 알지 못한 데 중과실이 인정될 여지가 충분하다고 할 것이다.

둘째, 상속채무가 상속재산을 초과한다는 사실을 중대한 과실 없이 알지 못한 상태에서 단순승인이나 법정단순승인을 했어야 합니다. 여기서 법정단순승인은 앞에서 설명했듯이 상속인이 상속재산에 대한 처분행위를 한 때, 상속인이 제1019조 제1항의 기간 내에 한정승인 또는 상속포기를 하지 아니한 때, 상속인이 한정승인 또는 상속포기를 한 후에 상속재산을 은닉하거나 부정 소비하거나 고의로 재산목록에 기입하지 아니한 때를 말합니다(민법 제1026조).

**민법**

**제1019조(승인, 포기의 기간)**

① 상속인은 상속개시있음을 안 날로부터 3월내에 단순승인이나 한정승인 또는 포기를 할 수 있다. 그러나 그 기간은 이해관계인 또는 검사의 청구에 의하여 가정법원이 이를

연장할 수 있다.

② 상속인은 제1항의 승인 또는 포기를 하기 전에 상속재산을 조사할 수 있다.

③ 제1항의 규정에 불구하고 상속인은 상속채무가 상속재산을 초과하는 사실을 중대한 과실없이 제1항의 기간내에 알지 못하고 단순승인(제1026조 제1호 및 제2호의 규정에 의하여 단순승인한 것으로 보는 경우를 포함한다)을 한 경우에는 그 사실을 안 날부터 3월내에 한정승인을 할 수 있다.

**제1026조(법정단순승인)**

다음 각호의 사유가 있는 경우에는 상속인이 단순승인을 한 것으로 본다.

1. 상속인이 상속재산에 대한 처분행위를 한 때
2. 상속인이 제1019조 제1항의 기간내에 한정승인 또는 포기를 하지 아니한 때
3. 상속인이 한정승인 또는 포기를 한 후에 상속재산을 은닉하거나 부정소비하거나 고의로 재산목록에 기입하지 아니한 때

셋째, 상속채무가 상속재산을 초과한다는 사실을 안 날로부터 3개월 이내에 특별한정승인신고서를 제출해야 합니다(민법 제1030조 제1항). 갑자기 아버지의 부채를 통지받게 된 경우 상속재

산보다 상속채무가 초과한다는 사실을 중대한 과실 없이 몰랐으므로 채권자로부터 소장이나 부채와 관련된 통지를 받은 날로부터 3개월 이내에 법원에 신고해야 합니다. 상속인이 제한능력자인 경우에는 법정대리인을 기준으로 신고 기간이 지났는지를 판단합니다.

특별한정승인신고만 3개월 이내에 하면 되고 3개월 이내에 결정까지 나와야 하는 것은 아닙니다.

# 특별한정승인신고인

상속포기 또는 한정승인을 하지 않은 상속인들이 특별한정승인을 신고해야 합니다(후순위 상속인은 신고할 필요가 없습니다). 이미 상속포기를 신고할 수 있는 기간이 경과했기 때문에 상속포기 신고는 불가능하고 민법 제1019조 제3항의 특별한정승인만 가능합니다. 이 경우 가능하면 같은 순위의(상속포기 또는 한정승인을 하지 않은) 상속인 전부가 특별한정승인을 신고해야 합니다. 만약 상속인이 상속의 특별한정승인을 하지 않고 사망했다면 그 상속인의 상속인은 특별한정승인권을 승계받아 행사할 수 있습니다(헌재 2011. 8. 30. 2009헌가10).

> **헌재 2011. 8. 30. 2009헌가10**
>
> 민법 제1019조 제1항에서 정한 상속의 승인이나 포기는 일신전속권이기는 하나 재산상의 것으로서 당연히 상속의 대상이

되고, 민법 제1019조 제3항에서 정한 특별한정승인 역시 상속의 승인이나 포기와 그 법률적 성질을 같이한다고 할 것이다. 따라서 민법 제1019조 제3항에 의한 상속인(이하 '제1상속인'이라 한다)의 피상속인에 대한 특별한정승인권은 상속에 의하여 상속인의 상속인(이하 '제2상속인'이라 한다)에게 승계되는 것이므로, 제2상속인은 제1상속인이 피상속인의 상속채무가 상속재산을 초과하는 사실을 중대한 과실 없이 고려기간 내에 알지 못하고 그 기간 경과 후에 사망한 경우에는 피상속인의 상속에 대하여 제1상속인의 특별한정승인권을 승계하여 행사할 수 있다고 보는 것이 민법 제1019조 제3항에 대한 합당한 해석이라고 할 것이다.

### 특별한정승인신고서 작성방법

기본적으로 일반한정승인에서 필요한 서류와 같습니다. 다만 피상속인의 빚을 나중에 알게 된 사유에 대한 소명 자료(진술서나 기타 증빙 서류), 상속재산목록에 기재된 부동산, 자동차 등의 시가에 관한 소명 자료를 추가로 제출해야 합니다.

하지만 가정법원은 특별한정승인사건을 한정승인사건과 특별히 구분하지 않고 같은 절차에 의하고 있습니다. 따라서 특별한정승인사건이라 명시하지 않고 단순히 한정승인사건으로 기재하여 신청하는 경우에는 첨부 서류마저 같으므로 한정승인으로 수리되는 경우가 발생할 수 있습니다.

그런데 법정단순승인 간주 사유가 있는 경우 특별한정승인은 유효하지만 일반한정승인은 무효가 된다는 큰 차이가 있습니다. 따라서 특별한정승인 사유가 있는데도 일반한정승인을 한 경우 이를 특별한정승인으로 보아 상속인을 보호해주어야 할 것인지가 문제될 수 있습니다. 최근 이에 관한 대법원 판례가 있습니다. 대법원은 비록 한정승인신청을 했지만 특별한정승인의 요건을 갖추고 있었고 가정법원도 특별한정승인의 요건을 갖추었다는 취지에서 수리 심판을 했다면 특별한정승인을 한 것으로 보아야 한다고 명확하게 견해를 밝혔습니다.

**대법원 2021. 2. 25. 선고, 2017다289651 대여금사건 판결**

가정법원의 한정승인신고 수리의 심판은 일응 한정승인의 요건을 구비한 것으로 인정한다는 것일 뿐 그 효력을 확정하는 것이 아니고, 한정승인의 효력이 있는지 여부에 대한 최종적인 판단은 실체법에 따라 민사소송에서 결정될 문제이다. 가사소송규칙 제75조 제3항은 가정법원의 한정승인신고 수리 심판서에 신고 일자와 대리인에 관한 사항을 기재하도록 정할 뿐 민법 제1019조 제1항의 한정승인과 같은 조 제3항의 특별한정승인을 구분하여 사건명이나 근거조문 등을 기재하도록 정하고 있지 않고, 재판실무상으로도 이를 특별히 구분하여 기재하지 않고 있다. 따라서 민법 제1019조 제3항이 신설된 후 상속인이 단순승인을 하거나 단순승인한 것으로 간주된 후에 한정승인신고를 하고 가정법원이 특별한정승인의 요건을 갖추었다는 취지에서 수리심판을 하였다면 상속인이 특별한정승인을 한 것으로 보아야 한다.

그렇다면 민법 제1019조 제3항이 적용되는 사건에서 상속인이 단순승인을 하거나 민법 제1026조 제1호, 제2호에 따라 단순승인한 것으로 간주된 다음 한정승인신고를 하여 이를 수리하는 심판을 받았다면, 상속채권에 관한 청구를 심리하는 법원은 위 한정승인이 민법 제1019조 제3항에서 정한 요건을 갖춘 특별한정승인으로서 유효한지 여부를 심리·판단하여야 한다.

**재산목록 작성시 유의할 점**

재산목록을 작성할 경우 한정승인 재산목록을 작성할 때와는 차이가 있습니다. 특별한정승인신고의 상속재산목록에는 '채무가 적극재산을 초과'한다는 취지가 명시되어야 합니다. 만약 재산목록에 피상속인의 사망 당시 적극재산의 가액이 소극재산의 가액을 초과하는 것으로 기재하면 '각하'됩니다. 이미 처분한 상속재산이 있는 경우에는 그 목록과 가액도 적어야 합니다(민법 제1030조 제2항).

재산목록에 기재한 적극재산이 경제적 가치가 별로 없는 유품(오래된 의류, 생활필수품 등)이고 소극재산이 상대적으로 소액의 채무(예를 들어 외상 대금 30만 원 등)라도 특별한정승인을 받아들이는 것이 실무례입니다.

그러므로 특별한정승인신고서 재산목록을 작성할 때 다음과 같은 점을 유의해야 합니다.

첫째, 이미 써버린 상속재산이 있을 경우. 이 경우에는 '단순승인'으로 간주되지 않습니다. 일단 과거에 했던 사망자 등 재산 조회 통합 처리 서비스 조회 자료가 있다면 그 자료를 확인해야 하고, 자료를 분실했다면 다시 조회신청을 해야 합니다. 그 이후 피상속인이 남긴 상속재산에서 상속인들이 사용한 재산의 내역과 가액을 확인하여 특별한정승인 심판청구서에 첨부된 상속재산목록에 포함해야 합니다(민법 제1030조 제2항).

둘째, 사망자 등 재산 조회 통합 처리 서비스를 확인하고도 한정승인신고를 못 한 경우. 최근에 상속재산 조회 간이화 서비스가 시작되면서 시 · 군 · 구청이나 주민센터에서 피상속인의 사망신고를 할 때 상속인에게 사망자 등 재산 조회 통합 처리 서비스를 권하고 있습니다. 그리고 상속인 대부분이 이 서비스를 이용하고 있습니다. 이를 이용하고도 발견하지 못한 피상속인의 채무에 대해서는 '모르는 데 중과실이 없다'라고 인정될 것입니다. 반대로 이 조회 서비스에서 확인되었는데도 제대로 살펴보지 않아 한정승인신고를 못 한 경우에는 중과실로 인정될 수도 있으므로 주의해야 합니다.

### 특별한정승인의 관할

피상속인의 마지막 주소지의 가정법원이 관할 법원입니다(가사소송법 제44조 제6호). 가정법원이 없는 지역은 해당 관할의 지방법원, 지원이 됩니다. 그리고 피상속인의 마지막 주소지가 외국이면 서울가정법원이 관할입니다(가사소송법 제35조 2항, 제13조 제2항).

# 특별한정승인의 효과

### 가정법원의 심리

특별한정승인의 신고 수리 여부를 심판하는 가정법원은 신고가 '실체적 요건'을 갖추었는지 여부에 대해 심사할 권한이 없습니다. 가정법원은 신고가 형식적 요건을 갖추었다면 특별한정승인신고를 수리합니다. 상속채무의 상속 적극재산 초과 여부나 상속인의 중대한 과실은 원칙적으로 가정법원의 심리 대상이 아닙니다.

다만 심판청구서에 상속채무가 상속 적극재산을 초과하지 않은 사실, 상속인이 중대한 과실이 있었다는 점이 명백히 드러나 있다면 특별한정승인신고가 수리되지 않을 수 있습니다. 이러한 경우에 법원은 해당 요건에 대한 보정명령을 합니다.

### 특별한정승인의 효과

한정승인과 동일합니다. 법원에 특별한정승인을 신고하여 결정을 받는다면 상속재산 범위 내에서만 채무를 변제하면 되고 굳이 고유재산으로 변제할 필요는 없습니다. 상속재산이 없다면 변제할 필요가 없습니다.

### 변제방법

특별한정승인을 한 경우 그 상속인은 상속재산 중에서 남아 있는 상속재산과 함께 이미 처분한 재산의 가액을 합하여 채권자에게 변제해야 합니다. 다만 특별한정승인을 하기 전에 상속채권자나 유증받은 자에 대해 변제한 것은 유효하고, 이때 변제한 가액은 남아 있는 상속재산의 가액에서 제외합니다(민법 제1034조).

그런데 특별한정승인을 하기 전에 변제된 상속채무와 유증채무가 변제 대상이 되는 상속채무에서 제외된다면 결국 상속인이 특별한정승인을 하기 전에 먼저 변제받은 채권자(상속채권자, 수증자)만 유리하게 되는 결과가 됩니다. 즉 아직 변제를 받지 못한 상속채권자와 수증자는 상속인이 그와 같은 변제를 하지 않았다면 받을 수 있었던 금액보다 적은 금액만을 배당받게 되는 것입니다. 민법은 이러한 불합리를 바로잡기 위한 규정을 두고 있습니다. 이는 뒤에서 좀더 자세히 살펴보겠습니다.

**민법**

**제1034조(배당변제)**

① 한정승인자는 제1032조 제1항의 기간만료후에 상속재산으로서 그 기간 내에 신고한 채권자와 한정승인자가 알고 있는 채권자에 대하여 각 채권액의 비율로 변제하여야 한다. 그러나 우선권있는 채권자의 권리를 해하지 못한다.

② 제1019조 제3항의 규정에 의하여 한정승인을 한 경우에는 그 상속인은 상속재산 중에서 남아있는 상속재산과 함께 이미 처분한 재산의 가액을 합하여 제1항의 변제를 하여야 한다. 다만, 한정승인을 하기 전에 상속채권자나 유증받은 자에 대하여 변제한 가액은 이미 처분한 재산의 가액에서 제외한다.

### 부당변제에 대한 책임

앞서 설명한 상황은 어떤 사람에게는 유리하고, 어떤 사람에게는 불리합니다. 반면 상속인의 입장에서는 정말 아무것도 모르는 상황에서 갚았다면 억울한 것도 사실입니다. 그래서 법은 변제에 과실이 있는 사람이 책임을 지도록 규정하고 있습니다.

특별한정승인자의 고유재산으로 손해배상

상속인이 특별한정승인을 신고하기 전에 상속채무가 상속재산을 초과한다는 사실을 모르고 어느 상속채권자나 유증을 받은 자에게 변제하여 다른 상속채권자나 유증을 받은 자가 변제를 받지 못하게 된 때에는 특별한정승인자(상속인)는 '고유재산'으로 손해를 배상해야 합니다(민법 제1038조).

구상권

앞과 같은 상속인의 행위로 인해 변제를 받지 못한 상속채권자나 유증을 받은 자는 '변제를 받지 못한 한도'에서 상속채무가 상속재산을 초과한다는 사실을 알고 변제받은 상속채권자나 유증받은 자에게 구상권을 행사할 수 있습니다(민법 제1038조).

**민법**

**제1032조(채권자에 대한 공고, 최고)**

① 한정승인자는 한정승인을 한 날로부터 5일내에 일반상속채권자와 유증받은 자에 대하여 한정승인의 사실과 일정한 기간 내에 그 채권 또는 수증을 신고할 것을 공고하여야 한다. 그 기간은 2월 이상이어야 한다.

② 제88조 제2항, 제3항과 제89조의 규정은 전항의 경우에 준용한다.

**제1033조(최고기간 중의 변제거절)**

한정승인자는 전조 제1항의 기간만료전에는 상속채권의 변제를 거절할 수 있다.

**제1034조(배당변제)**

① 한정승인자는 제1032조 제1항의 기간만료후에 상속재산으로서 그 기간 내에 신고한 채권자와 한정승인자가 알고 있는 채권자에 대하여 각 채권액의 비율로 변제하여야 한다. 그러나 우선권있는 채권자의 권리를 해하지 못한다.

② 제1019조 제3항의 규정에 의하여 한정승인을 한 경우에는 그 상속인은 상속재산 중에서 남아있는 상속재산과 함께 이미 처분한 재산의 가액을 합하여 제1항의 변제를 하여야 한다. 다만, 한정승인을 하기 전에 상속채권자나 유증받은 자에 대하여 변제한 가액은 이미 처분한 재산의 가액에서 제외한다.

**제1035조(변제기전의 채무 등의 변제)**

① 한정승인자는 변제기에 이르지 아니한 채권에 대하여도 전조의 규정에 의하여 변제하여야 한다.

② 조건있는 채권이나 존속기간의 불확정한 채권은 법원의 선임한 감정인의 평가에 의하여 변제하여야 한다.

**제1036조(수증자에의 변제)**

한정승인자는 전2조의 규정에 의하여 상속채권자에 대한 변제를 완료한 후가 아니면 유증받은 자에게 변제하지 못한다.

**제1038조(부당변제 등으로 인한 책임)**

① 한정승인자가 제1032조의 규정에 의한 공고나 최고를 해태하거나 제1033조 내지 제1036조의 규정에 위반하여 어느 상속채권자나 유증받은 자에게 변제함으로 인하여 다른 상속채권자나 유증받은 자에 대하여 변제할 수 없게 된 때에는 한정승인자는 그 손해를 배상하여야 한다. 제1019조 제3항의 규정에 의하여 한정승인을 한 경우 그 이전에 상속채무가 상속재산을 초과함을 알지 못한 데 과실이 있는 상속인이 상속채권자나 유증받은 자에게 변제한 때에도 또한 같다.

② 제1항 전단의 경우에 변제를 받지 못한 상속채권자나 유증받은 자는 그 사정을 알고 변제를 받은 상속채권자나 유증받은 자에 대하여 구상권을 행사할 수 있다. 제1019조 제3항의 규정에 의하여 한정승인을 한 경우 그 이전에 상속채무가 상속재산을 초과함을 알고 변제받은 상속채권자나 유증받은 자가 있는 때에도 또한 같다.

③ 제766조의 규정은 제1항 및 제2항의 경우에 준용한다.

### 소장, 지급명령, 이행 권고 결정 등에 대한 대응방법

한정승인의 경우와 똑같습니다. 소장에 대해서는 30일 이내에 답변서를 제출하고 지급명령, 이행 권고 결정에는 2주일 이내 이의신청을 합니다. 그리고 답변서나 이의신청서에 특별한정승인을 신고할 것이라는 사실을 기재하고 추후 특별한정승인을 신고한 후에 사건번호와 접수증을 법원에 제출하고 한정승인 결정이 나오면 한정승인 결정문을 법원에 제출하면 됩니다.

답변서의 제출이나 이의신청은 반드시 해야 합니다. 만약 제출하지 않으면 패소 판결이 나와서 그대로 갚아야 할 수도 있습니다. 소장에 대한 답변서는 며칠 늦어도 크게 상관이 없지만 지급명령이나 이행 권고 결정에 대한 이의신청은 2주일 이내에 하지 않으면 판결이 확정되므로 주의해야 합니다.

제대로 대응하지 않아서 판결이 확정되었다면 청구 이의의 소, 강제집행정지신청을 하여 한정승인 상속자의 고유재산을 압류할 수 없도록 대응해야 합니다. 상속포기와는 달리 한정승인 결정을 받은 경우 청구 이의의 소가 가능합니다(대법원 2006. 10. 13. 선고 2006다23138 판결).

**대법원 2006. 10. 13. 선고 2006다23138 판결**

채무자가 한정승인을 하고도 채권자가 제기한 소송의 사실심 변론종결시까지 그 사실을 주장하지 아니하는 바람에 책임의 범위에 관하여 아무런 유보가 없는 판결이 선고되어 확정되었다고 하더라도, 채무자는 그 후 위 한정승인 사실을 내세워 청구에 관한 이의의 소를 제기하는 것이 허용된다고 봄이 옳다.

9장

# 상속재산 파산[11]

11) 상속재산 파산과 관련하여 이 책에서는 한정승인, 상속포기와 관련된 부분 위주로 기술하였습니다.

# 상속재산 파산제도

상속재산 파산제도란 상속재산으로 상속채권자 및 유증을 받은 자에 대한 채무를 모두 갚을 수 없을 때 그들의 이해관계를 조정하는 제도입니다(채무자회생법 제307조). 쉽게 말해 상속재산 파산제도는 '고인의 빚잔치'를 법원에서 대신해주는 제도라고 할 수 있습니다.

상속재산 파산제도는 과거에는 실제로 이용되지 않은 제도였습니다. 2017년 7월부터 서울가정법원과 회생법원은 이 제도를 활성화하기 위해 상속재산 파산제도 안내 서비스를 시행하기 시작했습니다. 그리하여 최근에는 서울가정법원에서 한정승인 결정문을 받으면 다음과 같은 안내문이 동봉되어 있습니다.

## ▶ 상속재산 파산제도 안내(법원)

### 【상속재산 파산제도 안내】

◎ **한정승인심판 청구인은 상속재산 파산제도를 이용하면 유익합니다.**

- 채무초과 상태의 채무자가 사망한 경우, 그 상속인은 상속재산 자체에 대하여 회생법원에 파산신청을 하여 법원이 선임한 파산관재인을 통하여 상속채무를 정리할 수 있습니다. 이것을 '상속재산 파산제도'라고 합니다.
- 상속재산 파산제도를 이용하면, ① 상속인은 스스로 상속채권자를 파악하고 상속재산의 환가를 통하여 상속채무를 변제하는 등 복잡한 청산절차를 이행하여야 하는 어려움을 해소할 수 있고, ② 상속에 따른 법률관계를 일거에 정리하여 상속채권자들의 개별적인 청구 및 집행에 따른 불안함과 불편을 최소화할 수 있습니다.
- 이 제도는 망인의 상속재산 및 상속채무를 정리하는 절차이므로, 상속인의 경제적 신용도에는 아무런 영향을 미치지 않습니다.

◎ 한편 **한정승인신고 심판청구가 수리된 상속인**은 상속재산으로 망인의 채권자에 대한 채무를 전부 변제할 수 없는 것을 발견한 경우에는 그 **상속재산에 대하여 지체 없이 회생법원에 파산신청을 하여야 합니다**(채무자 회생 및 파산에 관한 법률 제299조 제2항, 제3조 제6항).

◎ 아울러 **한정승인신고 심판청구가 수리되지 않은 상속인**도 상속포기를 하지 않은 경우라면 망인의 **상속재산에 대하여 회생법원에 파산신청을 할 수 있습니다**(채무자 회생 및 파산에 관한 법률 제299조 제1항).

※ 서울회생법원에 있는 'NEW START 상담센터'에서 상속재산 파산신청에 관해 자세한 사항을 안내받을 수 있습니다.

<서울회생법원 NEW START 상담센터>

- 이용시간: 평일 오전 10시부터 오후 6시까지 (12시 ~ 2시 제외)
- 장소: 서울 서초구 서초중앙로 157 서울법원종합청사 3별관 1층
- 문의전화: 02-530-1114
- 서울회생법원 홈페이지: slb.scourt.go.kr

서 울 가 정 법 원 · 서 울 회 생 법 원

## 상속재산 파산의 유형

상속재산 파산이 문제되는 유형은 크게 네 가지로 나뉩니다.

첫째, 한정승인 후 상속재산 파산신청을 하는 경우입니다(채무자회생법 제307조). 이는 한정승인의 신고가 수리된 후 상속인이 청산 절차를 진행하는 것이 아니라 법원에 상속재산 파산신청을 하는 것을 말합니다. 법원은 상속재산으로 상속채권자 및 유증을 받은 자에 대한 채무를 완제할 수 없다고 판단하면 파산을 선고합니다. 여기서 채무를 완제할 수 없다는 뜻은 상속재산이 채무초과 상태에 있다는 것이지 지급 불능에 있어야 하는 것은 아닙니다.

이것이 앞서 '상속재산 파산제도 안내'의 서울회생법원 '뉴스타트 상담센터'에서 안내하는 상속재산 파산신청입니다.

**채무자회생법**

**제307조(상속재산의 파산원인)**

상속재산으로 상속채권자 및 유증을 받은 자에 대한 채무를 완제할 수 없는 때에는 법원은 신청에 의하여 결정으로 파산을 선고한다.

둘째, 채무자가 파산 절차 중 사망한 경우입니다(채무자회생법 제307조, 제308조). 일반 민사 소송에서는 당사자가 사망하면 소송 절차가 원칙적으로 중단되지만 파산 절차는 중단되지 않습니다. 채무자(피상속인)가 파산 절차 진행중 사망한 경우에는 다음의 두 가지 상황이 있습니다.

먼저 채무자가 파산신청 후 파산선고 전에 사망한 경우입니다. 실무에서는 사건을 진행하던 재판부에서 채무자의 상속인에게 수계 여부를 확인합니다. 재판부는 채무자의 상속인들이 사건을 수계하지 않고 있는 경우 상속인들에게 파산 절차를 속행할 것을 명합니다(상속인들의 소재를 파악하기 어려운 경우에는 상속인들에 대한 명령의 고지는 공시송달로 진행). 그리고 상속인이 수계를 거부하거나 별도의 속행 신청이 없는 경우에는 파산 절차를 속행할 의사가 없는 것으로 보아 파산신청을 각하하고 있습니다(개인파산 · 회생실무 253). 이 경우 상속인은 다시 한정승인이나 상속포기를 하고 그 이후에 다시 상속재산 파산신청을 할 수 있습니다.

다음으로는 채무자가 파산선고 후에 사망한 경우입니다. 이 경우에는 파산 절차가 속행됩니다. 파산선고가 내려지면 확정 전에도 효력이 발생하기 때문에(채무자회생법 제311조) 파산선고 결정에 대한 즉시항고가 있는 경우에도 파산 절차는 상속재산에 대해 속행됩니다.

**채무자회생법**

**제308조(파산신청 또는 선고 후의 상속)**

파산신청 또는 파산선고가 있은 후에 상속이 개시된 때에는 파산절차는 상속재산에 대하여 속행된다.

셋째, 상속이 개시된 후 상속인이 (자신의) 파산선고 '전'에 단순승인, 한정승인, 상속포기를 한 경우입니다(채무자회생법 제385조, 제386조). 상속인이 ① 단순승인을 한 경우에는 상속재산은 파산재단의 일부가 되고 피상속인의 채권자는 파산채권자가 됩니다. ② 상속포기를 한 경우에는 상속재산은 파산재단으로부터 제외되고 피상속인의 채권자는 파산재단에서 배당을 받을 수 없습니다. ③ 한정승인을 한 경우에는 피상속인의 채권자는 파산재단 내의 상속재산에 한정해서 배당을 받게 됩니다.

넷째, 상속이 시작된 후 상속인이 (자신의) 파산선고 '후'에 단순승인, 한정승인, 상속포기를 한 경우입니다(채무자회생법 제503조). 피상속인이 사망한 후 상속인에 대한 파산선고를 받은 경우입니다. 상속인이 단순승인, 상속포기, 한정승인을 하면 파산재단에 대해 한정승인의 효력을 가집니다. 하지만 일반한정승인과 달리 상속재산 파산 절차에 따라 진행됩니다.

이 경우 파산관재인은 상속재산과 파산재단 소속 재산을 구별하여 관리합니다. 파산관재인은 피상속인의 채권자에 대해서는 상속재산에서 배당하고 상속인의 고유채권자에 대해서는 상속인 자신의 고유재산에서 배당합니다. 문제는 상속인이 상속포기를 한 경우에도 한정승인의 효력이 생긴다는 점입니다. 즉 상속인은 상속포기를 했어도 파산관재인에 의해 부인, 소송, 환가 등을 당할 수도 있습니다.

**채무자회생법**

**제385조(파산선고 후의 단순승인)**

파산선고 전에 채무자를 위하여 상속개시가 있는 경우 채무자가 파산선고 후에 한 단순승인은 파산재단에 대하여는 한정승인의 효력을 가진다.

**제386조(파산선고 후의 상속포기)**

① 파산선고 전에 채무자를 위하여 상속개시가 있는 경우 채무자가 파산선고 후에 한 상속포기도 파산재단에 대하여는 한정승인의 효력을 가진다.

**제503조(상속인의 파산과 상속재산의 처분)**

① 상속인이 파산선고를 받은 후에 한정승인을 하거나 재산분리가 있는 때에는 상속재산의 처분은 파산관재인이 하여야 한다. 한정승인 또는 재산분리가 있은 후에 상속인이 파산선고를 받은 때에도 또한 같다.

# 상속재산 파산 절차

상속재산 파산 절차는 상속재산 파산신청 → 상속재산 파산선고 및 파산관재인 선임 → 파산관재인의 조사 → 채권자 집회, 채권 조사 기일 → 재산 환가 및 배당 순으로 이루어집니다.

## 상속재산 파산신청

상속재산 파산신청은 상속채권자, 유증을 받은 자, 상속인, 상속재산 관리인, 유언집행자(채무자회생법 제299조 제1항)만 할 수 있습니다. 공동상속인은 각자 신청권을 갖고 있으므로 서로 간의 합의가 없어도 상속재산 파산신청을 할 수 있습니다. 상속인은 상속의 승인(한정승인, 단순승인) 전에도 상속재산 파산신청을 할 수 있습니다(채무자회생법 제299조 제1항). 상속재산 관리인, 유언집행자 또는 한정승인이나 재산분리가 있는 경우의 상속인은 상

### ▶ 상속재산 파산 절차

**관할 회생법원**

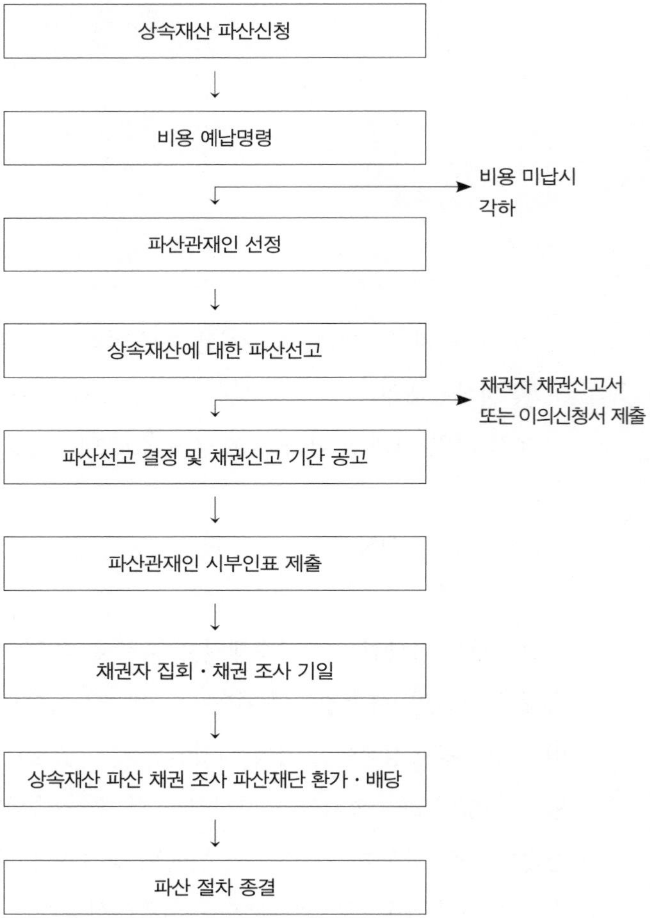

속재산으로 상속채권자 및 유증을 받은 자에 대한 채무를 완제할 수 없음을 발견한 때에는 지체 없이 파산신청을 해야 합니다(채무자회생법 제299조 제1항). 다만 상속을 포기한 사람이나 상속인의 파산관재인은 신청할 수 없습니다.

상속재산에 관한 파산사건은 상속개시지를 관할하는 회생법원의 관할에 전속합니다(채무자회생법 제3조 제6항). 여기서 '상속개시지'란 피상속인의 사망 당시의 주소지입니다. 해당 관할은 전속 관할입니다. 관할지가 아닌 다른 곳에 신청서를 접수하지 않도록 유의해야 합니다.

**채무자회생법**

**제299조(상속재산의 파산신청권자)**

① 상속재산에 대하여 상속채권자, 유증을 받은 자, 상속인, 상속재산관리인 및 유언집행자는 파산신청을 할 수 있다.

② 상속재산관리인, 유언집행자 또는 한정승인이나 재산분리가 있은 경우의 상속인은 상속재산으로 상속채권자 및 유증을 받은 자에 대한 채무를 완제할 수 없는 것을 발견한 때에는 지체 없이 파산신청을 하여야 한다.

③ 상속인 · 상속재산관리인 또는 유언집행자가 파산신청을 하는 때에는 파산의 원인인 사실을 소명하여야 한다.

### 상속재산 파산신청 기간

상속재산에 대한 파산신청은 다음과 같이 상속재산에 대한 재산분리를 청구할 수 있는 기간 내에 해야 합니다(채무자회생법 제300조, 민법 제1045조).

첫째, 원칙적으로는 상속개시가 된 날로부터 3개월 이내에 해야 합니다. 주의할 점은 한정승인과 달리 '상속개시가 있음을 안 날'이 아니라 피상속인이 사망한 날로부터 3개월이라는 사실입니다.

둘째, 상속개시가 있음을 안 날로부터 3개월 이내에 해야 합니다. "상속인이 상속의 승인이나 포기를 하지 아니한 동안은 전항의 기간 경과 후에도 재산의 분리를 청구할 수 있다"라고 규정하는 민법 제1045조 제2항을 문언 그대로 해석하면 상속인이 상속이 시작된 날로부터 3개월이 경과한 이후에도 상속의 승인이나 포기를 하지 않았다면 (아직 재산분리를 청구할 수 있으므로) 여전히 상속재산 파산신청을 할 수 있다는 결론이 됩니다. 하지만 상속인이 상속의 승인이나 포기를 할 수 있는 민법 제1019조의 기간(상속개시 있음을 안 날로부터 3개월)이 경과하면 단순승인한 것으로 간주되어 더이상 상속의 승인이나 포기를 할 수 없습니다.

따라서 두 조문의 해석상 이 경우에 상속재산에 대한 파산신청은 '상속개시 있음을 안 날로부터 3개월' 이내에 해야 합니다.

셋째, 민법 제1045조의 기간 내에 한정승인이나 재산분리가 있을 때에는 상속채권자 및 유증을 받은 자에 대한 변제가 완료되기 전까지 할 수 있습니다. 즉 채권자에 대한 배당이 종료되기 전이라면 상속재산 파산신청이 가능합니다.

**채무자회생법**

**제300조(상속재산에 대한 파산신청기간)**

상속재산에 대하여는 「민법」 제1045조(상속재산의 분리청구권)의 규정에 의하여 재산의 분리를 청구할 수 있는 기간에 한하여 파산신청을 할 수 있다. 이 경우 그 사이에 한정승인 또는 재산분리가 있은 때에는 상속채권자 및 유증을 받은 자에 대한 변제가 아직 종료하지 아니한 동안에도 파산신청을 할 수 있다.

**민법**

**제1045조(상속재산의 분리청구권)**

① 상속채권자나 유증받은 자 또는 상속인의 채권자는 상속개시된 날로부터 3월내에 상속재산과 상속인의 고유재산의 분리를 법원에 청구할 수 있다.

② 상속인이 상속의 승인이나 포기를 하지 아니한 동안은 전항의 기간경과후에도 재산의 분리를 청구할 수 있다.

## 상속재산 파산신청 필요 서류

### 상속인의 경우

- 피상속인 관련 서류 : 제적등본, 기본증명서(상세), 가족관계증명서(상세), 주민등록표 말소자초본, 혼인관계증명서(해당하는 경우), 친양자입양관계증명서(해당하는 경우)
- 상속인 관련 서류 : 상속인의 주민등록초본, 가족관계증명서(상세), 인감증명서, 한정승인 또는 상속포기 심판문(해당하는 경우)
- 기타 서류 : 채권자목록, 채권자 주소, 재산목록

### 상속인이 아닌 경우(피상속인의 채권자 등)

채무자에 대한 채권 소명 자료, 채무자의 지급불능 상태 소명자료(재산명시조서 등)

## 상속재산 파산신청의 장점

한정승인 심판청구 수리 후 다음과 같은 상황이라면 상속재산 파산신청을 고려해보는 것이 좋습니다.

첫째, 완벽한 법적 방어 장치를 만들고 싶을 경우입니다. 채무자회생법 제299조에 따라 상속재산 파산신청을 하고 절차를 진행하면 됩니다. 실제로 상속재산 파산 절차비용에 못 미치는 수준의 재산 때문에 상속재산 파산신청을 하는 경우도 종종 있습니다.

둘째, 압류되지 않은 금융재산이 일정 금액 이상 있는 경우입니다. 한정승인 심판청구를 진행하다보면 잔액이 존재하는 피상속인의 금융 계좌는 이미 압류 · 추심되었거나 약관에 의해 해당 계좌의 잔액이 대출, 미납금 등과 상계 처리된 경우가 대부분입니다. 즉 배분하고 싶어도 배분할 돈이 남아 있지 않습니다. 하지만 예외적으로 압류가 되지 않은 금액이 금융 계좌에 남아 있을 때도 있는데, 상속재산 파산신청을 해야 할지는 경우의 수를 살펴보아야 합니다. 먼저 피상속인의 장례비를 상속인이 부담한 경우라면 장례비로 소요된 비용 이하의 잔고는 무시하고 그대로 두어도 별문제 없습니다. 그리고 피상속인의 장례비를 상속재산에서 지출하고도 금융 계좌에 남은 금액이 있다면 상속재산 파산신청을 고려해야 합니다.

그러면 얼마의 잔고가 남아 있으면 상속재산 파산을 고려해야 할까요? 일단 상속재산 파산의 관재인 선임비용이 대략 30만 원 정도이기 때문에 50만 원 미만의 잔고가 있을 경우에는 상속재산 파산 절차에 들어가더라도 (파산 절차 비용도 충당하기 어려워) 파산관재인이 환가를 포기하고 파산폐지가 되는 경우가 많습니다. 그래서 금융 계좌 잔고 50만 원 이상일 경우 실무상 상속재산 파산신청 여부를 고려하는 기준입니다. 금융 계좌 잔고가 50만 원 이하일 때는 민법의 한정승인 청산 절차에 따른 배분을 진행하면 됩니다.

셋째, 부동산 · 특허권 · 대포차 등 처분하기 어려운 재산이 있는 경우입니다. 이 경우에는 아무리 번거롭더라도 상속포기신고를 고려해야 합니다. 만약 상속포기를 하지 못하고 한정승인을 했다면 상속재산 파산신청을 해서 상속재산의 처분 부담을 파산관재인에게 넘기는 것이 좋습니다. 다만 뒤에서 설명하는 것처럼 상속재산 파산신청을 하더라도 취득세 등 세금의 문제는 남습니다.

넷째, 채권 · 채무 관계가 복잡한 경우, 즉 소송중인 경우입니다. 피상속인의 자산, 지적재산권 등과 관련한 소송이 계속 진행중이거나 앞으로 소송이 진행될 것이 명백한 경우라면 상속재산 파산신청을 해서 이후 절차를 파산관재인이 진행하도록 하는 것이 간명합니다.

# 상속재산 파산과 세금

상속재산 파산이 있으면 상속인은 한정승인을 한 것으로 봅니다(채무자회생법 제389조 제3항). 상속재산 파산이 진행되면 파산재단이 성립되고 파산재단에 대한 관리처분권이 파산관재인에게 넘어갑니다.

하지만 여전히 상속이라는 효과는 남아 있습니다. 한정승인과 마찬가지로 상속재산 파산이 있더라도 상속인은 상속재산과 관련된 세금을 내야 합니다. 즉 상속 관련 취득세를 상속재산 파산의 재단채권으로 인정하지 않는 것이 법원의 실무입니다.

# 상속재산 파산과 한정승인

상속재산 파산제도와 한정승인은 별개의 제도입니다. 상속재산 파산이 있더라도 한정승인을 신청할 수 있고 반대의 경우도 가능합니다.

채무자회생법에는 "상속재산으로 상속채권자 및 유증을 받은 자에 대한 채무를 완제할 수 없는 때에는 법원은 신청에 의하여 결정으로 파산을 선고한다"라고 규정하고 있고(채무자회생법 제307조) 상속재산에 대하여 파산선고가 있는 때에는 상속인은 한정승인한 것으로 본다고 규정하고 있습니다(채무자회생법 제389조). 즉 한정승인신고 수리 절차를 거치지 않아도 상속재산 파산 절차를 거치면 한정승인의 효력을 얻을 수 있는 것입니다.

그러면 상속재산 파산 결과로 얻어지는 한정승인의 간주와 실제 한정승인의 절차를 거치는 것에는 어떤 차이가 있을까요? 한정승인과 상속재산 파산의 결정적인 차이는 한정승인 절차에는 상속재산 파산과 달리 파산관재인, 채권 조사 절차, 채권자 집회, 부인제도, 상계제한제도가 없다는 점입니다. 특히 파산관재인이 부인제도를 통해 재산을 파산재단으로 환수해가는 제도가 없다는 점이 중요합니다. 예를 들어 피상속인의 특수관계인인 상속인이 피상속인으로부터 몇 년 전에 증여받은 경우 한정승인 절차에서는 이 재산을 파산관재인이 환수해가는 절차가 없습니다. 사실 파산관재인에 의해 부인, 환수당할 수 있다는 우려 때문에 상속재산 파산 절차의 이용이 저조한 면도 있습니다.

### 상속재산 파산신고를 할 경우 한정승인신고도 병행해야 하는 이유

채무자회생법 제389조 제3항은 상속재산에 대해 파산선고가 있는 때에는 상속인이 한정승인을 한 것으로 간주하고 있습니다. 그러면 상속재산 파산신청을 한 경우 별도로 한정승인 절차를 진행하지 않아도 되는 것일까요? 아닙니다. 상속재산 파산신청을 한 것만으로 한정승인의 간주 효과가 생기는 것이 아니라 상속재산 파산선고까지 있어야 합니다. 만약 한정승인을 신고하지 않은 채 상속재산 파산신청을 했다가 신청이 기각당하고 한정승인이 가능한 기간인 3개월이 지났다면 상속인은 피상속인의 빚을 그대로 물려받게 되어 큰 낭패를 보게 됩니다. 그래서 실무에서는 일반적으로 한정승인과 상속재산 파산신청을 같이하고 있습니다.

### 상속재산 파산 절차보다

### 한정승인 및 상속포기를 해야 하는 이유

다음과 같은 이유로 상속인들은 상속재산 파산 절차를 진행하기보다 상속포기 및 한정승인 절차를 진행하는 것이 좋습니다.

첫째, 한정승인·상속포기 절차가 더 간명합니다. 상속인이 여러 명이면 보통 한 명이 한정승인 절차를 진행하고 나머지 상속인들은 상속포기 절차를 진행합니다. 한정승인신고자 수가 많으면 그만큼 신청 서류 정리가 복잡해지고 단 한 명만 한정승인을 하더라도 원하는 효과는 다 얻을 수 있기 때문입니다. 이러한 점이 원칙적으로 상속인 전원이 한정승인의 효과를 얻는 상속재산 파산보다 간명합니다.

둘째, 한정승인은 파산관재인이 없어 원칙적으로 부인권이 문제되지 않습니다.

### 한정승인 후 상속재산 파산신청의 의무 여부

채무자회생법 제299조 제2항에 따르면 "상속재산관리인, 유언집행자 또는 한정승인이나 재산분리가 있은 경우의 상속인은 상속재산으로 상속채권자 및 유증을 받은 자에 대한 채무를 완제할 수 없는 것을 발견한 때에는 지체없이 파산신청을 하여야 한다"고 규정하고 있습니다.

한정승인 심판청구는 상속재산보다 채무가 적은 경우에도 가능하지만 한정승인 심판을 청구하는 사례의 대부분은 상속재산보다 채무가 많은 경우입니다. 그런데 채무자회생법 제299조 제2항은 한정승인 심판청구 수리 후 상속재산보다 채무가 많은 경우에는 파산신청을 해야 하는 의무를 상속인에게 부과하고 있습니다. 이 조항은 채무자회생법이 제정된 2006년 당시부터 존재하던 조항이지만 한정승인 실무를 오랫동안 진행한 분들도 이 조항에 대해서는 잘 모르고 있을 정도로 2017년 이전에는 실제로 활용된 예가 드뭅니다.

여러 가지 이유가 있겠지만 법률에는 '의무'로 규정되어 있으나 이 의무를 위반했을 때 벌칙 규정이 없고, 남아 있는 금액이 지나치게 소액이면 상속재산 파산을 강제하기 어려우며, 상당수의 한정승인 상속인들이 장례비를 제외하면 배분할 재산조차 없는 실정이기 때문입니다.

그래서 현재까지의 실무자들이 진행하는 방향은 한정승인 심판청구 수리 후 ① 상속재산보다 채무가 적은 경우라면 민법에 따른 청산으로 진행하고, ② 상속재산보다 채무가 많은 경우라면 상속재산 파산신청을 고려합니다.

# 부록

▶ **한정승인 심판청구**

# 심 판 청 구

**청 구 인** 김한정(000000-0000000)
서울 ○○○ ○○○○○
등록기준지 : 경상북도 ○○○ ○○○○○
청구인의 소송대리인 변호사 ○○○
서울 ○○구 ○○○

**사 건 본 인**
(피상속인망) 김채무(000000-0000000)
서울 ○○○ ○○○○○
등록기준지 : 경상북도 ○○○ ○○○○○

**상속한정승인**

## 청 구 취 지

청구인이 피상속인 망 김채무의 재산상속을 함에 있어 별지 상속재산목록을 첨부하여서 한 한정승인신고는 이를 수리한다.
라는 심판을 구합니다.

## 청 구 원 인

### 1. 당사자 간의 상속관계

#### 가. 피상속인 망 김채무의 사망사실

피상속인 망 김채무는 20 . . . 서울 ○○○ ○○○○○에서 사망하였습니다. 사망 당시 망 김채무의 주소지는 서울 ○○○ ○○○○○입니다.

**나. 청구인과 망 김채무의 상속관계**

망 김채무의 상속인으로는 1순위 공동상속인으로서 배우자인 이배우와 직계비속인 자녀 김한정, 김포기가 있습니다. 그런데 이배우, 김포기는 20 . . . 상속포기신청을 한 바. 청구인 김한정이 유일한 상속인입니다.

**다. 소 결**

결국 청구인은 피상속인의 상속인에 해당합니다.

**2. 한정승인 신청의 이유**

가. 피상속인은 생전에 사업의 실패로 채무를 지고 있었는데 피상속인이 남긴 재산이라고는 별지목록 기재의 재산밖에 없어 한정승인을 신청하게 되었습니다.

나. 현재 상속채무로는 첨부 재산목록 및 이해관계인의 표시와 같으며, 이외 채무에 대해서는 알지 못합니다.

다. 상속인이 상속재산 조회를 통하여 확인한 상속재산은 첨부 재산목록과 같으며, 그 자세한 내역은 다음 항에서 설명드리겠습니다.

**3. 피상속인의 적극재산**

**가. 부동산**

피상속인 명의의 등록된 부동산은 없습니다(소갑제1호증 지적전산자료조회결과).

**나. 자동차**

상속재산 조회결과, 1990년식 ○○차종의 차량번호 경기○○○○○호인 차량 1대가 조회되어 등록원부를 발급받아본 결과 피상속인의 명의의 등록되어 있는 것을 확인하였습니다. 그런데 청구인은 해당 차량의 소재를 알지 못하며 피상속인 생전에도 해당 차량을 운행하지 아니하였습니다. 따라서 타인이 불법적으로 운행하고 있거나 이미 멸실된 것으로 추측되며 한정승인 절차가 완료되면 차량 멸실인정 제도에 따라서 멸실을 신청할 예정입니다. 다만, 현재 등록원부에는 조회되는바 우선 상속재산으로 기재하며 차량모델연도가 1990년인 차량으로 중고차시세 가격이 책정되어 있지 않는바, 가치는 0원으로 신고합니다[소갑 제2호증의 1 차량정보조회내역, 소갑 제2호증의 2 자동차등록원부 등본(경기○○○○○호)].

### 다. 예금채권

금융감독원에 대한 상속인 금융거래 조회결과,

(1) 금융투자협회, 우체국, 새마을금고중앙회, 산림조합중앙회, 신협중앙회, 한국예탁결제원, 한국대부금융협회, 예금보험공사에는 조회되는 사항이 없습니다[소갑 제3호증의 1 상속인금융거래조회(금융투자협회), 소갑 제3호증의 2 에버리치 우체국예금보험 조회, 소갑 제3호증의 3 상속인금융거래결과조회(새마을금고), 소갑 제3호증의 4 상속인 조회(산림조합), 소갑 제3호증의 5 신협중앙회상속인조회, 소갑 제3호증의 6 상속인조회(KSD 한국예탁결제원), 소갑 제3호증의 7 상속인조회(한국대부금융협회), 소갑 제3호증의 8 예금보험공사휴면보험금안내]

(2) 은행연합회 조회에서 총 9건이 조회되나, 이중 카카오뱅크 "카드"항목은 체크카드가 발급된 내역이나 거래내역이 조회되지 않으며, 기업은행 "대출"항목 및 "보증"항목은 채무에 관한 것으로 금융기관채무에서 후술하겠습니다.

나머지 6건의 은행예금채권 금액 도합 **총 168,010원(= 기업은행 4,000원 + 국민은행 29,000원 + 지역농축협 45,000원 + 우리은행 10원 + 신한은행 90,000원 + 카카오뱅크 0원)**의 예금채권이 있습니다[소갑 제3호증의 9 상속인금융거래내역(은행연합회)].

### 라. 보험관련 채권

(1) 생명보험

상속인 금융거래내역조회에서 조회된 생명보험은 흥국생명 2건(증권번호 ○○○○○○, ○○○○○○) , 현대생명 1건(증권번호 ○○○○○○)이나, 이미 소멸된 보험으로서 해지환급금이 존재하지 않는 것으로 보입니다[소갑 제3호증의 10 상속인금융거래내역(생명보험)].

(2) 손해보험

상속인 금융거래내역조회에서 조회된 손해보험은 삼성화재 2건(증권번호 ○○○○○○, ○○○○○○), DB손해보험 3건(증권번호 ○○○○○○, ○○○○○○, ○○○○○○)이나, 이미 실효되었거나 해약 및 만기로 인하여 소멸된 보험으로서 해지환급금이 존재하지 않는 것으로 보입니다[소갑제3호증의 11 상속인금융거래내역(손해보험)].

**마. 소계**

피상속인의 적극재산은 총 168,010원입니다.

**4. 피상속인의 소극재산**

**가. 금융기관 채무**

은행연합회 조회 결과 기업은행에 대하여 1,700,000원의 채무가 있습니다.

서민금융진흥원 조회 결과 금융기관에서 출연된 5,700,000원의 보증채무가 있습니다(소갑 제3호증의 12 신용정보원조회).

여신금융협회 조회 결과 도합 총 9,040,000원(= KB캐피탈 5,340,000원 + 삼성카드 3,700,000원)의 채무가 있습니다[소갑 제3호증의 13 상속인금융거래조회(여신금융협회)].

상호저축은행중앙회에서 조회된 웰컴저축은행에 대한 채무는 이미 해지되어 현재 남은 채무는 없으므로 피상속인의 소극재산에서 제외하였습니다[소갑 제3호증의 14 상속인 조회(상호저축은행중앙회)].

상속인은 상속인 금융거래내역조회에서 조회되지 않았으나 채권자 오릭스캐피탈로부터 피상속인에게 6,500,000원(연체이자 및 제비용 별도)의 채무가 있다는 채권추심안내문을 받아 피상속인의 소극재산으로 신고합니다[소갑 제

4호증 채권추심안내문(오릭스캐피탈)].

## 나. 세금

상속재산 조회 결과 현재 피상속인에게 부과되어 체납되어있는 국세는 없는 것으로 사료됩니다[소갑 제5호증의 1 국세 조회결과 알림].
피상속인에게 부과되어 체납되어있는 지방세는 도합 총 96,000원입니다[소갑 제5호증의 2 지방세 조회결과 알림].

## 다. 과태료

상속재산 조회 결과 발견된 차량 2대의 자동차등록원부상 책임보험 미가입으로 인한 과태료, 정기검사과태료 체납, 건강보험로 체납 등으로 압류되어 있는 사실은 확인되나, 구체적인 과태료 금액에 대해서는 당사자만이 확인할 수 있으나 사망으로 확인할 수 없었습니다. 또한, 과태료는 일신전속적인 행정벌에 해당하는 것으로서 상속되는 채무인지 여부에 대하여 불분명하나 일단 상속재산목록에는 기입하는 바입니다.

## 라. 소계

피상속인의 소극재산으로서 피상속인들이 알고 있는 것은 총 23,036,000원입니다.

## 5. 장례비

피상속인의 장례비용에 총 9,000,000원이 소요되었습니다(소갑 제6호증의 1 장례비영수증, 소갑 제6호증의 2 장례비용정리내역)

## 6. 결 어

신청인은 피상속인이 남긴 부채를 변제할 능력이 없으므로 신청인이 상속으로 인하여 얻은 별지목록 기재 상속재산의 한도에서 피상속인의 채무를 변제할 것을 조건으로 한정승인 하고자 본 심판을 청구합니다.

## 소 명 방 법

1. 소갑 제1호증 지적전산자료조회결과
1. 소갑 제2호증의 1 차량정보조회내역
1. 소갑 제2호증의 2 자동차등록원부 등본(경기OOOOO호)
1. 소갑 제3호증의 1 상속인금융거래조회(금융투자협회)
1. 소갑 제3호증의 2 에버리치 우체국예금보험 조회
1. 소갑 제3호증의 3 상속인금융거래결과조회(새마을금고)
1. 소갑 제3호증의 4 상속인 조회(산림조합)
1. 소갑 제3호증의 5 신협중앙회상속인조회
1. 소갑 제3호증의 6 상속인조회(KSD한국예탁결제원)
1. 소갑 제3호증의 7 상속인조회(한국대부금융협회)
1. 소갑 제3호증의 8 예금보험공사휴면보험금안내
1. 소갑 제3호증의 9 상속인금융거래내역(은행연합회)
1. 소갑 제3호증의 10 상속인금융거래내역(생명보험)
1. 소갑 제3호증의 11 상속인금융거래내역(손해보험)
1. 소갑 제3호증의 12 신용정보원조회
1. 소갑 제3호증의 13 상속인금융거래조회(여신금융협회)
1. 소갑 제3호증의 14 상속인 조회(상호저축은행중앙회)
1. 소갑 제4호증 채권추심안내문(오릭스캐피탈)
1. 소갑 제5호증의 1 국세 조회결과 알림
1. 소갑 제5호증의 2 지방세 조회결과 알림
1. 소갑 제6호증의 1 장례비영수증
1. 소갑 제6호증의 2 장례비용 내역

## 첨 부 서 류

1. 별지
2. 가족관계증명서(김채무)
3. 가족관계증명서(김한정)

4. 말소자 주민등록등본(김채무)

5. 주민등록등본(김한정)

6. 기본증명서(김채무)

7. 기본증명서(김한정)

8. 인감증명서(김한정)

9. 소송위임장

20 . . .

청구인들의 대리인

변호사 OOO

**서울가정법원 귀중**

[별지]

# 상 속 재 산 목 록

<table>
<tr><th></th><th colspan="2">종류</th><th>재산의 표시</th><th>재산의 가액</th><th>증거</th><th>비고</th></tr>
<tr><td rowspan="8">적극재산</td><td colspan="2">부동산</td><td>없음</td><td>0</td><td>소갑1</td><td></td></tr>
<tr><td colspan="2">자동차</td><td>경기OOOOO(자가용 00)</td><td>0</td><td>소갑2-2</td><td></td></tr>
<tr><td rowspan="6">금전채권</td><td rowspan="6">예금채권</td><td>기업은행</td><td>4,000</td><td rowspan="6">소갑3-9</td><td></td></tr>
<tr><td>KB국민은행</td><td>29,000</td><td></td></tr>
<tr><td>지역농축협(OO농협)</td><td>45,000</td><td></td></tr>
<tr><td>우리은행</td><td>10</td><td></td></tr>
<tr><td>신한은행</td><td>90,000</td><td></td></tr>
<tr><td>카카오뱅크</td><td>0</td><td></td></tr>
<tr><td rowspan="9">소극재산</td><td>종류</td><td>순서</td><td>채권자</td><td>채 무 액</td><td>증거</td><td>비고</td></tr>
<tr><td rowspan="6">금융기관</td><td>1</td><td>기업은행</td><td>△1,700,000</td><td>소갑3-9</td><td></td></tr>
<tr><td>2</td><td>서민금융진흥원</td><td>△ 5,700,000</td><td>소갑3-12</td><td></td></tr>
<tr><td>3</td><td>KB캐피탈</td><td>△5,340,000</td><td>소갑3-13</td><td></td></tr>
<tr><td>4</td><td>삼성카드</td><td>△3,700,000</td><td></td><td></td></tr>
<tr><td>5</td><td>오릭스캐피탈</td><td>△6,500,000</td><td>소갑4</td><td></td></tr>
<tr><td>6</td><td>자동차책임보험 등 과태료</td><td>금액미상</td><td>소갑2-2, 2-3</td><td></td></tr>
<tr><td rowspan="2">세금</td><td>1</td><td>국세</td><td>△0</td><td></td><td></td></tr>
<tr><td>2</td><td>지방세</td><td>△96,000</td><td></td><td></td></tr>
<tr><td>장례비</td><td colspan="3">장례비</td><td>9,000,000</td><td>소갑6-1, 6-2</td><td></td></tr>
</table>

▶ **특별한정승인 심판청구**

# 심 판 청 구

**청 구 인**

1. 김특별(000000-0000000)
경기도 ○○○ ○○○ ○○○○○
등록기준지

2. 이한정(000000-0000000)
경기도 ○○○ ○○○ ○○○○○
등록기준지

**청구인들의 소송대리인 변호사 ○○○**
**서울 ○○구 ○○○**

**사 건 본 인**
(피상속인망)

김채무(000000-0000000)
서울 ○○○ ○○○○○
등록기준지 : 경상북도 ○○○ ○○○○○

**특별한정승인**

## 청 구 취 지

청구인들이 피상속인 망 김채무의 재산상속을 함에 있어 별지 상속재산목록을 첨부하여서 한 한정승인신고는 이를 수락한다.
라는 심판을 구합니다.

## 청 구 원 인

### 1. 당사자 간의 상속관계

**가. 피상속인 김채무의 사망사실**

피상속인 망 김채무는 2012. 11. 1. 서울 OOO OOOOO에서 사망하였습니다. 사망 당시 망 김채무의 주소지는 서울 OOO OOOOO입니다.

나. 청구인들과 망 김한정의 관계

피상속인은 자녀가 없는 미혼으로 사망하였는바, 직계존속인 부 김특별, 모 이한정이 1순위 공동상속인입니다.

### 2. 특별한정승인 신청의 이유

**가. 특별한정승인 신청**

피상속인 망 김채문는 2012. 11. 1.에 사망하였습니다. 그런데 청구인들은 상속채무가 상속재산을 초과하는 사실을 중대한 과실 없이 상속개시있음을 안날로부터 3월 내에 알지 못하고, 단순승인을 하였기에 민법 제1019조 제3항에 따라 특별한정승인을 신청하게 되었습니다.

청구인들은 아들인 망 김채무의 사망으로 인한 충격으로 실의에 빠져서 하루하루를 고통 속에 지내고 있으며, 망 김채무는 생전에 분가하여 홀로 거주하고 있었기에 채무가 있었는지 알 수도 없었기에 상속채무가 상속재산을 초과하는 사실을 알지 못하고 있었습니다.

**나. 청구인들이 피상속인의 채무를 인지하게 된 경위**

청구인들은 서울OO지방법원 20OO가소OOOO 양수금 사건의 소장부본, 당사자표시정정신청서, 청구취지및청구원인변경신청서를 20OO. OO. OO.에 송달받았습니다. 이 사실을 알고 청구인들은 피상속인 김채무에게 원금 OOOOOO원 및 지연이자의 채무가 있음을 알게 되었습니다.

청구인들은 위 사건으로 인하여 소장부본을 받기 전까지는 피상속인이 생전에 채무를 지고 있는 사실을 몰랐습니다. 위 사건의 소장을 받고 청구인들은 피상속인이 사망한 후 채무가 있는 사실을 알게 되었습니다. 한편 청구인들은 피상속인이 사망 당시 별다른 재산을 남기지 않은 것으로 알고 있습니다.

**3. 결어**

신청인들은 고령의 나이에 자신들보다 먼저 사망한 자식으로 인하여 하루하루 슬픔 속에 살고 있습니다. 이러한 상황에서 피상속인이 남긴 부채를 변제하라는 소장을 받고 다시 한 번 큰 슬픔과 실의에 빠져있습니다. 신청인들은 상속채무를 변제할 능력이 없으며 신청인이 상속으로 인하여 얻은 상속재산도 없어 특별한 정승인 하고자 본 심판을 청구하오니 부디 인용하여 주시기 바랍니다.

**소 명 방 법**

1. 소갑 제1호증 나의사건검색 캡쳐화면
2. 소갑 제2호증 소장부본(20OO가소OOOO)

**첨 부 서 류**

1. 가족관계증명서(김특별)
1. 가족관계증명서(이한정)
1. 주민등록등본(김특별)
1. 주민등록등본(이한정)
1. 기본증명서(김특별)
1. 기본증명서(이한정)
1. 인감증명서(김특별)
1. 인감증명서(이한정)
1. 가족관계증명서(김채무)
1. 기본증명서(김채무)

1. 말소자 주민등록등본(김채무)

1. 말소자 주민등록초본(김채무)

1. 소송위임장

20 . . .

청구인들의 대리인

변호사 OOO

**서울가정법원 귀중**

[별 지]

# 상 속 재 산 목 록

**1. 적극재산(망인의 재산)**

**가. 부동산**

없음

**나. 유체동산**

없음

**다. 금전채권**

없음

**2. 소극재산(망인의 채무)**

채권자 OO대부 유한회사

서울OO지방법원 20OO가소OOOO 양수금

청구금액 금 OOOOOO원 및 지연이자

▶ **상속포기 심판청구**

# 심 판 청 구

**청 구 인**　1. 이배우(000000-0000000)
인천광역시 ○○○ ○○○○○
등록체류지 : 인천광역시 ○○○ ○○○○○

2. 김포기(000000-0000000)
경기도 ○○○ ○○○○○
등록기준지 : 경상북도 ○○○ ○○○○○

청구인들의 소송대리인 변호사 ○○○
서울 ○○구 ○○○

**사 건 본 인**　김채무(000000-0000000)
(피상속인망)　서울 ○○○ ○○○○○
등록기준지 : 경상북도 ○○○ ○○○○○

**상속포기**

## 청 구 취 지

청구인들의 망 김채무에 대한 재산상속포기신고는 각 이를 수리한다.
라는 심판을 구합니다.

## 청 구 원 인

1. 피상속인 망 김채무의 사망사실
피상속인 망 김채무은 20 . . . 서울 ○○○ ○○○○○에서 사망하였습니다. 사망

당시 망 김채무의 주소지는 서울 ○○○ ○○○○○입니다.

**2. 피상속인 망 김채무의 상속관계**

망 김채무의 상속인으로는 1순위 공동상속인으로서 배우자인 이배우와 직계비속인 자녀 김한정, 김포기가 있습니다.

**3. 상속포기의 청구**

청구인들은 위와 같이 피상속인 망 김채무의 상속인으로서 20 . . . 상속개시가 있음을 알게 되었는바, 민법 제1019조에 의하여 재산상속을 포기하고자 이 심판청구에 이른 것입니다(참고로 1순위 공동상속인 김한정은 한정승인을 준비 중입니다).

**첨 부 서 류**

1. 외국인등록사실증명(이배우)
2. 인감증명서(이배우)
3. 기본증명서(김두정)
4. 가족관계증명서(김두정)
5. 주민등록표 등본(김두정)
6. 인감증명서(김두정)
7. 기본증명서(김채무)
8. 가족관계증명서(김채무)
9. 주민등록표 말소자 등본(김채무)
10. 소송위임장

20 . . .

청구인들의 대리인

변호사 ○○○

**서울가정법원 귀중**

# 민법 상속편 조문

## 민법

일부개정 2021. 1. 26 시행 2021. 1. 26. 법률 제17905호

**제5편 상속**

**제1장 상속**

**제1절 총칙**

**제997조(상속개시의 원인)**

상속은 사망으로 인하여 개시된다.

**제998조(상속개시의 장소)**

상속은 피상속인의 주소지에서 개시한다.

**제998조의2(상속비용)**

상속에 관한 비용은 상속재산 중에서 지급한다.

**제999조(상속회복청구권)**

① 상속권이 참칭상속권자로 인하여 침해된 때에는 상속권자 또는 그 법정대리인은 상속회복의 소를 제기할 수 있다.

② 제1항의 상속회복청구권은 그 침해를 안 날부터 3년, 상속권의 침해행위가 있은 날부터 10년을 경과하면 소멸된다.

**제2절 상속인**

**제1000조(상속의 순위)**

① 상속에 있어서는 다음 순위로 상속인이 된다.

1. 피상속인의 직계비속

2. 피상속인의 직계존속
3. 피상속인의 형제자매
4. 피상속인의 4촌 이내의 방계혈족

② 전항의 경우에 동순위의 상속인이 수인인 때에는 최근친을 선순위로 하고 동친등의 상속인이 수인인 때에는 공동상속인이 된다.

③ 태아는 상속순위에 관하여는 이미 출생한 것으로 본다.

**제1001조(대습상속)**

전조 제1항 제1호와 제3호의 규정에 의하여 상속인이 될 직계비속 또는 형제자매가 상속개시전에 사망하거나 결격자가 된 경우에 그 직계비속이 있는 때에는 그 직계비속이 사망하거나 결격된 자의 순위에 갈음하여 상속인이 된다.

**제1002조** 삭제

**제1003조(배우자의 상속순위)**

① 피상속인의 배우자는 제1000조 제1항 제1호와 제2호의 규정에 의한 상속인이 있는 경우에는 그 상속인과 동순위로 공동상속인이 되고 그 상속인이 없는 때에는 단독상속인이 된다.

② 제1001조의 경우에 상속개시전에 사망 또는 결격된 자의 배우자는 동조의 규정에 의한 상속인과 동순위로 공동상속인이 되고 그 상속인이 없는 때에는 단독상속인이 된다.

**제1004조(상속인의 결격사유)**

다음 각 호의 어느 하나에 해당한 자는 상속인이 되지 못한다.

1. 고의로 직계존속, 피상속인, 그 배우자 또는 상속의 선순위나 동순위에 있는 자를 살해하거나 살해하려한 자
2. 고의로 직계존속, 피상속인과 그 배우자에게 상해를 가하여 사망에 이르게 한 자
3. 사기 또는 강박으로 피상속인의 상속에 관한 유언 또는 유언의 철회를 방해한 자

4. 사기 또는 강박으로 피상속인의 상속에 관한 유언을 하게 한 자
5. 피상속인의 상속에 관한 유언서를 위조 · 변조 · 파기 또는 은닉한 자

**제3절 상속의 효력**

**제1관 일반적 효력**

**제1005조(상속과 포괄적 권리의무의 승계)**

상속인은 상속개시된 때로부터 피상속인의 재산에 관한 포괄적 권리의무를 승계한다. 그러나 피상속인의 일신에 전속한 것은 그러하지 아니하다.

**제1006조(공동상속과 재산의 공유)**

상속인이 수인인 때에는 상속재산은 그 공유로 한다.

**제1007조(공동상속인의 권리의무승계)**

공동상속인은 각자의 상속분에 응하여 피상속인의 권리의무를 승계한다.

**제1008조(특별수익자의 상속분)**

공동상속인 중에 피상속인으로부터 재산의 증여 또는 유증을 받은 자가 있는 경우에 그 수증재산이 자기의 상속분에 달하지 못한 때에는 그 부족한 부분의 한도에서 상속분이 있다.

**제1008조의2(기여분)**

① 공동상속인 중에 상당한 기간 동거 · 간호 그 밖의 방법으로 피상속인을 특별히 부양하거나 피상속인의 재산의 유지 또는 증가에 특별히 기여한 자가 있을 때에는 상속개시 당시의 피상속인의 재산가액에서 공동상속인의 협의로 정한 그 자의 기여분을 공제한 것을 상속재산으로 보고 제1009조 및 제1010조에 의하여 산정한 상속분에 기여분을 가산한 액으로써 그 자의 상속분으로 한다.

② 제1항의 협의가 되지 아니하거나 협의할 수 없는 때에는 가정법원

은 제1항에 규정된 기여자의 청구에 의하여 기여의 시기 · 방법 및 정도와 상속재산의 액 기타의 사정을 참작하여 기여분을 정한다.

③ 기여분은 상속이 개시된 때의 피상속인의 재산가액에서 유증의 가액을 공제한 액을 넘지 못한다.

④ 제2항의 규정에 의한 청구는 제1013조 제2항의 규정에 의한 청구가 있을 경우 또는 제1014조에 규정하는 경우에 할 수 있다.

**제1008조의3(분묘 등의 승계)**

분묘에 속한 1정보 이내의 금양임야와 600평 이내의 묘토인 농지, 족보와 제구의 소유권은 제사를 주재하는 자가 이를 승계한다.

### 제2관 상속분

**제1009조(법정상속분)**

① 동순위의 상속인이 수인인 때에는 그 상속분은 균분으로 한다.

② 피상속인의 배우자의 상속분은 직계비속과 공동으로 상속하는 때에는 직계비속의 상속분의 5할을 가산하고, 직계존속과 공동으로 상속하는 때에는 직계존속의 상속분의 5할을 가산한다.

③ 삭제

**제1010조(대습상속분)**

① 제1001조의 규정에 의하여 사망 또는 결격된 자에 갈음하여 상속인이 된 자의 상속분은 사망 또는 결격된 자의 상속분에 의한다.

② 전항의 경우에 사망 또는 결격된 자의 직계비속이 수인인 때에는 그 상속분은 사망 또는 결격된 자의 상속분의 한도에서 제1009조의 규정에 의하여 이를 정한다. 제1003조 제2항의 경우에도 또한 같다.

**제1011조(공동상속분의 양수)**

① 공동상속인 중에 그 상속분을 제삼자에게 양도한 자가 있는 때에는 다른 공동상속인은 그 가액과 양도비용을 상환하고 그 상속분

을 양수할 수 있다.

② 전항의 권리는 그 사유를 안 날로부터 3월, 그 사유있은 날로부터 1년내에 행사하여야 한다.

### 제3관 상속재산의 분할

**제1012조(유언에 의한 분할방법의 지정, 분할금지)**

피상속인은 유언으로 상속재산의 분할방법을 정하거나 이를 정할 것을 제삼자에게 위탁할 수 있고 상속개시의 날로부터 5년을 초과하지 아니하는 기간내의 그 분할을 금지할 수 있다.

**제1013조(협의에 의한 분할)**

① 전조의 경우외에는 공동상속인은 언제든지 그 협의에 의하여 상속재산을 분할할 수 있다.

② 제269조의 규정은 전항의 상속재산의 분할에 준용한다.

**제1014조(분할후의 피인지자 등의 청구권)**

상속개시후의 인지 또는 재판의 확정에 의하여 공동상속인이 된 자가 상속재산의 분할을 청구할 경우에 다른 공동상속인이 이미 분할 기타 처분을 한 때에는 그 상속분에 상당한 가액의 지급을 청구할 권리가 있다.

**제1015조(분할의 소급효)**

상속재산의 분할은 상속개시된 때에 소급하여 그 효력이 있다. 그러나 제삼자의 권리를 해하지 못한다.

**제1016조(공동상속인의 담보책임)**

공동상속인은 다른 공동상속인이 분할로 인하여 취득한 재산에 대하여 그 상속분에 응하여 매도인과 같은 담보책임이 있다.

**제1017조(상속채무자의 자력에 대한 담보책임)**

① 공동상속인은 다른 상속인이 분할로 인하여 취득한 채권에 대하여 분할당시의 채무자의 자력을 담보한다.

② 변제기에 달하지 아니한 채권이나 정지조건있는 채권에 대하여는 변제를 청구할 수 있는 때의 채무자의 자력을 담보한다.

**제1018조(무자력공동상속인의 담보책임의 분담)**

담보책임있는 공동상속인 중에 상환의 자력이 없는 자가 있는 때에는 그 부담부분은 구상권자와 자력있는 다른 공동상속인이 그 상속분에 응하여 분담한다. 그러나 구상권자의 과실로 인하여 상환을 받지 못한 때에는 다른 공동상속인에게 분담을 청구하지 못한다.

## 제4절 상속의 승인 및 포기

### 제1관 총칙

**제1019조(승인, 포기의 기간)**

① 상속인은 상속개시있음을 안 날로부터 3월내에 단순승인이나 한정승인 또는 포기를 할 수 있다. 그러나 그 기간은 이해관계인 또는 검사의 청구에 의하여 가정법원이 이를 연장할 수 있다.

② 상속인은 제1항의 승인 또는 포기를 하기 전에 상속재산을 조사할 수 있다.

③ 제1항의 규정에 불구하고 상속인은 상속채무가 상속재산을 초과하는 사실을 중대한 과실없이 제1항의 기간내에 알지 못하고 단순승인(제1026조 제1호 및 제2호의 규정에 의하여 단순승인한 것으로 보는 경우를 포함한다)을 한 경우에는 그 사실을 안 날부터 3월내에 한정승인을 할 수 있다.

**제1020조(제한능력자의 승인·포기의 기간)**

상속인이 제한능력자인 경우에는 제1019조 제1항의 기간은 그의 친권자 또는 후견인이 상속이 개시된 것을 안 날부터 기산(起算)한다.

**제1021조(승인, 포기기간의 계산에 관한 특칙)**

상속인이 승인이나 포기를 하지 아니하고 제1019조 제1항의 기간내에 사망한 때에는 그의 상속인이 그 자기의 상속개시있음을 안 날로부터 제1019조 제1항의 기간을 기산한다.

**제1022조(상속재산의 관리)**

상속인은 그 고유재산에 대하는 것과 동일한 주의로 상속재산을 관리하여야 한다. 그러나 단순승인 또는 포기한 때에는 그러하지 아니하다.

**제1023조(상속재산보존에 필요한 처분)**

① 법원은 이해관계인 또는 검사의 청구에 의하여 상속재산의 보존에 필요한 처분을 명할 수 있다.

② 법원이 재산관리인을 선임한 경우에는 제24조 내지 제26조의 규정을 준용한다.

**제1024조(승인, 포기의 취소금지)**

① 상속의 승인이나 포기는 제1019조 제1항의 기간내에도 이를 취소하지 못한다.

② 전항의 규정은 총칙편의 규정에 의한 취소에 영향을 미치지 아니한다. 그러나 그 취소권은 추인할 수 있는 날로부터 3월, 승인 또는 포기한 날로부터 1년내에 행사하지 아니하면 시효로 인하여 소멸된다.

**제2관 단순승인**

**제1025조(단순승인의 효과)**

상속인이 단순승인을 한 때에는 제한없이 피상속인의 권리의무를 승계한다.

**제1026조(법정단순승인)**

다음 각호의 사유가 있는 경우에는 상속인이 단순승인을 한 것으로 본다.

1. 상속인이 상속재산에 대한 처분행위를 한 때
2. 상속인이 제1019조 제1항의 기간내에 한정승인 또는 포기를 하지 아니한 때

3. 상속인이 한정승인 또는 포기를 한 후에 상속재산을 은닉하거나 부정소비하거나 고의로 재산목록에 기입하지 아니한 때

**제1027조(법정단순승인의 예외)**

상속인이 상속을 포기함으로 인하여 차순위 상속인이 상속을 승인한 때에는 전조 제3호의 사유는 상속의 승인으로 보지 아니한다.

## 제3관 한정승인

**제1028조(한정승인의 효과)**

상속인은 상속으로 인하여 취득할 재산의 한도에서 피상속인의 채무와 유증을 변제할 것을 조건으로 상속을 승인할 수 있다.

**제1029조(공동상속인의 한정승인)**

상속인이 수인인 때에는 각 상속인은 그 상속분에 응하여 취득할 재산의 한도에서 그 상속분에 의한 피상속인의 채무와 유증을 변제할 것을 조건으로 상속을 승인할 수 있다.

**제1030조(한정승인의 방식)**

① 상속인이 한정승인을 함에는 제1019조 제1항 또는 제3항의 기간 내에 상속재산의 목록을 첨부하여 법원에 한정승인의 신고를 하여야 한다.

② 제1019조 제3항의 규정에 의하여 한정승인을 한 경우 상속재산 중 이미 처분한 재산이 있는 때에는 그 목록과 가액을 함께 제출하여야 한다.

**제1031조(한정승인과 재산상 권리의무의 불소멸)**

상속인이 한정승인을 한 때에는 피상속인에 대한 상속인의 재산상 권리의무는 소멸하지 아니한다.

**제1032조(채권자에 대한 공고, 최고)**

① 한정승인자는 한정승인을 한 날로부터 5일내에 일반상속채권자와 유증받은 자에 대하여 한정승인의 사실과 일정한 기간 내에 그

채권 또는 수증을 신고할 것을 공고하여야 한다. 그 기간은 2월 이상이어야 한다.

② 제88조 제2항, 제3항과 제89조의 규정은 전항의 경우에 준용한다.

**제1033조(최고기간 중의 변제거절)**

한정승인자는 전조 제1항의 기간만료전에는 상속채권의 변제를 거절할 수 있다.

**제1034조(배당변제)**

① 한정승인자는 제1032조 제1항의 기간만료후에 상속재산으로서 그 기간 내에 신고한 채권자와 한정승인자가 알고 있는 채권자에 대하여 각 채권액의 비율로 변제하여야 한다. 그러나 우선권있는 채권자의 권리를 해하지 못한다.

② 제1019조 제3항의 규정에 의하여 한정승인을 한 경우에는 그 상속인은 상속재산 중에서 남아있는 상속재산과 함께 이미 처분한 재산의 가액을 합하여 제1항의 변제를 하여야 한다. 다만, 한정승인을 하기 전에 상속채권자나 유증받은 자에 대하여 변제한 가액은 이미 처분한 재산의 가액에서 제외한다.

**제1035조(변제기전의 채무 등의 변제)**

① 한정승인자는 변제기에 이르지 아니한 채권에 대하여도 전조의 규정에 의하여 변제하여야 한다.

② 조건있는 채권이나 존속기간의 불확정한 채권은 법원의 선임한 감정인의 평가에 의하여 변제하여야 한다.

**제1036조(수증자에의 변제)**

한정승인자는 전2조의 규정에 의하여 상속채권자에 대한 변제를 완료한 후가 아니면 유증받은 자에게 변제하지 못한다.

**제1037조(상속재산의 경매)**

전3조의 규정에 의한 변제를 하기 위하여 상속재산의 전부나 일부를 매각할 필요가 있는 때에는 민사집행법에 의하여 경매하여야 한다.

**제1038조(부당변제 등으로 인한 책임)**

① 한정승인자가 제1032조의 규정에 의한 공고나 최고를 해태하거나 제1033조 내지 제1036조의 규정에 위반하여 어느 상속채권자나 유증받은 자에게 변제함으로 인하여 다른 상속채권자나 유증받은 자에 대하여 변제할 수 없게 된 때에는 한정승인자는 그 손해를 배상하여야 한다. 제1019조 제3항의 규정에 의하여 한정승인을 한 경우 그 이전에 상속채무가 상속재산을 초과함을 알지 못한 데 과실이 있는 상속인이 상속채권자나 유증받은 자에게 변제한 때에도 또한 같다.

② 제1항 전단의 경우에 변제를 받지 못한 상속채권자나 유증받은 자는 그 사정을 알고 변제를 받은 상속채권자나 유증받은 자에 대하여 구상권을 행사할 수 있다. 제1019조 제3항의 규정에 의하여 한정승인을 한 경우 그 이전에 상속채무가 상속재산을 초과함을 알고 변제받은 상속채권자나 유증받은 자가 있는 때에도 또한 같다.

③ 제766조의 규정은 제1항 및 제2항의 경우에 준용한다.

**제1039조(신고하지 않은 채권자 등)**

제1032조 제1항의 기간내에 신고하지 아니한 상속채권자 및 유증받은 자로서 한정승인자가 알지 못한 자는 상속재산의 잔여가 있는 경우에 한하여 그 변제를 받을 수 있다. 그러나 상속재산에 대하여 특별담보권있는 때에는 그러하지 아니하다.

**제1040조(공동상속재산과 그 관리인의 선임)**

① 상속인이 수인인 경우에는 법원은 각 상속인 기타 이해관계인의 청구에 의하여 공동상속인 중에서 상속재산관리인을 선임할 수 있다.

② 법원이 선임한 관리인은 공동상속인을 대표하여 상속재산의 관리와 채무의 변제에 관한 모든 행위를 할 권리의무가 있다.

③ 제1022조, 제1032조 내지 전조의 규정은 전항의 관리인에 준용

한다. 그러나 제1032조의 규정에 의하여 공고할 5일의 기간은 관리인이 그 선임을 안 날로부터 기산한다.

### 제4관 포기

**제1041조(포기의 방식)**

상속인이 상속을 포기할 때에는 제1019조 제1항의 기간내에 가정법원에 포기의 신고를 하여야 한다.

**제1042조(포기의 소급효)**

상속의 포기는 상속개시된 때에 소급하여 그 효력이 있다.

**제1043조(포기한 상속재산의 귀속)**

상속인이 수인인 경우에 어느 상속인이 상속을 포기한 때에는 그 상속분은 다른 상속인의 상속분의 비율로 그 상속인에게 귀속된다.

**제1044조(포기한 상속재산의 관리계속의무)**

① 상속을 포기한 자는 그 포기로 인하여 상속인이 된 자가 상속재산을 관리할 수 있을 때까지 그 재산의 관리를 계속하여야 한다.

② 제1022조와 제1023조의 규정은 전항의 재산관리에 준용한다.

### 제5절 재산의 분리

**제1045조(상속재산의 분리청구권)**

① 상속채권자나 유증받은 자 또는 상속인의 채권자는 상속개시된 날로부터 3월내에 상속재산과 상속인의 고유재산의 분리를 법원에 청구할 수 있다.

② 상속인이 상속의 승인이나 포기를 하지 아니한 동안은 전항의 기간경과후에도 재산의 분리를 청구할 수 있다.

**제1046조(분리명령과 채권자 등에 대한 공고, 최고)**

① 법원이 전조의 청구에 의하여 재산의 분리를 명한 때에는 그 청구자는 5일내에 일반상속채권자와 유증받은 자에 대하여 재산분리

의 명령있은 사실과 일정한 기간내에 그 채권 또는 수증을 신고할 것을 공고하여야 한다. 그 기간은 2월 이상이어야 한다.

② 제88조 제2항, 제3항과 제89조의 규정은 전항의 경우에 준용한다.

**제1047조(분리후의 상속재산의 관리)**

① 법원이 재산의 분리를 명한 때에는 상속재산의 관리에 관하여 필요한 처분을 명할 수 있다.

② 법원이 재산관리인을 선임한 경우에는 제24조 내지 제26조의 규정을 준용한다.

**제1048조(분리후의 상속인의 관리의무)**

① 상속인이 단순승인을 한 후에도 재산분리의 명령이 있는 때에는 상속재산에 대하여 자기의 고유재산과 동일한 주의로 관리하여야 한다.

② 제683조 내지 제685조 및 제688조 제1항, 제2항의 규정은 전항의 재산관리에 준용한다.

**제1049조(재산분리의 대항요건)**

재산의 분리는 상속재산인 부동산에 관하여는 이를 등기하지 아니하면 제삼자에게 대항하지 못한다.

**제1050조(재산분리와 권리의무의 불소멸)**

재산분리의 명령이 있는 때에는 피상속인에 대한 상속인의 재산상 권리의무는 소멸하지 아니한다.

**제1051조(변제의 거절과 배당변제)**

① 상속인은 제1045조 및 제1046조의 기간만료전에는 상속채권자와 유증받은 자에 대하여 변제를 거절할 수 있다.

② 전항의 기간만료후에 상속인은 상속재산으로써 재산분리의 청구 또는 그 기간내에 신고한 상속채권자, 유증받은 자와 상속인이 알고 있는 상속채권자, 유증받은 자에 대하여 각 채권액 또는 수증액의 비율로 변제하여야 한다. 그러나 우선권있는 채권자의 권리

를 해하지 못한다.

③ 제1035조 내지 제1038조의 규정은 전항의 경우에 준용한다.

**제1052조(고유재산으로부터의 변제)**

① 전조의 규정에 의한 상속채권자와 유증받은 자는 상속재산으로써 전액의 변제를 받을 수 없는 경우에 한하여 상속인의 고유재산으로부터 그 변제를 받을 수 있다.

② 전항의 경우에 상속인의 채권자는 상속인의 고유재산으로부터 우선변제를 받을 권리가 있다.

## 제6절 상속인의 부존재

**제1053조(상속인없는 재산의 관리인)**

① 상속인의 존부가 분명하지 아니한 때에는 법원은 제777조의 규정에 의한 피상속인의 친족 기타 이해관계인 또는 검사의 청구에 의하여 상속재산관리인을 선임하고 지체없이 이를 공고하여야 한다.

② 제24조 내지 제26조의 규정은 전항의 재산관리인에 준용한다.

**제1054조(재산목록제시와 상황보고)**

관리인은 상속채권자나 유증받은 자의 청구가 있는 때에는 언제든지 상속재산의 목록을 제시하고 그 상황을 보고하여야 한다.

**제1055조(상속인의 존재가 분명하여진 경우)**

① 관리인의 임무는 그 상속인이 상속의 승인을 한 때에 종료한다.

② 전항의 경우에는 관리인은 지체없이 그 상속인에 대하여 관리의 계산을 하여야 한다.

**제1056조(상속인없는 재산의 청산)**

① 제1053조 제1항의 공고있은 날로부터 3월내에 상속인의 존부를 알 수 없는 때에는 관리인은 지체없이 일반상속채권자와 유증받은 자에 대하여 일정한 기간 내에 그 채권 또는 수증을 신고할 것

을 공고하여야 한다. 그 기간은 2월 이상이어야 한다.

② 제88조 제2항, 제3항, 제89조, 제1033조 내지 제1039조의 규정은 전항의 경우에 준용한다.

**제1057조(상속인수색의 공고)**

제1056조 제1항의 기간이 경과하여도 상속인의 존부를 알 수 없는 때에는 법원은 관리인의 청구에 의하여 상속인이 있으면 일정한 기간내에 그 권리를 주장할 것을 공고하여야 한다. 그 기간은 1년 이상이어야 한다.

**제1057조의2(특별연고자에 대한 분여)**

① 제1057조의 기간내에 상속권을 주장하는 자가 없는 때에는 가정법원은 피상속인과 생계를 같이 하고 있던 자, 피상속인의 요양간호를 한 자 기타 피상속인과 특별한 연고가 있던 자의 청구에 의하여 상속재산의 전부 또는 일부를 분여할 수 있다.

② 제1항의 청구는 제1057조의 기간의 만료후 2월 이내에 하여야 한다.

**제1058조(상속재산의 국가귀속)**

① 제1057조의2의 규정에 의하여 분여(分與)되지 아니한 때에는 상속재산은 국가에 귀속한다.

② 제1055조 제2항의 규정은 제1항의 경우에 준용한다.

**제1059조(국가귀속재산에 대한 변제청구의 금지)**

전조 제1항의 경우에는 상속재산으로 변제를 받지 못한 상속채권자나 유증을 받은 자가 있는 때에도 국가에 대하여 그 변제를 청구하지 못한다.

제2장 유언

제1절 총칙

제1060조(유언의 요식성)

유언은 본법의 정한 방식에 의하지 아니하면 효력이 생하지 아니한다.

제1061조(유언적령)

만17세에 달하지 못한 자는 유언을 하지 못한다.

제1062조(제한능력자의 유언)

유언에 관하여는 제5조, 제10조 및 제13조를 적용하지 아니한다.

제1063조(피성년후견인의 유언능력)

① 피성년후견인은 의사능력이 회복된 때에만 유언을 할 수 있다.

② 제1항의 경우에는 의사가 심신 회복의 상태를 유언서에 부기(附記)하고 서명날인하여야 한다.

제1064조(유언과 태아, 상속결격자)

제1000조 제3항, 제1004조의 규정은 수증자에 준용한다.

제2절 유언의 방식

제1065조(유언의 보통방식)

유언의 방식은 자필증서, 녹음, 공정증서, 비밀증서와 구수증서의 5종으로 한다.

제1066조(자필증서에 의한 유언)

① 자필증서에 의한 유언은 유언자가 그 전문과 연월일, 주소, 성명을 자서하고 날인하여야 한다.

② 전항의 증서에 문자의 삽입, 삭제 또는 변경을 함에는 유언자가 이를 자서하고 날인하여야 한다.

제1067조(녹음에 의한 유언)

녹음에 의한 유언은 유언자가 유언의 취지, 그 성명과 연월일을 구술하고 이에 참여한 증인이 유언의 정확함과 그 성명을 구술하여야 한다.

**제1068조(공정증서에 의한 유언)**

공정증서에 의한 유언은 유언자가 증인 2인이 참여한 공증인의 면전에서 유언의 취지를 구수하고 공증인이 이를 필기낭독하여 유언자와 증인이 그 정확함을 승인한 후 각자 서명 또는 기명날인하여야 한다.

**제1069조(비밀증서에 의한 유언)**

① 비밀증서에 의한 유언은 유언자가 필자의 성명을 기입한 증서를 엄봉날인하고 이를 2인 이상의 증인의 면전에 제출하여 자기의 유언서임을 표시한 후 그 봉서표면에 제출연월일을 기재하고 유언자와 증인이 각자 서명 또는 기명날인하여야 한다.

② 전항의 방식에 의한 유언봉서는 그 표면에 기재된 날로부터 5일 내에 공증인 또는 법원서기에게 제출하여 그 봉인상에 확정일자인을 받아야 한다.

**제1070조(구수증서에 의한 유언)**

① 구수증서에 의한 유언은 질병 기타 급박한 사유로 인하여 전4조의 방식에 의할 수 없는 경우에 유언자가 2인 이상의 증인의 참여로 그 1인에게 유언의 취지를 구수하고 그 구수를 받은 자가 이를 필기낭독하여 유언자의 증인이 그 정확함을 승인한 후 각자 서명 또는 기명날인하여야 한다.

② 전항의 방식에 의한 유언은 그 증인 또는 이해관계인이 급박한 사유의 종료한 날로부터 7일내에 법원에 그 검인을 신청하여야 한다.

③ 제1063조 제2항의 규정은 구수증서에 의한 유언에 적용하지 아니한다.

**제1071조(비밀증서에 의한 유언의 전환)**

비밀증서에 의한 유언이 그 방식에 흠결이 있는 경우에 그 증서가 자필증서의 방식에 적합한 때에는 자필증서에 의한 유언으로 본다.

**제1072조(증인의 결격사유)**

① 다음 각 호의 어느 하나에 해당하는 사람은 유언에 참여하는 증인이 되지 못한다.

1. 미성년자
2. 피성년후견인과 피한정후견인
3. 유언으로 이익을 받을 사람, 그의 배우자와 직계혈족

② 공정증서에 의한 유언에는 「공증인법」에 따른 결격자는 증인이 되지 못한다.

**제3절 유언의 효력**

**제1073조(유언의 효력발생시기)**

① 유언은 유언자가 사망한 때로부터 그 효력이 생긴다.

② 유언에 정지조건이 있는 경우에 그 조건이 유언자의 사망후에 성취한 때에는 그 조건성취한 때로부터 유언의 효력이 생긴다.

**제1074조(유증의 승인, 포기)**

① 유증을 받을 자는 유언자의 사망후에 언제든지 유증을 승인 또는 포기할 수 있다.

② 전항의 승인이나 포기는 유언자의 사망한 때에 소급하여 그 효력이 있다.

**제1075조(유증의 승인, 포기의 취소금지)**

① 유증의 승인이나 포기는 취소하지 못한다.

② 제1024조 제2항의 규정은 유증의 승인과 포기에 준용한다.

**제1076조(수증자의 상속인의 승인, 포기)**

수증자가 승인이나 포기를 하지 아니하고 사망한 때에는 그 상속인은 상속분의 한도에서 승인 또는 포기할 수 있다. 그러나 유언자가 유언으로 다른 의사를 표시한 때에는 그 의사에 의한다.

**제1077조(유증의무자의 최고권)**

① 유증의무자나 이해관계인은 상당한 기간을 정하여 그 기간 내에

승인 또는 포기를 확답할 것을 수증자 또는 그 상속인에게 최고할 수 있다.

② 전항의 기간내에 수증자 또는 상속인이 유증의무자에 대하여 최고에 대한 확답을 하지 아니한 때에는 유증을 승인한 것으로 본다.

**제1078조(포괄적 수증자의 권리의무)**

포괄적 유증을 받은 자는 상속인과 동일한 권리의무가 있다.

**제1079조(수증자의 과실취득권)**

수증자는 유증의 이행을 청구할 수 있는 때로부터 그 목적물의 과실을 취득한다. 그러나 유언자가 유언으로 다른 의사를 표시한 때에는 그 의사에 의한다.

**제1080조(과실수취비용의 상환청구권)**

유증의무자가 유언자의 사망후에 그 목적물의 과실을 수취하기 위하여 필요비를 지출한 때에는 그 과실의 가액의 한도에서 과실을 취득한 수증자에게 상환을 청구할 수 있다.

**제1081조(유증의무자의 비용상환청구권)**

유증의무자가 유증자의 사망후에 그 목적물에 대하여 비용을 지출한 때에는 제325조의 규정을 준용한다.

**제1082조(불특정물유증의무자의 담보책임)**

① 불특정물을 유증의 목적으로 한 경우에는 유증의무자는 그 목적물에 대하여 매도인과 같은 담보책임이 있다.

② 전항의 경우에 목적물에 하자가 있는 때에는 유증의무자는 하자없는 물건으로 인도하여야 한다.

**제1083조(유증의 물상대위성)**

유증자가 유증목적물의 멸실, 훼손 또는 점유의 침해로 인하여 제삼자에게 손해배상을 청구할 권리가 있는 때에는 그 권리를 유증의 목적으로 한 것으로 본다.

**제1084조(채권의 유증의 물상대위성)**

① 채권을 유증의 목적으로 한 경우에 유언자가 그 변제를 받은 물건이 상속재산 중에 있는 때에는 그 물건을 유증의 목적으로 한 것으로 본다.

② 전항의 채권이 금전을 목적으로 한 경우에는 그 변제받은 채권액에 상당한 금전이 상속재산중에 없는 때에도 그 금액을 유증의 목적으로 한 것으로 본다.

**제1085조(제삼자의 권리의 목적인 물건 또는 권리의 유증)**

유증의 목적인 물건이나 권리가 유언자의 사망 당시에 제삼자의 권리의 목적인 경우에는 수증자는 유증의무자에 대하여 그 제삼자의 권리를 소멸시킬 것을 청구하지 못한다.

**제1086조(유언자가 다른 의사표시를 한 경우)**

전3조의 경우에 유언자가 유언으로 다른 의사를 표시한 때에는 그 의사에 의한다.

**제1087조(상속재산에 속하지 아니한 권리의 유증)**

① 유언의 목적이 된 권리가 유언자의 사망당시에 상속재산에 속하지 아니한 때에는 유언은 그 효력이 없다. 그러나 유언자가 자기의 사망당시에 그 목적물이 상속재산에 속하지 아니한 경우에도 유언의 효력이 있게 할 의사인 때에는 유증의무자는 그 권리를 취득하여 수증자에게 이전할 의무가 있다.

② 전항 단서의 경우에 그 권리를 취득할 수 없거나 그 취득에 과다한 비용을 요할 때에는 그 가액으로 변상할 수 있다.

**제1088조(부담있는 유증과 수증자의 책임)**

① 부담있는 유증을 받은 자는 유증의 목적의 가액을 초과하지 아니한 한도에서 부담한 의무를 이행할 책임이 있다.

② 유증의 목적의 가액이 한정승인 또는 재산분리로 인하여 감소된 때에는 수증자는 그 감소된 한도에서 부담할 의무를 면한다.

**제1089조(유증효력발생전의 수증자의 사망)**

① 유증은 유언자의 사망전에 수증자가 사망한 때에는 그 효력이 생기지 아니한다.

② 정지조건있는 유증은 수증자가 그 조건성취전에 사망한 때에는 그 효력이 생기지 아니한다.

**제1090조(유증의 무효, 실효의 경우와 목적재산의 귀속)**

유증이 그 효력이 생기지 아니하거나 수증자가 이를 포기한 때에는 유증의 목적인 재산은 상속인에게 귀속한다. 그러나 유언자가 유언으로 다른 의사를 표시한 때에는 그 의사에 의한다.

**제4절 유언의 집행**

**제1091조(유언증서, 녹음의 검인)**

① 유언의 증서나 녹음을 보관한 자 또는 이를 발견한 자는 유언자의 사망후 지체없이 법원에 제출하여 그 검인을 청구하여야 한다.

② 전항의 규정은 공정증서나 구수증서에 의한 유언에 적용하지 아니한다.

**제1092조(유언증서의 개봉)**

법원이 봉인된 유언증서를 개봉할 때에는 유언자의 상속인, 그 대리인 기타 이해관계인의 참여가 있어야 한다.

**제1093조(유언집행자의 지정)**

유언자는 유언으로 유언집행자를 지정할 수 있고 그 지정을 제삼자에게 위탁할 수 있다.

**제1094조(위탁에 의한 유언집행자의 지정)**

① 전조의 위탁을 받은 제삼자는 그 위탁있음을 안 후 지체없이 유언집행자를 지정하여 상속인에게 통지하여야 하며 그 위탁을 사퇴할 때에는 이를 상속인에게 통지하여야 한다.

② 상속인 기타 이해관계인은 상당한 기간을 정하여 그 기간내에 유

언집행자를 지정할 것을 위탁 받은 자에게 최고할 수 있다. 그 기간내에 지정의 통지를 받지 못한 때에는 그 지정의 위탁을 사퇴한 것으로 본다.

**제1095조(지정유언집행자가 없는 경우)**

전2조의 규정에 의하여 지정된 유언집행자가 없는 때에는 상속인이 유언집행자가 된다.

**제1096조(법원에 의한 유언집행자의 선임)**

① 유언집행자가 없거나 사망, 결격 기타 사유로 인하여 없게 된 때에는 법원은 이해관계인의 청구에 의하여 유언집행자를 선임하여야 한다.

② 법원이 유언집행자를 선임한 경우에는 그 임무에 관하여 필요한 처분을 명할 수 있다.

**제1097조(유언집행자의 승낙, 사퇴)**

① 지정에 의한 유언집행자는 유언자의 사망후 지체없이 이를 승낙하거나 사퇴할 것을 상속인에게 통지하여야 한다.

② 선임에 의한 유언집행자는 선임의 통지를 받은 후 지체없이 이를 승낙하거나 사퇴할 것을 법원에 통지하여야 한다.

③ 상속인 기타 이해관계인은 상당한 기간을 정하여 그 기간내에 승낙여부를 확답할 것을 지정 또는 선임에 의한 유언집행자에게 최고할 수 있다. 그 기간내에 최고에 대한 확답을 받지 못한 때에는 유언집행자가 그 취임을 승낙한 것으로 본다.

**제1098조(유언집행자의 결격사유)**

제한능력자와 파산선고를 받은 자는 유언집행자가 되지 못한다.

**제1099조(유언집행자의 임무착수)**

유언집행자가 그 취임을 승낙한 때에는 지체없이 그 임무를 이행하여야 한다.

**제1100조(재산목록작성)**

① 유언이 재산에 관한 것인 때에는 지정 또는 선임에 의한 유언집행자는 지체없이 그 재산목록을 작성하여 상속인에게 교부하여야 한다.

② 상속인의 청구가 있는 때에는 전항의 재산목록작성에 상속인을 참여하게 하여야 한다.

**제1101조(유언집행자의 권리의무)**

유언집행자는 유증의 목적인 재산의 관리 기타 유언의 집행에 필요한 행위를 할 권리의무가 있다.

**제1102조(공동유언집행)**

유언집행자가 수인인 경우에는 임무의 집행은 그 과반수의 찬성으로써 결정한다. 그러나 보존행위는 각자가 이를 할 수 있다.

**제1103조(유언집행자의 지위)**

① 지정 또는 선임에 의한 유언집행자는 상속인의 대리인으로 본다.

② 제681조 내지 제685조, 제687조, 제691조와 제692조의 규정은 유언집행자에 준용한다.

**제1104조(유언집행자의 보수)**

① 유언자가 유언으로 그 집행자의 보수를 정하지 아니한 경우에는 법원은 상속재산의 상황 기타 사정을 참작하여 지정 또는 선임에 의한 유언집행자의 보수를 정할 수 있다.

② 유언집행자가 보수를 받는 경우에는 제686조 제2항, 제3항의 규정을 준용한다.

**제1105조(유언집행자의 사퇴)**

지정 또는 선임에 의한 유언집행자는 정당한 사유있는 때에는 법원의 허가를 얻어 그 임무를 사퇴할 수 있다.

**제1106조(유언집행자의 해임)**

지정 또는 선임에 의한 유언집행자에 그 임무를 해태하거나 적당하지 아니한 사유가 있는 때에는 법원은 상속인 기타 이해관계인의 청구에 의하여 유언집행자를 해임할 수 있다.

**제1107조(유언집행의 비용)**

유언의 집행에 관한 비용은 상속재산 중에서 이를 지급한다.

### 제5절 유언의 철회

**제1108조(유언의 철회)**

① 유언자는 언제든지 유언 또는 생전행위로써 유언의 전부나 일부를 철회할 수 있다.

② 유언자는 그 유언을 철회할 권리를 포기하지 못한다.

**제1109조(유언의 저촉)**

전후의 유언이 저촉되거나 유언후의 생전행위가 유언과 저촉되는 경우에는 그 저촉된 부분의 전유언은 이를 철회한 것으로 본다.

**제1110조(파훼로 인한 유언의 철회)**

유언자가 고의로 유언증서 또는 유증의 목적물을 파훼한 때에는 그 파훼한 부분에 관한 유언은 이를 철회한 것으로 본다.

**제1111조(부담있는 유언의 취소)**

부담있는 유증을 받은 자가 그 부담의무를 이행하지 아니한 때에는 상속인 또는 유언집행자는 상당한 기간을 정하여 이행할 것을 최고하고 그 기간내에 이행하지 아니한 때에는 법원에 유언의 취소를 청구할 수 있다. 그러나 제삼자의 이익을 해하지 못한다.

## 제3장 유류분

**제1112조(유류분의 권리자와 유류분)**

상속인의 유류분은 다음 각호에 의한다.

1. 피상속인의 직계비속은 그 법정상속분의 2분의 1
2. 피상속인의 배우자는 그 법정상속분의 2분의 1
3. 피상속인의 직계존속은 그 법정상속분의 3분의 1

4. 피상속인의 형제자매는 그 법정상속분의 3분의 1

**제1113조(유류분의 산정)**

① 유류분은 피상속인의 상속개시시에 있어서 가진 재산의 가액에 증여재산의 가액을 가산하고 채무의 전액을 공제하여 이를 산정한다.

② 조건부의 권리 또는 존속기간이 불확정한 권리는 가정법원이 선임한 감정인의 평가에 의하여 그 가격을 정한다.

**제1114조(산입될 증여)**

증여는 상속개시전의 1년간에 행한 것에 한하여 제1113조의 규정에 의하여 그 가액을 산정한다. 당사자 쌍방이 유류분권리자에 손해를 가할 것을 알고 증여를 한 때에는 1년전에 한 것도 같다.

**제1115조(유류분의 보전)**

① 유류분권리자가 피상속인의 제1114조에 규정된 증여 및 유증으로 인하여 그 유류분에 부족이 생긴 때에는 부족한 한도에서 그 재산의 반환을 청구할 수 있다.

② 제1항의 경우에 증여 및 유증을 받은 자가 수인인 때에는 각자가 얻은 유증가액의 비례로 반환하여야 한다.

**제1116조(반환의 순서)**

증여에 대하여는 유증을 반환받은 후가 아니면 이것을 청구할 수 없다.

**제1117조(소멸시효)**

반환의 청구권은 유류분권리자가 상속의 개시와 반환하여야 할 증여 또는 유증을 한 사실을 안 때로부터 1년내에 하지 아니하면 시효에 의하여 소멸한다. 상속이 개시한 때로부터 10년을 경과한 때도 같다.

**제1118조(준용규정)**

제1001조, 제1008조, 제1010조의 규정은 유류분에 이를 준용한다.

상속
한정승인과 상속포기의 모든 것

초판 1쇄 인쇄 2022년 9월 6일
초판 1쇄 발행 2022년 9월 16일

지은이 고윤기 · 김대호

편집 박민영 신정민 | 디자인 백주영 이주영 | 마케팅 김선진 배희주
브랜딩 함유지 함근아 김희숙 박민재 박진희 정승민
제작 강신은 김동욱 임현식 | 제작처 천광인쇄사

펴낸곳 (주)교유당 | 펴낸이 신정민
출판등록 2019년 5월 24일 제406-2019-000052호

주소 10881 경기도 파주시 회동길 210
전화 031-955-8891(마케팅) | 031-955-2680(편집) | 031-955-8855(팩스)
전자우편 gyoyudang@munhak.com

인스타그램 @thinkgoods | 트위터 @thinkgoods | 페이스북 @thinkgoods

ISBN 979-11-92247-39-7 03360

* 아템포는 (주)교유당의 교양·자기계발·실용 브랜드입니다.